KB097702

증오하는 입

HATE SPEECH

증오하는 입

모로오카 야스코 지음
조승미·이혜진 옮김

혐오발언이란 무엇인가

오월의봄

차례

국가를 넘어
소수자 혐오와 차별에 맞서기

'혐오발언'이란 말은 2013년 일본에서 급속히 퍼졌다. 일본 유
행어 순위권에 오를 정도였다. 도쿄, 오사카를 시작으로 일본
각지에서 주말마다 "한국인을 교살하라" "바퀴벌레 조선놈을
일본에서 내쫓아라" "똥 같은 조선놈들을 갈가리 찢어 집을 깡
그리 불태워버리겠다!"라고 외치는 가두시위가 벌어졌다. 추
악한 차별 시위, 배타주의 시위가 일어나자 일본 사회는 충격
에 빠졌다. 이와 같은 가두시위가 공공연히 벌어지게 된 것은
최근 몇 년 전부터 나타난 새로운 현상이라 할 수 있는데, '혐
오발언'이라는 말이 이와 같은 현상을 상징하게 되었다.

　혐오발언은 영어 '헤이트 스피치Hate Speech'를 직역한 것으
로 '증오언설' '증오발언' 등으로 불리기도 한다. 그런데 이런
번역어로는 정확한 의미가 전달되지 않는다고 할 수 있다. 국
제적으로 '헤이트 스피치'는 차별표현, 즉 차별을 선동하는 표

현을 뜻하는 것으로 이해된다. 역사적·구조적으로 차별받아온 피지배 위치에 놓인 소수자에 대한 차별, 폭력, 박해에서 비롯된 언행이라는 점이 혐오발언의 본질이라 할 수 있기 때문이다.

국제사회는 이미 혐오발언의 위험성에 대해 문제를 제기했는데, 1965년 인종차별철폐조약, 1966년 자유권규약을 채택할 때 법률로 혐오발언을 금지했다. 이는 혐오발언이 차별 구조의 한 부분이고, 소수자의 인간으로서의 존엄과 평등을 해하기 때문이다. 뿐만 아니라 나치의 유대인 학살에서 알 수 있듯 혐오발언은 사회 전체에 차별이 만연하게끔 만들고 소수자에 대한 폭력, 나아가 제노사이드(집단학살)를 초래한 과거가 있기 때문이다.

재일조선인에 대한 혐오발언의 의미

앞에서 나치를 언급했는데, 사실 나치까지 볼 필요도 없이 일본에서 재일조선인에 대한 혐오발언 문제는 1923년 관동대지진 당시 일어난 조선인 학살 사건과 직결된다. 일본에 사는 조선인은 식민지 시대부터 현재에 이르기까지 계속해서 혐오발언을 들어오며 지속적으로 차별을 당했다. 나라, 목숨, 재산, 심지어 말과 이름까지 빼앗은 일본의 식민지 지배는 일본이라는 국가권력에 의한 극도의 공적·제도적 차별이었다. 대다수 일본인은 공권력과 언론이 조선인에게 가하는 차별표현, 즉 '조선인은 열등하고 더러우며 무섭다' 따위의 혐오발언에 동조했고, 공권력과 하나 되어서 조선인을 차별하게 되었다. 1923년 관동대지진 때에는 조선인이 우물에 독약을 탔다는 유언비어에 넘어가 군인과 경찰뿐 아니라 일반인들조차도 자경단을 꾸려 조선인 학살에 가담했다.

일본 정부는 패전 후에도 식민지 지배에 대해 책임자 처벌과 배상은커녕 가해의 역사를 직시하는 역사교육도 실시하지 않는 등 식민지주의를 극복하기 위해 노력하지 않았다. 그뿐 아니라 1952년 미국과의 샌프란시스코 강화조약 발효 후, 그러니까 일본이 미군 점령에서 독립할 당시 일본 정부는 식민지 지배의 결과로 일본에 살 수밖에 없게 된 재일조선인을 아무런 권리가 없는 외국인으로 만들었다. 재일조선인에게 영주권이 없는 불안정한 체류 자격을 주고서 항상 외국인등록증을 휴대하도록 하는 등 출입국관리 체제 아래에서 일상적으로 감시했다. 게다가 재일조선인의 선거권을 박탈함은 물론, 공무원 채용, 공공주택 입주, 의무교육 적용, 의료·연금·복지·전후 보상 제도 등에서도 배제하면서 사회생활에서 온갖 공적 차별을 일삼았다.

민간에서도 취직과 주거지 입주에 대한 차별이 당연시되었으며, 민족적 속성을 이유로 조선인을 모욕하고 공격하는 혐오발언은 일상에서 흔히 일어났다. 1965년에 출입국관리국의 고위직 간부가 출판한 책에는 "외국인은 익혀 먹든 구워 먹든 자유이다"라고 쓴 구절이 있을 정도였다.(2장 참조) 이는 당시 일본에서 외국인의 약 90퍼센트가 재일조선인이었던 점으로 미루어볼 때 일본 정부의 조선인 멸시를 드러내주는 표현이라 할 수 있을 것이다.

그러나 재일조선인들은 일본에서 평등을 요구하며 피땀 어린 각고의 투쟁을 벌였고, 이에 일부 일본인들도 힘을 합치면서 재일조선인의 지위는 조금씩 향상되어왔다. 일본은 1979년에 국적에 상관없이 모든 사람의 평등을 규정한 자유권규약·사회권규약에 가맹하고, 이어 1981년에 난민조약에 가맹했는데, 이 점이 재일조선인에 대한 공적 차별에 대항하는 데 효과적인 무기가 되어 의료·연금·복지 제도에서 발생하는 차별을 상당히 개선할 수 있었다. 또 추상적인 표현에 그쳤다고는 하나 1980년대부터 일본의 역대 수상들은 전쟁을 일으킨 책임을 인정하고 식민지 지배에 대해 사죄하는 담화를 했다. 그 가운데 삼당(자민당, 사회당, 신당 사키가케)이 연립한 무라야마 내각이 1995년에 발표한 무라야마 담화는 "식민지 지배와 침략에 의해 많은 국가들, 특히 아시아 각국의 국민들에게 크나큰 손해와 고통을 주었던 역사적 사실을 인정하고 뼈저린 반성의 마음"을 표현하며 사죄를 가장 명확히 밝혔다. 무라야마 내각 당시, 일본은 가까스로 인종차별철폐조약에 가맹할 수 있게 되었다. 유엔에서 인종차별철폐조약을 채택한 지 30년 만의 일이었다. 인종차별철폐조약은 가맹국에게 인종차별을 철폐할 의무를 부과한다.

그러나 무라야마 내각은 1996년 실각하여 짧게 끝났고, 곧 극우 세력의 반격이 시작되었다. 1997년에는 일본의 가해 책임을 부정하고 침략 전쟁과 식민지 지배를 미화하는 교과서를 목표로 하는 '새로운 역사교과서를 만드는 모임', 일본 각료의 야스쿠니 신사 공식 참배 강행과 평화헌법 개정을 지향하는 '일본회의', 현 아베 신조 수상이 사무국장이었던 '일본의 미래와 역사교육을 생각하는 젊은 의원의 모임'이 결성되었다.

2002년 9월 17일 북일 정상회담은 요즘 공공연히 벌어지는 혐오발언 가두시위의 불씨가 되었다. 이 북일 정상회담에서는 북한이 일본인 납치를 처음으로 공식인정하며 사죄를 했는데, 이것이 계기가 되어 일본 정부는 북한, 북한 국적을 지닌 재일조선인을 차례로 제재하게 되었다. 당시 언론은 수개월 동안 날마다 선정적인 북한 때리기 보도를 되풀이했다. 그러면서 식민지 지배 당시 일본이 조선(북한)에 나쁜 짓을 했으며 일본인은 가해자이고 조선인은 피해자라고 느끼던 의식이 없어지게 되었고, 동시에 이전부터 일본인이 갖고 있던 조선인에 대한 뿌리 깊은 멸시의 감정이 드러났다. 이런 감정은 일본인 납치 사건에서 보듯 조선인이야말로 가해자이며 일본인은 피해자이기 때문에 조선인에게는 무슨 짓을 해도 좋다는 식으로 왜곡되어 분출되었다. 한편 2002년 한일월드컵 공동 주최와 2003년 이후 일본에서 일어난 한류 붐으로 인해 한국의 발전상이 일본 사회에 널리 알려지면서 그간 한국을 멸시해온 일본인들이 반발하게 되었다.

이와 같은 새로운 형태의 차별 의식은 2004년부터 출판된 만화《혐한류嫌韓流》시리즈가 누계 판매 부수 100만 부에 달했다는 점에서 단적으로 알 수 있다. 또 인터넷이 보급되면서 익명으로 쓴 차별적인 댓글이 문제가 되었다. 2006년에는 제1차 아베 내각이 발족했는데, 일본군 '위안부' 문제를 비롯하여 일본의 가해 역사를 부정하는 캠페인을 벌였고, 애국심을 고취하는 교육 도입을 골자로 하여 교육기본법을 개악했다. 위에서부터 배타주의를 촉진한 것이다. 2007년에는 오늘날 일본의 차별 시위, 배타주의 시위를 중심적으로 이끌어가고 있는 극우 단체 '재특회(재일특권을 용납하지 않는 시민 모임)'가 생겼다. 재특회는 자칭 애국자라는 이들을 중심으로 인터넷에서 결성되었고, 일장기를 들고서 거리로 나왔다. 재특회 회원들은 일본 정부와 민간의 자민족 중심주의, 배타주의의 흐름을 반영하고 있다고 할 수 있는데, 딱히 별난 일본인이라기보다 식민지주의를 극복하지 못하고 거꾸로 강화시켜온 일본의 국가권력과 이를 고치지 못했던 일본 사회의 배외주의를 그대로 보여주는 이들이라고 할 수 있다.

이렇듯 재일조선인에 대한 혐오발언은 지금까지 일본 정부가 식민지주의에 뿌리를 두고 펼쳐온 차별 정책, 배타주의 정책과 뗄 수 없는 관계에 있다. 그러므로 혐오발언과 맞서 싸우는 것은 차별에 반대하는 활동인 동시에 일본이 식민지주의를 강화시켜 다시금 군사 대국으로 나아가려는 시도를 막아내려는 노력이라고도 할 수 있다.

이 책을 읽으면 식민지 지배의 결과로 일본에서 생활하게 된 동포와 그 자손에게 대상으로 일본 사회가 가하는 혐오발언 형태의 차별이 어떻게 일어나는지, 또 차별에 반대하는 싸움이 어떻게 펼쳐지고 있는지 그 투쟁의 한 국면을 알 수 있을 것이다. 재일조선인들과 살아가는 지리적 공간은 다르지만 고난에 굴복하지 않는 동포들의 투쟁에 한국의 독자 여러분이 관심을 갖고 응원해주실 수 있기를 진심으로 바란다.

이 책 출간 이후 일본의 상황

이 책이 일본에서 나온 후 1년 여가 지나고 현재도 혐오발언이 널리 퍼져 있으나 이에 맞서 싸우는 투쟁은 점차 전진하고 있다.

혐오발언 가두시위는 지금도 매주 일본 각지에서 벌어지고 있고, 2014년에는 혐한嫌韓·혐중嫌中을 주제로 책 몇 권이 논픽션 부문 베스트셀러가 되었다. 예를 들어《매한론呆韓論》《한국인에 의한 치한론韓国人による恥韓論》등이 그렇다.

2014년 말 중의원 선거를 앞두고 극우 정치인 이시하라 신타로 전 도쿄 도지사 겸 국회의원과 그 동료들이 결성한 '차세대당次世代の党'은 재일외국인에 대한 생활보호 폐지 캠페인을 펼쳤다. 차별을 동기로 하는 범죄, 즉 증오범죄도 산발적으로 일어났는데, 2015년 3월에는 콜택시 운전수가 수상 관저 앞에서 반핵 시위를 벌이던 시민들에게 돌을 던지면서 "조선인" "외부 세력, 시위꾼"이라고 부른 사건이 일어났다.

한편으로 일본 안팎에서는 이와 같은 혐오발언에 대한 비판이 강해졌다. 2009년부터 2010년까지 재특회가 교토에 있는 조선학교를 세 번이나 습격한 사건(상세한 내용은 1장 참조)이 벌어졌는데, 이후 조선학교가 재특회를 상대로 제기한 민사재판에서 나온 판결(2014년 7월 오사카 고등법원, 2014년 12월 대법원)이 여론에 영향을 미쳤다. 이 판결에서는 "'조선인을 살처분하라' '한반도에 돌아가서 똥이나 처먹어라'와 같은 혐오발언은 인종차별철폐조약에서 규정하는 인종차별이자, 표현의 자유로 보호해야 할 범위를 넘어섰다"고 지적했다.

2014년 7월에는 유엔의 자유권규약위원회가 일본 정부의 자유권규약 국내 실시 상황에 대한 보고서를 심사했고, 8월에는 인종차별철폐위원회가 일본 정부가 제출한 보고서를 심사했다. 나도 인종차별철폐위원회의 보고서 심사를 참관할 기회가 있었는데, 이 심사에서 인종차별철폐위원회 위원들은 일본의 경찰이 혐오발언을 일삼는 가두시위대를 보호했을 뿐만 아니라 가두시위대가 현행법상 범죄행위를 했을 경우조차도 소극적으로 대응한 것, 아울러 경찰이 이런 가두시위대에 항의하는 이들의 활동을 과도하게 규제한 점을 차례로 비판했다. 자유권규약위원회와 인종차별철폐위원회에서는 일본 정부가 혐오발언을 비롯한 인종차별을 의도적으로 방치하고 차별적인 정책을 펴고 있는 점에 대해 강력한 시정 권고를 냈다. 이 사실은 일본의 언론에서도 크게 다루어졌다.

이와 함께 차별을 선동하는 시위에 항의하고자 대항 시위를 벌이는 이들도 늘어났는데, 혐오발언 가두시위에 나오는 참가자 수를 웃도는 수준에 이르렀다. 이 책을 비롯하여 혐오발언을 비판하는 출판물은 지난 2년 동안 30권이 넘게 간행되었으며, 언론에서도 매일같이 혐오발언 문제를 다루게 되었다.

움직이기 시작한 일본의 지자체와 국회

2014년 7월 10일, 하시모토 도루 오사카 시장은 오사카에서 빈발하는 재일조선인에 대한 차별 시위에 구체적인 대책을 취하겠다고 발표했다. 재특회의 조선학교 습격 사건에 대해 오사카 고등법원이 전향적인 판결을 낸 지 이틀 만의 일이었다. 이어 도쿄의 도지사도 혐오발언을 비판하고 아베 수상에게 대책을 강구하도록 요청했다.

앞서 언급했듯 유엔 인종차별철폐위원회, 자유권규약위원회가 권고를 내자 이를 계기로 현재까지 104개 이상의 지방의회가 일본 정부에 혐오발언에 대한 대책을 요구하는 의견서를 채택했다. 일본의 국회에서도 2014년 4월 집권 여당 공명당 의원을 포함하여 여·야당 약 30명의 국회의원들로 구성된 '인종차별철폐기본법을 요구하는 의원 연맹'이 발족하게 되었다. 인종차별철폐기본법은 일본의 혐오발언을 비롯하여 인종차별에 대해 국가와 지방공공단체가 국제조약인 인종차별철폐조약에 준하여 차별금지를 선언하고 차별을 철폐할 책임과 의무가 있다는 것을 규정한 법인데, 일본 내 인종차별에 대해 포괄적으로 대응할 수 있도록 하자는 목적을 갖고 있다.

한편 2014년 8~9월에는 여당 내부에 혐오발언 대책 마련을 위한 프로젝트팀이 발족하여 첫 모임을 열었다. 그러나 여당 자민당 정무조사회 회장은 일본의 국회 주변이 반핵 시위 등으로 인해 시끄러워 성가시니까 그 대책도 검토하고 싶다고 했다. 이런 발언 직후인 8월 29일, 유엔 인종차별철폐위원회는 혐오발언을 규제한다는 구실로 시위 일반 전체를 억압해서는 안 된다며 규제의 남용을 경고하는 권고를 냈다. 그리하여 자민당에서는 정무조사회 회장의 발언을 철회하기에 이르렀다.

2015년 5월 22일, '인종차별철폐기본법을 요구하는 의원연맹'에 속하는 민주당, 사회당, 무소속 의원들이 일본 국회에 '인종 등을 이유로 하는 차별을 철폐하기 위한 시책 추진에 관한 법률안'을 제출했다. 하지만 아직 인종차별철폐기본법 법안은 심의에 들어가지 못한 상태이다. 앞으로 인종차별철폐기본법이 통과될지 안 될지는 일본 안팎 여론의 향방에 달려 있으므로 안심할 수 없는 상태이다.

2015년 5월 22일 오사카 시에서도 '혐오발언 대처에 관한 조례안'을 시 의회에 제출했다. 이 조례안은 전문가로 구성된 기관을 설치하여 어떤 표현이 혐오발언인지 아닌지를 판단하고 그 결과를 공표하도록 하는 제도를 마련하고, 혐오발언의 피해자가 민사재판을 하게 되면 재판 비용을 빌려주는 것을 골자로 한다. 조례안으로 직접 법적인 규제를 할 수 있는 것은 아니다. 하지만 지자체의 이런 대응은 혐오발언 가두시위를 일정 정도 억제하는 효과를 불러올 것이며, 혐오발언을 둘러싸고 여타 지자체와 공공기관의 활동과 일본의 국내법을 마련하는 데 큰 의미가 있다고 볼 수 있다.

그럼에도 혐오발언 가두시위, 차별과 배타주의에서 비롯된 시위는 일본 경찰의 보호 아래 여전히 벌어지고 있다. 인터넷에는 "이 구더기야, 냉큼 한반도로 돌아가라" "조선인들을 일본에서 쫓아내라"라고 외치는 인종주의자들의 시위 영상이 버젓이 업로드되어 있고, 그 아래에는 차별을 부추기는 댓글이 무수히 달려 있다. 매일같이 재일조선인들에게 굴욕과 공포를 맛보게 하는 이런 괴롭힘을 하루 속히 멈추게 해야 한다.

국제적인 인권 기준과 한국의 혐오발언

세계 각국에서 역사적·구조적으로 차별을 당해온 소수자들을 차별하는 공격이 일어나고 있다. 특히 기존에 경제가 어느 정도 발전했지만 빈부 격차가 심화되고 있는 자본주의 국가들에서 공통적으로 외국인에 대한 혐오발언과 같은 차별이 심각한 사회문제로 떠오르고 있다.

이 책에서는 혐오발언이 불러일으키는 해악, 이에 대응하고자 노력해온 국제사회의 인권 기준과 그 형성 과정을 살폈고, 나아가 표현의 자유를 보장하는 것과 혐오발언에 대한 법적 규제를 어떻게 조화시켜야 할지 논했다. 또 혐오발언 문제에 각국이 어떻게 대응해왔는지, 이런 경험에서 우리가 무엇을 배울 수 있을지 알기 쉽도록 각국의 사례를 소개했다. 마지막 장에서는 포괄적 차별금지법, 혐오발언 및 증오범죄 처벌, 인종차별철폐 교육, 국내 인권 기관 설치, 개인통보제도 등을 설명했다. 이는 혐오발언을 비롯하여 인종차별에 대응하기 위해 최소한이나마 마련해야 할 것들이라 할 수 있다. 현재 일본은 이러한 것들 중 아무것도 마련되어 있지 않은 상태인데, 특히 반차별 정책이 뒤처져 있다. 일본은 이미 국제인권조약에 가맹했으므로 차별을 철폐할 의무를 지고 있다. 그렇기 때문에 이 책에서는 국제적인 인권 기준을 들어 일본 정부에 차별 철폐 정책을 요구하는 수단으로 활용해야 한다고 제안했다.

한국은 급속한 경제 발전을 이룩한 1990년대 이후 외국인 이주노동자가 급증했고, 2000년대에는 한국인 남성과의 국제결혼으로 이주한 외국인 여성이 증가했다. 그 이면에서 외국인에 대한 차별 구조가 형성되어 혐오발언과 증오범죄가 나타나고 있다. 또 2010년에 극우 성향의 인터넷 커뮤니티 '일베(일간베스트)'가 등장하면서 이주노동자, 여성, 동성애자 등에 대한 혐오발언을 일삼고 있고, 가두시위도 벌였다고 들었다. 일본도 한국과 마찬가지로 1980년대 이후 외국인 노동자가 급증하면서 차별 문제가 심각해졌다.

한국인들은 한국 사회에서 살아가는 일원으로서 소수자인 외국인 노동자(외국인)에 대한 차별을 없애야 할 입장에 있다. 그간 민주화를 위해 노력해온 많은 한국 시민들이 차별에 반대하는 운동을 펼쳐왔음을 익히 알고 있다. 그 결과로 일본과는 달리 1990년 개인통보제도를 도입했고, 2001년 국내 인권기관인 국가인권위원회를 설치했으며, 2004년 외국인의 투표권을 인정하는 주민투표법을 제정했다. 또 2007년 재한외국인처우기본법, 2008년 다문화가족지원법을 제정·시행했다.

그럼에도 차별 철폐에 주축이 될 수 있는 포괄적 차별금지법이 아직 없고, 혐오발언과 증오범죄에 대한 규제가 없는 점은 일본과 같다. 현실적으로 생각해볼 때, 법적인 규제가 없다면 소수자의 몸과 마음이 차별로 인해 갈기갈기 찢기더라도 이를 당장 멈추게 할 수가 없다. 그리고 길거리에서든 인터넷에서든 혐오발언이 사회에서 일상적으로 일어나는 풍경과도 같은 것이 되어버린다면, 이미 차별과 폭력을 허용하는 환경을 조성한 것이나 마찬가지라고 생각한다.

한국에서 지난 2007년 차별금지법 제정이 뜨겁게 논의되었을 때, 법안의 조항 가운데 차별에 대한 정의 중 하나로 '괴롭힘'이 있었고 이는 "개인이나 집단에 대하여 신체적 고통을 가하거나 수치심, 모욕감, 두려움 등 정신적 고통을 주는 일체의 행위"로 기술된 적이 있다고 알고 있다. 이런 조항은 혐오발언과 증오범죄를 규제할 수 있는 것이라고 볼 수도 있겠는데, 당시 한국에서 표현의 자유를 침해할 우려가 있다는 반대 의견도 나왔다고 들었다.

일베의 등장에 따라 혐오발언이 한국에서 새로운 국면을 맞이하게 된 지금, 한국의 독자 여러분에게 이 책이 국제적 관점에서 혐오발언 문제를 생각해볼 수 있는 계기가 되기를 바란다. 나아가 소수자에 대한 차별과 맞서 싸우는 데 이 책이 조금이나마 보탬이 될 수 있다면 더할 나위 없는 기쁨일 것이다.

2015년 여름, 모로오카 야스코

2013년 일본에 단번에 퍼진 '혐오발언'[1]이라는 용어는 '증오범죄'[2]와 함께 1980년대에 미국에서 만들어져 상용화된 새로운 용어이다. 일본에서는 '증오표현'이라고 직역된 적도 있어, 단순히 증오를 나타내는 표현이나 상대를 비난하는 일반적인 말을 가리키는 것으로 오해되기도 한다. 이런 오해 때문에 법 규제를 둘러싼 논의에도 혼란이 생긴다.

1980년대 전반 뉴욕 등지에서 아프리카계 사람이나 성소수자 차별이 원인이 된 살인 사건이 빈발하자, 1985년에 국가

---

1 Hate Speech. 한국에서는 혐오표현, 증오언설이라고 번역되기도 한다. 저자는 단지 듣는 이에게 혐오감을 느끼게끔 하는 표현이 아니라, 국적·성·인종·종교 등을 이유로 차별을 적극적으로 선동하는 표현을 가리키는 차원에서 '혐오발언'이라고 일역했고, 저자의 취지를 살리고자 '혐오발언'이라고 옮겼다.
2 Hate Crime. 혐오발언과 연관성을 생각할 때 혐오범죄로 번역하는 것이 적당하나 국내에서 이미 '증오범죄'라고 통용되고 있으므로 증오범죄로 옮겼다.

가 증오범죄를 의무적으로 조사하도록 한 증오범죄통계법안 The Hate Crime Statistics Act이 만들어졌고, 이것이 증오범죄라는 용어가 처음 쓰인 사례라고 알려졌다. 같은 시기에 대학 안에서 비백인과 여성을 차별하는 사건이 잇따르자 각 대학마다 차별적인 표현을 포함한 괴롭힘harassment 행위를 막는 규제안이 채택되었다. 이것이 퍼지면서 '혐오발언'이라는 용어가 쓰이게 되었다. 이렇게 용어가 성립된 경위에서 알 수 있듯이, 증오범죄도 혐오발언도 결국 인종, 민족, 성에 따른 소수자minority 차별을 바탕으로 한 공격을 뜻한다. '혐오hate'란 일반적인 증오의 감정을 일컫는 말이 아니라 소수자에 대한 부정적인 감정을 가리키는 말로 쓰인다.

이 책에서는 도쿄의 신오쿠보, 오사카의 쓰루하시 등에서 벌어져 일본 사회에서 논란이 된 배외주의 시위, 즉 인종주의적 혐오발언Racist Hate Speech을 중심으로 다룬다. 이런 발언은 인종적 낙인을 찍는 형태의 공격이다. 표적이 된 집단이 '하찮다'는 메시지를 담고 있어 그 자체로 언어폭력일뿐더러 물리적 폭력을 유발한다는 점에서 그저 '표현'의 수준을 넘어 상당히 위험한 것이다. 혐오발언은 '증오의 피라미드'의 5단계, 즉 편견, 편견에 의한 행위, 차별, 폭력, 제노사이드의 일부로 설명되곤 한다.

용어가 만들어진 경위와 내용을 생각하면 혐오발언은 인종주의적 혐오발언을 규제하는 국제인권조약인 자유권규약[3] 20조와 인종차별철폐조약[4] 4조에서 공통으로 쓰이는 '차별선동·Incitement of Discrimination'으로 의역하는 편이 적절할 것이다.

인종차별철폐조약은 1959년 말 독일에서 유럽 각국으로 퍼진 신나치운동에 국제사회가 강한 위기감을 느끼고 긴급히 만든 것이다. 이 조약은 체약국이 혐오발언을 포함한 모든 형태의 인종차별을 철폐하는 정책을 지체 없이 취해야 할 기본적인 의무(2조 본문)와 "입법을 포함한 모든 적절한 수단으로써 금지하고 종결"(2조 1항 d)시켜야 할 의무가 있다는 점을 명시했다.

각국은 이러한 국제 인권, 즉 제2차 세계대전 이후 유엔을 중심으로 형성해온 인권 기준에 바탕을 두고 차별 철폐를 위한 각종 법 제도와 혐오발언을 규제하는 법 제도를 정비해왔다. 일본도 1995년에 이 조약에 가맹했지만 아직도 혐오발언을 규제할 법 제도가 없어 국제인권법을 위반하고 있는 상태이다.

2009년 12월 4일 오후 1시 반, 교토 조선제1초급학교 교문 앞에 '재일특권을 용서하지 않는 시민 모임'(이하 재특회) 회원 11명이 들이닥쳤다. 이들은 일장기와 재특회 깃발을 흔들며 1시

---

3 1966년 유엔에서는 인권에 관한 국제법적 효력을 갖춘 2개 조약이 채택되었고 1976년부터 발효되었다. 바로 '시민적·정치적 권리에 관한 국제조약(International Covenant on Civil and Political Rights. ICCPR. 통칭 '자유권규약' 'B규약'이라고도 부른다)'과 '경제적·사회적·문화적 권리에 관한 국제조약(International Covenant on Economic, Social and Cultural Rights. ICESCR. 통칭 '사회권규약' 'A규약'이라고도 부른다)'이다. 우리나라는 1990년 사형제 폐지 같은 일부 선택 사항을 유보한 채 이 두 조약에 가입했다. 자유권규약 이행을 심사하는 기관으로는 자유권규약위원회(Committee on Human Rights)가 있다.
4 '모든 형태의 인종차별 철폐에 관한 국제협약(International Convention on the Elimination of All Forms of Racial Discrimination)'. 1965년 12월 21일 유엔총회에서 채택되었고 1969년 1월 4일 발효되었다. 이 조약 가맹국의 조약 실시 상황을 감시하는 유엔 산하 인권 기구로 인종차별철폐위원회(Committee on the Elimination of Racial Discrimination)가 있다.

간 반 동안 확성기에 대고 혐오발언을 외쳤다.

"조선학교,[5] 이런 건 학교가 아니다.""조선학교를 일본에서 쫓아내라.""조선부락 나가라.""범죄 조선인.""조선 야쿠자 나와라.""북조선 스파이 양성 기관.""밀입국자 자손이 아니냐." "구석으로 다녀라.""약속이란 건 인간끼리 하는 거다. 조선인과는 약속이 성립되지 않는다.""너희들. 똥을 먹어라. 조선 땅으로 돌아가서.""이 문을 열어라, 이 자식들아.""총코."[6] "바보 같은 총코 아이들.""김치 냄새 난다."

이 학교에는 운동장이 없었다. 그래서 가까운 어린이 공원에 조례대와 축구 골대를 세우고 조례와 체육 수업에 써왔다. 재특회는 이를 불법 점거라고 매도하며 제멋대로 조례대를 철거해 교문 앞으로 옮겼다. 또 축구 골대를 쓰러뜨려놓고는 학교 안으로 가져가라고 집요하게 요구했고, 학교 안에서 공원의 스피커까지 이어놓은 배선을 펜치로 절단하는 증오범죄를 저질렀다.

재특회의 발언은 교내에도 울려퍼졌고 학교 안에 있던 아이들 약 150명 중 일부는 흐느껴 울며 공황 상태에 빠지기도 했다. 아이들을 매도하는 말을 멈추게 하려고 선생님들과 보호자들이 교문 앞으로 달려가 그들을 막았지만, 발언을 중지

---

5 해방 후 재일조선인 전국 조직인 재일본조선인연맹이 주축이 되어 설립한 학교이다. 각지의 학교 법인이 조선어와 역사, 문화를 특징으로 하는 민족 교육을 시행해 민족학교라고도 불린다. 일본 전역에 유치원부터 초·중·고급학교, 대학교까지 70여 개가 있다.
6 오사카 사투리로 '바보'라는 뜻. 조선인을 비하하는 말이다.

시키지도 못하고 반론도 못한 채 일방적으로 당할 수밖에 없었다.

2013년 10월 7일 교토지방법원은 세 차례에 걸친 이 차별 선동 가두시위가 단순한 불법 행위가 아니라 인종차별철폐조약에 규정된 인종차별에 해당한다고 인정하여, 1,220만 엔 손해배상과 학교 반경 200미터 이내에서 가두시위 등을 금지하는 판결을 내렸다.

재특회에서는 가두시위 활동이 공익 목적의 '표현의 자유'라고 주장했으나, 법원은 "재일조선인의 기본적인 자유와 평등을 막으려는 목적이 분명하다"라며 이런 주장을 일축했다. 게다가 피고의 인종차별 행위로 발생한 무형의 손해에도 "공정한 동시에 적정한 배상"이 되도록 가중해야 한다고 판결함으로써 고액의 손해배상을 인정했다는 점에서 획기적이었다. 이는 인종차별철폐조약 6조를 따른 것이라고 볼 수 있다.[7] 인종차별철폐조약에 따라 현행법을 적정하게 적용하는 기준을 제시한 판결이며, 앞으로 다른 혐오발언을 제소하거나 현행법을 활용하는 데 영향을 미칠 것이다. 한편 이 판결에서 불특정 집단의 혐오발언을 현행법으로는 규제할 수 없고 새로운 법이 필요하다는 점이 지적되었다. 이 점은 현행법의 한계를 명시

---

7 인종차별철폐조약 6조. "체약국은 권한 있는 국가법원 및 기타 기관을 통하여 본 협약에 반하여 인권 및 기본적 자유를 침해하는 인종차별 행위로부터 만인을 효과적으로 보호하고 구제하며 또한 그러한 차별의 결과로 입은 피해에 대하여 법원으로부터 공정하고 적절한 보상 또는 변제를 구하는 권리를 만인에게 보증한다."

했다는 점에서 주목할 필요가 있다.

그전에도 일본 사회에서는 1989년 파친코 의혹 사건,[8] 1994년 북핵 의혹,[9] 1998년 대포동 소동[10] 등 북한과 외교관계에서 문제가 발생할 때마다 조선학교 학생들을 표적으로 삼은 폭언과 폭행이 각지에서 수백 건씩 일어났다.

2002년 9월 북일 정상회담에서 북한 정부가 일본인 납치를 인정하자 이를 계기로 일본 정부의 대북 제재 정책이 완화되었다. 그러나 언론에서 일본인 납치 문제를 선정적으로 보도하자 조선학교 학생과 일본 학교에 다니는 재일조선인 학생들을 대상으로 폭언과 폭행이 잇따라 발생했다. 드러난 것만 해도 반년 동안 1,000건에 달했다. 그중 4분의 3은 "조선인 죽어라" "식민지 시대에 조선인을 모두 죽였으면 좋았을걸"같은 혐오발언이었으며, 나머지는 치마저고리 교복을 자른다든지 역 계단에서 밀친다든지 하는 식으로 인종주의적 동기에 바탕을 두고 유형력有形力을 행사한 범죄 행위, 즉 증오범죄였다.

---

8 한 주간지가 '파친코 업체가 사회당 의원에게 거액의 정치 헌금으로 로비 활동을 했다'라는 의혹을 제기했다. 그러자 자민당의 한 의원이 파친코 업계 종사자 중에 재일조선인이 많다는 이유로 파친코와 재일조선인을 연결시켜 "조선학교가 반일 교육을 한다"라고 발언했다. 이에 따라 조선학교 학생들이 치마저고리를 찢기거나 폭언을 듣는 사건이 20일간 48건이나 일어났다.
9 북한이 핵확산방지조약(NPT) 탈퇴를 선언하면서 이른바 북핵 위기가 일어났다. 이듬해 북미 간에 제네바합의가 극적으로 체결되어 일단락되었다.
10 북한이 탄도미사일 대포동 1호를 발사했을 때 일본 언론이 앞다투어 보도한 사건을 말한다.

당시 나는 변호사연합회의 일원으로 이 문제에 대응했다. 일본인 중년 남성이 치마저고리 교복을 입은 여자 초등학생에게 침을 뱉은 사건 등을 알게 되면서, 민족차별과 여성차별을 한 몸에 받는 아이들이 얼마나 상처를 받았을지 분노, 미안함, 안타까움이 뒤섞였다.

나는 2004년 일본변호사연합회 인권옹호대회 심포지엄 실행위원으로서 참가하면서 국제인권기준에 따라 거의 모든 나라에 혐오발언이나 증오범죄에 대처하는 차별금지법과 국내 인권 기관이 있다는 사실을 알게 되었다. 또 조약상 그러한 제도를 만들어야 한다는 의무가 있음에도 일본은 30년 넘게 법 정비를 게을리해왔다는 점도 알게 되었다. 당시 일본에는 연구자도 관련 문헌도 적어서 충분히 조사하지 못하다가 2007년 일본변호사연합회가 공익 활동을 하는 변호사에게 제공하는 프로그램으로 유학을 가서 국제인권기준에 따른 대처 방법을 알아볼 수 있었다.

일본에는 혐오발언이 만연해 있다. 대상은 재일조선인만이 아니다. 뉴커머[11] 한국인, 중국인, 브라질인 등 다양한 국적의 외국인, 구식민지 출신자, 이주노동자와 그 가족, 난민(난민 신청자), 비정규 체류자 등 여러 부류의 외국인과 민족적 소수자도 대상이 된다. 아이누 족과 오키나와 선주민족先住民族, 피차별 부락민, 여성, 장애자, 성소수자도 마찬가지다.

---

11 일본식 영어 'New Comer'. 1980년대부터 일본에 정착한 외국인을 두루 일컫는다.

혐오발언을 하는 발신자는 공인, 매체, 그 밖의 사람들로 나눌 수 있다. 매체로는 매스컴, 책, 만화, 리플릿, 전단지 등이 있고, 인터넷이 가장 강력하다. 이 외에 직접적 표현 형태로 배외주의 시위, 가두시위가 있다. 혐오발언 중에서도 가장 큰 악영향을 불러일으키는 것은 공인들의 혐오발언이다. 거의 모든 소수자를 공격 대상으로 삼아 혐오발언을 해온 전 도쿄 도지사이자 현 중의원 의원(일본유신회 공동대표) 이시하라 신타로石原慎太郎가 대표적이다. 일본 사회는 그의 발언에 거의 손을 쓰지 못하는 상황이다.

이것은 세계적으로 볼 때 상식에 어긋난다. 2013년 7월 유럽의회는 의원 마린 르 펜 국민전선(프랑스의 극우정당) 당수의 불체포 면책특권을 박탈하기로 결정했다. 르 펜이 2010년 리옹에서 했던 연설을 문제 삼았는데, 이때 르 펜은 이슬람교도가 길에서 예배를 드리는 모습을, 프랑스를 점령했던 나치 독일에 빗대어 표현했다. 르 펜은 기소되었고 유죄판결을 받게 되면 최대 금고형 1년, 벌금 4만 5,000유로에 처해진다.

나는 혐오발언 중 악질적인 것은 법으로 규제해야 한다고 생각한다. 하지만 이 책에서는 신중하게 생각하자는 반대론도 함께 검토하면서 법 규제의 필요성과 허용성, 실행 방법을 신중하게 논할 것이다.

1장에서는 일본에서 벌어지고 있는 혐오발언의 현 상태와 배경, 2장에서는 혐오발언의 본질과 해악, 국제사회가 공유하는 인식, 3장에서는 여러 나라가 어떻게 혐오발언에 대처하고

인종차별 철폐 정책을 전개해왔는지에 주목한다. 4장에서는
미국의 예를 참조하여 혐오발언의 법 규제를 둘러싼 논의와
시사점을 검토하고, 5장에서는 앞으로 일본이 마련해야 할 대
책을 정리한 후 구체적인 제안을 해보고자 한다.

혐오, 소수자를 사냥하다

끊이지 않는 배외주의 시위

'표현의 자유'로 인정받는 차별 시위

도쿄 신오쿠보 일대는 일본에 한류 붐이 불기 시작한 이래 주로 뉴커머 한국인들이 식당, 화장품점, 한류스타 기념품점 등을 100군데 이상 열어 코리아타운이 형성된 관광지이다. 이곳에서 2013년 2월 9일 '불령선인[1]을 추방하자! 한류 박멸 시위 in 신오쿠보'라는 제목을 내걸고 100여 명이 시위를 벌였다. 이들은 저마다 확성기에 대고 부르짖었다.

"한국인을 비틀어 죽여라." "구더기 한국인을 일본에서 내쫓아라." "일본에 필요 없는 조선인, 국제사회에 필요 없는 조선인은 즉각 도쿄 앞바다에 때려 박자." "기생충, 바퀴벌레, 범

1 　不逞鮮人. '불온하고 불량한 조선인'이란 뜻으로 일제의 식민통치에 저항한 조선인을 적대시하고 얕잡아 부르는 말.

죄자. 조선 민족은 일본의 적이다.""당신들은 한낱 범죄자의 후손이다. 살인자, 강간범이 조선인이라고."

이들은 일장기와 욱일기를 내걸었고 온갖 혐오발언을 쏟아냈다. "좋은 한국인도 나쁜 한국인도 다 죽여라.""밀입국자는 죽여라.""어서 목매달아라, 조선인.""똥 먹는 원주민 박멸.""해충 박멸.""한국인 매춘부 5만 명을 때려 죽여라.""조선인 매달아라, 독을 먹어라, 뛰어내려라." 그 후에도 비슷한 가두시위가 이어졌다.

한편 오사카 쓰루하시 역 주변은 예전부터 재일조선인이 많이 살고 있는 상업 지역이다. 여기에도 2013년 2월 24일 '한일 국교단절 국민대행진 in 쓰루하시'라는 시위대 100여 명이 거리에서 마이크를 들고 폭언을 던졌다.

"바퀴벌레 총코를 일본에서 쫓아내자!""돈이라면 뭐든지 하는 매춘부, 그게 조선인이다.""재일조선인은 불법으로 입국한 범죄자.""쓰루하시에서 파는 김치는 노로바이러스가 가득 찬 끔찍한 식품.""본명[2]을 안 쓰는 재일조선인은 형편없는 인간.""패배자 총코를 죽여라. 쓰레기.""계속 우쭐대면 난징대

---

2   재일조선인들은 해방 후 일본에서 본명(本名), 즉 조선 이름을 써서 차별당하는 것을 피하려고 통명(通名) 혹은 통칭명(通稱名)이라는 일본 이름을 썼다. 일본 정부는 재일조선인의 사회생활에 편의를 꾀한다는 이유로 통칭명을 외국인등록증에 쓰도록 인정했다. 그러나 이 때문에 재일조선인이 차별받는 상황이 개선되지 않고, 통명을 쓰는 상황이 유지되어 왔다는 비판을 받고 있다. 통칭명으로 유효한 법률 행위를 하는 것은 원칙적으로 불가능하고 법적인 근거가 없으나, 일본의 행정기관에서는 운용상 통칭을 유효한 것으로 판단하고 있다.

학살³이 아니라 쓰루하시대학살을 저지르겠다."

특히 대학살을 저지를 거란 마지막 말은 여중생 입에서 나온 발언이라 충격이 더 컸다. CNN 같은 해외 언론도 이를 보도할 정도였다.

시위 주최자들은 이 차별적인 배외주의 시위 영상을 인터넷에 올렸다. 현재도 이 영상은 여전히 게시되어 있다. 일본에서는 이러한 가두시위 행위도, 인터넷 표현도 '표현의 자유'로 보장받는다.

혐오발언의 정의, 본질과 해악은 다음 장에서 본격적으로 다루기로 하고, 이번 장에서는 일본 사회에 만연한 차별선동이 어떤 형태인지 살펴본다.

재특회의 탄생

제2차 세계대전 이후 지금까지 일본에서는 조선과 외교 문제가 생길 때마다 주로 조선학교 학생들을 표적으로 삼은 폭언, 폭행 사건이 많이 일어났다. 2000년대에 인터넷이 보급되면서부터는 인터넷상에 이들을 향한 혐오발언이 폭증했다.

2002년에 한일 공동으로 월드컵을 개최했고 2003년에는 한국 드라마를 계기로 한국 문화 붐이 일었다. 그러다 2005년에 《만화 혐한류マンガ嫌韓流》가 출판되었다. 이 책에는 일본이

---

3 중일전쟁 때 중화민국 수도 난징(南京)을 점령한 일본이 군대를 동원해 중국인을 학살한 사건. 중국은 난징대학살 희생자를 30만 명으로 공식 집계하고 있다.

식민 지배로 한국에 혜택을 주었고 강제 연행은 없었으며 일본군 '위안부'는 매춘부라고 하는 등, 현재 재특회 같은 민간의 인종차별주의자와 극우 정치가가 주장하는 내용이 거의 다 들어 있다. 이 만화책은 폭발적으로 판매되어 총 발행 부수가 100만 부에 이르고 속편도 4권까지 출판되었다. 재특회가 추천하는 도서이기도 하다.

2013년에 사회문제가 된 배외주의 시위는 이전까지의 혐오발언과는 달랐다. 인터넷에서 차별하는 글을 되풀이해서 써오던 이들이 인터넷으로 서로 연락하며 실제로 운동단체를 조직하더니 버젓이 소수자 집단에 직접 폭언, 폭행을 끊임없이 일삼게 되었기 때문이다. 자신들이 벌인 가두시위 같은 활동을 동영상 사이트에 올려 차별을 선동하면서 지지를 얻고자 하는 점도 특징이다.[4]

그 중심이 바로 재특회다. 재특회는 2007년 1월 20일 회원 약 500명으로 설립되었다. 회장은 사쿠라이 마코토桜井誠(본명 다카다 마코토)라는 인물이다. 그가 어떤 인물인지는 저널리스트 야스다 고이치가 쓴 《거리로 나온 넷우익》에 잘 나와 있다. 사쿠라이 회장은 재특회 전임 근무자이고, 그 밑에 재특회 대표는 저명한 기업에 근무하는 직장인이다. 재특회 홈페이지에 있는

---

4 주로 재일조선인과 한국인, 중국인, 장애인 등을 공격 대상으로 삼는 배외주의 단체나 개인을 '네토우요'라고 부른다. 인터넷의 '넷(네토)'과 '우익(우요쿠)'의 합성어이다. 재특회 외에도 '일본 침략을 허락하지 않는 국민의 모임' '배해(排害, 외국인 배척)주의자 선언' '주권 회복을 지향하는 모임' '팀 간사이(チーム関西)' 등 크고 작은 단체 20여 개가 있다.

정보에 따르면 회원 수는 약 1만 4,000명이고 전국에 37개 지부가 있다. 다만 회비도 없고 메일 등록만으로 회원 가입이 가능해 지지자 수와 실제 활동하는 회원 수는 일치하지 않는다. 재정은 모금으로 충당한다고 설명하나 어디서 돈이 나오는지는 밝혀지지 않았다.

재특회는 홈페이지에 '재일조선인의 특권 폐지', 특히 재일조선인의 '특별영주자격[5] 폐지'를 활동 목적으로 내걸며 '다른 외국인과 평등하게 대우한다'는 것을 명목상 목표로 한다. 나중에 이야기하겠지만 이런 자격은 특권이라 볼 수 없다.

재특회는 결성 이후 10명 단위로 신문사, 방송국, 대사관이나 역 앞에서 일본군 '위안부' 문제, 외국인 참정권 문제, 중국의 티베트 문제를 놓고 집회를 여는 활동을 벌여왔다. 2008년 11월에는 도쿄 고다이라 시에 있는 조선대학교[6] 정문 앞에서 70명이 데모를 벌였다. 확성기에 대고 "조선대학은 대학이 아니다" "간첩 양성 기관" "조선인을 도쿄 앞바다로 때려 박자"라고 부르짖었다. 또 같은 해 12월 재일조선인의 주요 거주지인 우토로[7]에 들어가 차별 시위를 벌였다. 이런 행위는 당사자들에게는 큰 문제였지만 언론에는 거의 보도되지 않았다.

---

5 1952년 샌프란시스코강화조약 발효 후 재일조선인은 일본 국적을 잃었고 1965년 한일협정 후 협정영주권을 받아 일본 재류 자격을 얻었다. 1991년 이후 일본 정부는 재일조선인 3세를 포함해 재일조선인에게 특별영주권을 부여했다.
6 조선학교의 고등교육기관으로 1956년 개교했다.

1장 | 혐오, 소수자를 사냥하다

이주노동자 자녀를 괴롭히는 시위

재특회가 일본 사회에서 처음 주목받은 것은 '칼데론 사건' 때이다. 2006년 일본 대법원은 재류 자격 없이 일본에서 일하던 필리핀 출신 칼데론 씨 일가족에게 일본에서 퇴거하라는 강제명령을 확정했다. 칼데론 씨 가족은 재류특별허가를 신청했으나 일본 법무성 출입국관리국은 일본에 있던 중학생 딸만 재류를 허가했다. 딸을 가족과 떼어놓는 결정을 한 것이다. 언론에서 이 사건을 비판적으로 다루자 재특회 회원 등 200명이 2009년 4월 퇴거 강제명령을 지지하는 시위를 벌였다. 칼데론 씨 딸이 다니는 학교 근처에서 "칼데론 일가족을 쫓아내라"라고 외치며 집회를 벌이면서 지속적으로 칼데론 씨 가족을 괴롭혔다. 심지어 칼데론 씨 가족이 출입국관리국에서 일본 퇴거 수속을 밟을 때조차도 쫓아가 괴롭혔다.

2009년 8월 재특회는 도쿄에서 열린 일본군 '위안부' 문제 전시회에 나타나서는 참가자들을 쫓아다니면서 "너도 매춘부냐"라고 매도하며 전시를 방해했다. 이 무렵부터 조선인 차별 문제를 다루는 행사마다 이들이 들이닥쳐 방해했다. 2009년 9월에는 수백 명이 도쿄 아키하바라에서 외국인 배척을 주장

---

7   교토 부 우지 시 이세다초에 소재한 지역으로 제2차 세계대전 중에 교토 군비행장 건설을 위해 강제로 동원된 조선인 노동자와 가족들로 형성된 재일조선인 마을이다. 1989년 토지 소유권자인 부동산 회사가 주민에게 '건물철거·토지명도'를 요구하여 소송을 일으켰다. 주민들은 생활을 지키기 위해 장기간 투쟁을 벌였고 한국에서도 시민단체를 중심으로 모금과 지원 활동이 전개되었다. 2001년 유엔의 사회권규약위원회에서는 우토로 주민들의 강제퇴거에 대해 우려를 표명한 바 있다.

하는 시위를 벌였다. 이들은 차별에 반대한다는 피켓을 들고 혼자 서 있던 사람을 그 자리에서 집단폭행했다. 그러나 경찰은 폭행을 보고도 수수방관했다.

2009년 12월에는 교토조선학교 습격 사건을 일으켜 조선학교 측이 이들을 형사고발하기에 이르렀다. 조선학교 측은 재특회를 상대로 민사소송도 제기했다. 이후 몇 개의 소송에서 피해자들이 재판을 제기하게 되었다.

교원노조 습격 사건

2010년 4월 도쿠시마 현 교원노조 사무실 건물 앞에서 시위를 벌이던 20명 정도가 2층 노조 사무실로 난입했다. 사무실에 있던 여성 조합원 2명에게 확성기로 "모금 사기다!" "일본이 싫으면 나가라!"라고 부르짖고 협박하며 서류를 마구 던졌다. 경찰에 신고하려던 여성의 손목을 붙잡아 억지로 전화를 끊게 하는 폭행도 가했다. 이들이 말한 '모금 사기'란 어린이 빈곤 대책에 쓴다고 교원노조가 조합원들에게 거둔 성금 일부를 조선학교에 기부한 사실을 가리키는 것이었다. '외국국적 어린이 지원'에 쓴다고 모금 사용 출처를 분명히 밝혔는데도 이들은 사기라며 트집을 잡았다. 이 사건으로 노조 사무실에서 난동을 피운 7명이 위력업무방해죄와 건조물침입죄 혐의로 체포되었고, 그중 6명이 기소되어 전원 유죄가 확정됐다 (모두 집행유예).

2013년 8월 노조와 피해자 중 한 명은 도쿠시마지방법원에

38

재특회와 가해자 9명을 상대로 민사소송을 제기했다.

나라 수평사박물관 차별 시위

2011년 1월 재특회 부회장은 수평사박물관[8] 앞에서 시위를 벌였다. 수평사박물관이 있는 나라 현 고세 시는 1922년에 '수평사 선언'을 쓴 사이코 만키치[9]의 고향이고, 이 박물관은 부락해방운동의 역사를 소개하기 위해 1998년 세워진 것이다. 당시 박물관에서는 '코리아와 일본'이라는 특별 전시회가 열리고 있었다. 재특회는 이 전시회에 항의한다는 명목을 내세웠지만, 시위 때는 부락민과 조선인을 향한 혐오발언을 쏟아냈다. "불만 있으면 나와봐라, 에타[10] 놈들." "히닌[11]이란 건 말이야, 인간이 아니란 말이지." "더럽고 천한 놈들."

2011년 8월 박물관 측은 가해자들을 상대로 나라지방법원에 민사소송을 제기해 이듬해 6월 명예훼손과 민법 709조 위반 행위에 150만 엔 배상 판결을 받았다.

---

8   水平社博物館. 일본의 근세부터 천민 계급으로 차별받아온 부락민의 해방을 목표로 1922년 결성된 해방운동단체 수평사를 기념하기 위해 지어진 박물관.

9   西光万吉. 1895~1970. 부락해방운동가이자 사회운동가.

10   穢多. 수치스럽고 더럽다는 뜻으로 가축 도살, 사형 집행인, 피혁 가공 등에 종사하는 부락민을 멸시하여 일컫는 말.

11   非人. 사람이 아닌 것이 사람의 형상을 하고 있다는 뜻으로 부락민을 멸시하여 일컫는 말.

일본 기업에 대한 항의

2011년 8월 일본 최대 민영방송국 후지TV가 한국 드라마를 지나치게 많이 방영한다며 후지TV항의집회실행위원회 주최로 도쿄 오다이바에 있는 후지TV 본사 앞에서 "후지TV는 편향을 멈춰라!" "한류 드라마를 안 보고 싶다!"라고 외치는 시위가 수차례 벌어졌다. 한 배우가 트위터에 쓴 발언을 구실 삼아 인터넷으로 시위 참가자를 모집했는데 참가자가 수천 명에 달했다. 지금까지 벌어진 반한 시위 가운데 참가 인원이 가장 많았다.

2012년 3월에는 교토조선학교 습격 사건과 도쿠시마 교원노조 습격 사건 참가자 가운데 4명이 로토제약 오사카 본사에 들이닥쳤다. '독도사랑 캠페인'에 참가한 한국 여배우를 왜 제약회사 광고에 기용했느냐는 항의 명목이었다. "다케시마竹島가 어디 영토인지 모른다고만 해봐라. 가만 안 둘 테니까. 바보 천치들. 우쭐대지 마, 이놈들아"라고 협박했다. 참가자 모두 강요죄[12]로 기소되어 같은 해 11월 오사카지방법원에서 유죄 판결을 받았다. 이 가운데 교토조선학교 습격 사건의 주범이기도 한 피고 한 사람은 1심에서 징역 1년 실형을 선고받았다. 항소심, 상고심 모두 기각되어 판결이 확정되었고, 교토조선학교 습격 사건과 로토제약 사건으로 합계 3년의 징역을 받아 2013년 11월 수감되었다. 또 교원노조 습격 사건으로 징역

---

12 폭행이나 협박으로 타인의 권리 행사를 방해함으로써 성립하는 범죄.

1년 6개월 집행유예 4년 판결을 받은 피고 가운데 한 사람은 로토제약 사건에서 징역 1년 6개월 실형 판결을 받았는데, 항소하지 않아 판결이 확정되어 합계 3년의 징역을 선고받고 복역 중이다.

정부에 힘입어 과격해진 배외주의 시위

2012년 8월에 이명박 대통령이 독도를 방문하고, 광복절에 일본의 식민 지배를 비판하는 연설을 하자, 노다 요시히코野田 佳彦 총리가 이끄는 민주당 정권은 주한대사를 일본으로 불러들이고 한국 대사의 외교문서를 받는 것도 거부하는 등 시비조로 나왔다. 또 중국, 대만과도 조어도 영유권을 놓고 대립하다가 2012년 9월 일본 정부가 조어도를 사들여 전면 대결 자세를 취했다.[13]

일본 정부가 이웃한 여러 나라에 강경한 자세를 보이자 이를 배경으로 일본 내 배외주의 시위가 활발해졌다. 2012년 8월에는 신오쿠보에서 '한국 정벌 국민대행진'이 열렸다. '산보한다'[14]면서 한국인 가게에 들어가 간판을 걷어차거나, 점원을 붙잡고서 "바퀴벌레" "죽일 거야" "다케시마는 누구 땅인지

---

13 조어도(釣魚島)는 동중국해 남서부에 위치한 군도로 일본명은 센카쿠(尖閣) 열도, 중국명은 댜오위다오(釣魚島)이다. 2012년 도쿄 도지사 이시하라 신타로는 일본인 소유자에게서 조어도 중 3개 섬을 구입하겠다며 모금을 벌였다. 이 모금이 여론의 호응을 얻자 노다 정권이 소위 '국유화 조치'라며 2012년 9월 11일 정부 예산 20억 5,000엔으로 조어도를 구입하고 소유권 이전등기를 끝냈다. 조어도를 놓고 일본과 영토 분쟁을 하고 있는 중국과 대만은 이러한 일본 정부의 조치가 불법이자 무효라고 항의하고 있다.

말해봐!"라고 분노하거나, 일본인 손님한테도 "이런 데서 사지마" "매국노"라고 매도하며 손님이 산 물건을 바닥에 쏟아버리는 범죄를 저질렀다.

2012년 9월 오키나와[15]에서 열린 오스프리 배치 반대행동 집회[16]에도 시위대가 나타나 집회 참가자들에게 "바퀴벌레" "매국노"라고 욕설을 퍼부었다. 또 집회 참가자를 촬영하고 신원을 밝혀내서는 그의 직장에 전화를 걸어 "(집회 참가자를) 해고하라"며 괴롭혔다.(오키나와타임스, 2013. 9. 27. '미군기지 둘러싸고 분규')

침략과 식민 지배 책임을 부정하는 발언을 되풀이해온 아베 신조安倍晋三 자민당 총재가 복귀해 2012년 12월 26일 수상으로 취임했다.[17] 아베 총리는 조선학교를 고교 무상화에서 배제한다는 방침을 발표했다. 또 고노 담화[18]를 재검토하고 야스쿠니신사[19]에 있는 '영령'을 찬미하는 등 반중·반한·반북한 자세를 취했다. 이에 고무되기라도 한 듯 인터넷에서도 거리에서도 혐오발언이 빈번해졌고 과격해졌다. 이 사실을 보여주는 통

---

14 산보(산책)란 재특회가 쓰는 용어로 '괴롭힘'을 뜻한다.
15 일본 본토에서 가장 서쪽이자 동·중국해에 위치한 섬. 근대에 일본이 국민국가를 형성하면서 오키나와 섬에 있던 독립왕국 류큐(琉球)를 1872년 일본 영토로 편입했으며, 2차대전 말기 태평양전쟁 때 미군을 포함한 연합군과 일본군이 격전을 벌여 주민 약 9만 4,000명이 희생되었다. 일본이 패전한 후 미국령이었다가 1972년 일본으로 반환되었다. 그러나 여전히 주일 미군 군사시설 중 64퍼센트가 오키나와 섬에 있고 섬의 20퍼센트가 미군 기지이다. 2012년 오키나와 현의 지역 주민 의식 조사에 따르면 이런 상황을 차별이라고 느끼는 주민이 전체의 약 74퍼센트인 것으로 드러났다.
16 오스프리(Osprey)는 미군의 신형 수송 헬기로 2007년 이라크전에 처음 배치된 이래 2012년 7월 주일미군이 주둔한 오키나와에 배치되었다. 수직 이착륙에 따르는 잦은 사고 탓에 안정성이 크게 우려되어 오키나와 현의회와 주민들이 대규모 반대 시위를 벌였다.

계가 있다. 당시 스즈키 히로시鈴木寬 민주당 참의원 의원이 조사한 '인터넷상의 혐오발언에 관한 데이터 조사 결과 보고서'이다. 스즈키 의원은 일본의 배외주의 가두시위, 혐한 시위에서 가장 빈도가 높게 쓰이는 단어 '자이니치在日' '한국인' '조선인'이란 용어가 아베 정권 발족 직후인 2012년 12월 31일부터 2013년 4월 1일까지 블로그, 게시판, 댓글에서 얼마나 쓰였는지 조사했다. 이에 따르면 '자이니치'는 7,500여 건에서 2만 5,000건으로 늘었으며, '한국인'은 약 6,000건에서 2만 건으로 늘었다. '조선인'도 5,000건에서 1만 3,000건으로 증가했다. 또 2013년 11월 6일 자 〈아사히신문〉 보도에 따르면 2013년 3월부터 8월까지 반년 동안 일본 전국에서 배외주의 시위가 적어도 161건 일어났다.

재특회를 저지한 항의 행동

한편 2013년부터는 주로 트위터와 블로그에서 제안이 나

---

17 아베 신조는 2006년 9월부터 1년간 수상을 지냈고 2012년 12월 총선거에서 자민당이 대승해 다시 내각의 수반이 되었다. 전자를 1차 아베 내각, 후자를 2차 아베 내각이라고 부른다.

18 1993년 8월 고노 요헤이(河野洋平) 당시 관방장관이 위안부 문제에 일본군이 관여했고 강제성이 있었음을 인정한 것이다. 그러나 2014년 6월 20일 일본 정부는 고노 담화를 '한일 간 정치적 타협의 결과'로 치부하고 의의를 축소하는 내용의 보고서를 공표했다.

19 靖國神社. 2차대전 A급 전범을 포함해 청일전쟁, 러일전쟁, 만주사변 등 일본의 침략전쟁에서 천황을 위하여 죽은 이들을 신으로 모시는 신사. 강제징병된 한국인 2만여 명도 야스쿠니신사에 합사되어 있으며 한국인 유족들은 2001년부터 야스쿠니 합사를 취하해달라는 소송을 제기해왔다.

와 배외주의 시위에 항의하는 일본 시민들의 직접행동(대항운동이라고도 한다)이 활발해졌다. 2월 9일 '인종차별주의자에 반대하는 모임'이 신오쿠보 상점가 곳곳에서 재특회 등의 '산보'를 저지했다. 2월 17일에는 배외주의 시위의 중심지인 신오쿠보에 그에 항의하는 내용을 담은 다양한 피켓을 든 사람들이 나타났다. 또 이들은 신오쿠보 길을 시위 행진 코스에서 제외하라고 요구하는 서명운동을 했으며, 배외주의 시위에 대항하는 맞불 시위를 시작하기 전에 주변 가게를 미리 방문하여 가게 주인들에게 재특회에 항의하는 활동을 설명했다. 간사이 지역에서도 2월에 결성된 '친구를 지키는 모임友だち守る団'이 중심이 되어 다양하게 항의 활동을 벌였다.

법 규제에 미온적인 국회 모임

2013년 3월 14일 민주당, 사민당, 미도리노가제당(녹색바람당) 소속 국회의원 11명이 '배외주의·인종모멸 시위에 항의하는 국회 모임'을 주최했다. 평일 낮이었는데도 300명 가까운 사람들이 모였다.

이 집회 후 〈아사히신문〉에 "'죽여라'를 연달아 외치는 시위 횡행"이라는 제목의 특집 기사(2013년 3월 16일 자)가 실렸는데 여기에서 혐오발언이라는 용어를 썼다. 이를 시작으로 각 신문이 이 문제를 혐오발언 문제로 다루게 되었다. TV 방송에서도 5월까지 배외주의 시위를 보도하기 시작했다. 하지만 한국, 중국, 프랑스, 미국, 영국 등 해외 언론에서는 이전부터 이 문제를 다룬 바 있다.

5월 7일 2차 모임에도 300명 가까운 참가자가 모였다. 이때 나도 연사로 나서서 "혐오발언은 차별이며, 소수자의 몸과 마음에 심각한 상처를 입히고 사회에 차별과 폭력을 퍼뜨리는 해악이므로 법으로 규제해야 한다" "일본이 인종차별철폐조약과 자유권규약에 이미 가맹했으므로 혐오발언을 법으로 규제해야 할 의무가 있다"고 말했다. 또 "일본 정부와 달리 많은 국가에서 이를 법으로 규제하고 있다"고 덧붙였다.

그러나 이날 연사로 나선 다른 이들은 대부분 법 규제의 필요성에 반대한다고 하거나 애매한 태도를 보였다. 그리하여 국회 모임은 "여러분, 앞으로 함께 배외주의 시위를 반대합시다"라고 외치고 끝났을 뿐이었다.

이때 나는 주류 사회가 배외주의 시위에 반대하면서도 시위가 얼마나 과격한지에만 주목하고 그 해악, 특히 혐오발언이 소수자의 심신에 돌이킬 수 없을 정도로 상처를 남기고 인생을 파괴할 정도로 피해를 입힌다는 점은 실감하지 못한다고 느꼈다. 그 때문에 법 규제의 필요성을 인식하지 못하는 게 아닐까 생각했다. 또 앞으로 구체적으로 어떻게 대처할지 논의가 없는 채로 끝났기 때문에, 국회 모임에 참가한 소수자들은 대체 국회의원들이 모임을 연 의의가 뭐냐고 묻기도 했다.

그래서 내가 공동간사를 맡고 있는 인종차별철폐 NGO네트워크는 피해자인 소수자의 의견을 국회의원을 비롯하여 주류 사회에 전하는 모임을 열기로 했다. 이 네트워크는 유엔에서 '현대적 형태의 인종주의·인종차별·외국인 혐오 및 관련 불관용에 관한 유엔특별보고서Special Rapporteur on Contemporary Forms of Racism, Racial Discrimination, Xenophobia and Related Intolerance'를 작성하기 위해 2005년 일본을 방문조사하고 2006년 보고서를 발표한 것을 계기로 2007년 결성되었다. 소수자 당사자 단체를 중심으로 일본 내 단체 84개와 개인 29명이 참여하고 있다.

국회의원 설문 조사와 결과 발표

국회의원도 국가기관의 일원이며, 이들에게는 여러 조약에 따라 혐오발언을 포함한 차별을 법으로 규제할 의무가 있다. 국회 모임을 치르고 국회의원들이 이러한 사실을 전혀 깨닫지 못하고 있다는 점이 분명해져 인종차별철폐 NGO네트워크에서는 국회의원들을 대상으로 혐오발언에 관한 설문 조사를 실시했다.[•]

2013년 5월 중순부터 6월 초순까지 전체 국회의원 717명을 대상으로 ①국가가 혐오발언에 어떤 대책을 세워야 하는가, ② 국가가 혐오발언 실태를 조사해야 하는가, ③국회에서 차별에 대하여 어떤 형태로 법 규제를 논의하고 검토할 필요가 있는가, 이렇게 세 가지 문항을 질문했다.

설문지를 국회의원 우편함에 세 차례 넣어 배부했고 모든

● 설문조사 결과는 차별과 인종주의 철폐를 목적으로 1988년 설립된 NGO '반차별국제운동 일본위원회' 웹사이트(http://www.imadr.org/japan)에서 볼 수 있다.

의원 사무실에 전화를 걸었으며 가능한 한 방문도 했다. 그러나 회신한 의원은 46명으로 회수율이 6.4퍼센트에 불과했다. 이미 TV를 포함한 언론사에서 다뤘고 사회문제가 되었는데도 국회의원들은 혐오발언에 별 관심이 없었다.

국회 대책 모임에서 중심적으로 활동했던 민주당 아리타 요시부有田芳生 참의원 의원을 괴롭히는 전화가 쇄도해 업무가 마비되었고, 의원회관 앞에서 항의 시위도 벌어졌다. 이런 상황 탓에 많은 의원이 인종차별주의자들의 괴롭힘을 두려워하여 관여하기를 피했으리라 짐작한다. 그래도 설문 조사에 답한 의원들은 답변에 적극적이었다.

6월 20일 인종차별철폐 NGO네트워크는 '악화하는 혐오발언을 어떻게 막을까―공격 대상이 된 피해자들의 의견을 듣는다'라는 국회 모임을 열어 설문 조사 결과를 보고했다. 2장에서 상세히 말하겠지만, 이 모임에서 연속대량엽서 사건[20]의 피해자, 자녀를 조선학교에 보내는 학부모, 자녀를 한국학교에 보내는 학부모 이렇게 3명이 의견을 말했다. 또 코리아NGO센터[21]가 신오쿠보에서 받은 피해 상황을 보고했다. 100명 이

---

20 2003년부터 2004년까지 34세 무직 남성이 수백 회에 걸쳐 부락해방운동 관계자와 한센병 환자들에게 죽이겠다거나 괴롭히는 말을 적어 엽서를 보낸 사건. 범인은 기소되어 실형 2년의 판결을 받았다.

21 1980년대부터 20여 년간 재일동포 인권운동과 민족교육권 획득, 한반도의 평화통일을 위해 활동해온 재일한국민주인권협의회, 민족교육문화센터, 원코리아페스티벌실행위, 이 세 단체가 오사카에서 2004년 설립한 비영리단체. 재일동포 커뮤니티를 지원하는 활동을 한다.

상이 참가한 이 자리에서 국회의원 6명도 보고를 했다.

2013년 7월 제23회 참의원 의원 선거 결과 아베가 이끄는 자민당이 과반인 65석을 획득했다. 재특회와 꼭 닮은 주장을 내걸고 신오쿠보에서 배외주의적 선거 연설을 한 '유신정당·신풍'의 도쿄 선거구 후보자는 약 7만 7,000표, 6년 전 선거에 비하면 무려 3배 가깝게 득표했다. 수도권 지바 선거구와 가나가와 선거구에서는 각기 4만 표를 얻었다. 실제로 배외주의적 시위를 하는 자들의 배경에 수도권만 해도 최소 10만 명 이상 지원군이 있다고 볼 수도 있다.

체포된 재특회 회장과 회원, 차별선동 시위 재개

한편 배외주의 시위에 항의하는 이들은 계속 늘어났다. 2013년 6월 16일 신오쿠보에는 배외주의 시위대 약 200명, 시위대에 항의하는 사람들 약 400명, 양쪽의 충돌을 막고자 경찰기동대 약 500명이 모여들었다. 이날 재특회 쪽에서 회장 포함 4명, 항의하는 쪽에서도 4명이 폭행죄 혐의로 현행범으로 체포되었다. 이 가운데 재특회 쪽에서 2명, 항의하는 쪽에서 1명이 6월 말에 벌금형으로 약식기소되었다.

6월 30일에도 신오쿠보에서 배외주의 시위가 있었다. 경찰은 시위대가 코리아타운 중심가인 오쿠보도오리를 통과하지 않도록 경로를 변경했다. 이날은 시위에 항의하는 사람들 수가 2,000명을 넘었다. 또 7월 7일에 신오쿠보에서 열릴 예정이던 시위는 참의원 선거 기간 중이라는 이유로 중지되었다.

그 후 한동안 배외주의 시위가 열리지 않다가, 2020년 올림픽 개최지가 도쿄로 결정된 다음날인 2013년 9월 8일 신오쿠보에서 다시 열렸다. 올림픽 개최지 결정에 방해되지 않도록 일본 정부가 정치적 판단을 하여 시위 허가를 연기한 것으로 보인다.

한편 7월 14일에는 그간 오사카에서 항의 행동을 해온 이들을 중심으로 약 600명이 모여 반인종주의를 호소하는 시위 행진을 했다. 9월 20일에는 3,000명이 인종차별철폐조약을 성실히 이행하라고 요구하며 신주쿠에서 신오쿠보까지 시위를 벌였다. 9월 25일에는 재일조선인 인권운동가 신숙옥 씨를 포함한 21명이 공동대표로 혐오발언과 인종차별주의를 뛰어넘는 국제네트워크 노리코에(乗り越え)네트워크를 발족했다. 이 단체는 반인종주의 프로그램 제작과 방송, 혐오발언에 관한 조사와 저지 행동 같은 활동을 펼치고 있다. 10월에는 국회의원이 자원하여 혐오발언연구회를 결성했고 공부 모임을 시작했다. 또 2013년 10월부터는 매주 도쿄 도청 앞에서 혐오발언 규제를 주장하는 길거리 홍보전을 벌이고 있다. 혐오발언에 반대하는 활동은 이렇듯 다양해졌고, 활발해졌다.

교토조선학교 습격 사건

충격받은 인종차별철폐위원회

2010년 2월 24일과 25일 유엔 인종차별철폐위원회는 제네바 유엔인권고등판무관사무소[22] 회의장에서 일본 정부의 보고서를 심사하는 회의를 열었다. 회의 개최 직전인 24일 점심시간에 인종차별철폐 NGO네트워크와 일본변호사연합회는 인종차별철폐위원회 위원들에게 인종차별 상황에 관한 설명회를 열었고, 전체 위원 18명 가운데 9명이 참석했다. 설명회 초반에 교토조선학교 습격 사건 영상(학교 측이 촬영한 것에 영어 자막을 붙였다)을 보여주자 위원들의 안색이 변했다. 상영 후 사회자는 절차에 따라 다음 보고를 하려 했는데 위원들은 다음 절차 진

---

22 Office of the High Commissioner for Human Rights. 팔레 윌슨(Palais Wilson)이라고도 불린다. 인권의 증진과 보호, 이를 위한 국제 협력 강화, 인권 센터 감독 등의 임무를 갖고 제48차 유엔총회에서 승인되어 신설되었다.

행을 막고서 질문을 쏟아냈다. "이 단체는 합법인가?" "정부가 공인한 단체인가?" "일본에 이런 차별언동을 규제하는 법률이 없는가?" "경찰은 어떻게 대응했나?" 국제인권기준과 동떨어졌기도 하거니와 너무도 명백하게 조약을 위반한 인종차별을 목격하고 나서 이렇게 반응한 것이다.

유엔 인종차별철폐위원회는 심사 후 총괄소견[23]으로 "코리안스쿨(조선학교)에 다니는 아이들을 포함하는 집단을 대상으로 노골적이고 저속한 발언과 행동이 잇따르고 있는 점"에 우려를 표명했다. 또 총괄소견 13항에서 "혐오발언, 증오범죄 금지를 요구하는 인종차별철폐조약 4조에 바탕을 둔 차별금지규정을 완전히 실시할 법률이 일본에 없다"고 지적하며 "이를 시정하고, 인종주의적 발언에 대처할 수 있도록 헌법, 민법과 형법의 관련 규정을 효과적으로 실시하라"고 권고했다.

재특회, 교토조선학교를 거듭 공격하다

재특회가 처음 교토조선제1초급학교를 공격한 것은 앞서 '들어가며'에서 소개한 대로이다. 이 학교를 운영하는 학교법인이 의뢰하여 곧 변호인단이 결성되어 2009년 12월 21일 고소장을 제출했다. 고소장 접수를 주저하던 경찰은 변호사들이 장시간 끈질기게 요구하고서야 고소장을 받았다.

---

23 인종차별철폐조약에 가맹하면 체약국은 이 조약의 국내 실시 상황을 보고서로 제출하고 인종차별철폐위원회는 이를 심사하여 총괄소견이라는 의견을 내어 권고한다.

하지만 재특회 등 30명은 이듬해 2010년 1월 14일에도 학교 앞 공원에서 집회를 벌였고, 학교 주변을 행진하거나 차로 학교 주변을 돌면서 확성기에 대고 "조선인은 보건소에서 살처분하라"라며 성난 고함을 질렀다. 아이들은 시위가 완전히 끝난 오후 5시까지 학교로 들어가지 못했고, 스쿨버스 안에서 불안해했다. 이때 역시 경찰은 출동하고도 수수방관했다.

2010년 3월 교토지방법원은 변호단의 주장을 받아들여 학교 반경 200미터 이내에서 비방, 중상과 가두시위를 금지하는 가처분결정을 내렸다. 하지만 재특회 수십 명은 이를 무시하고 3월 말에 학교 앞에서 "바퀴벌레 조선인, 구더기 조선인은 조선으로 돌아가라" "불령선인을 감옥에 처넣어라"라는 구호를 확성기에 대고 부르짖으며 가두시위를 강행했다. 가처분결정을 세 번째로 위반한 배외주의 시위 때는 기동대를 포함해 많은 경찰이 출동했지만 전처럼 묵인했다. 교토지방법원은 2010년 5월 가처분결정 위반으로 벌금 100만 엔을 지불하도록 피고에 명령했다.

6월에는 학교법인 교토조선학원이 원고가 되어 습격 사건을 벌인 주동자 9명과 재특회를 상대로, 차별을 선동하는 가두시위를 금지하고 세 차례에 걸친 차별선동 행위에 각기 배상금 1,000만 엔을 지불하도록 요구하는 민사소송을 제기했다.

재특회는 교토조선제1초급학교가 학교 바로 앞에 있는 공원을 불법으로 점거했고 이에 항의하는 행동을 한 것이라고 주장했다. 그러나 1960년대 개교 이래 교토 시 당국과 지역 주민, 학교는 공원을 수업에 사용할 수 있도록 협의해왔기 때문에 재특회가 공격하기 전까지 딱히 문제가 없었다. 그런데 2009년 학교 근처에 새로 들어선 아파트 주민 가운데 일부가 이런 역사적 경위를 모르고서 학교 측이 공원을 쓴다고 교토 시 당국에 항의했다. 그러자 교토 시는 축구 골대 등을 철거하도록 학교에 요구했고 학교 측은 2010년 1월 말까지 치우기로 약속한 상태였다. 재특회 측은 학교와 시 당국의 약속을 알면서도 철거 전에 일부러 습격을 한 것이다. 공원에서 주민과 마찰이 발생했다는 등 재특회가 내세운 이야기는 차별선동 가두시위를 벌이기 위한 핑계에 불과하다고 할 수 있다.

인종주의적 동기를 인정하지 않은 형사사건 판결

2010년 8월 가해자 가운데 4명이 위력업무방해죄, 모욕죄, 기물손괴죄로 체포·기소되었다. 학교법인 교토조선학원은 이들을 명예훼손죄로 고소했지만, 검찰은 명예훼손이 아니라 모욕죄로 기소했다. 모욕죄는 명예훼손과 똑같이 사회적 평가를 보호법익으로 한다. 일본 형법 230조 2항에 따르면 명예훼손죄는 사실의 적시[24]를 요건으로 하는데, 이 사실이 공공의 이해에 관한 것으로 오로지 공익을 위한 목적이라고 주장의 진실성이 증명될 경우에는 벌하지 않는다는 규정이 있다. 법정에서 진실성 다툼이 벌어진다면 검찰은 조선학교 입장에 서서

---

24 표현 내용이 증거에 의해 입증이 가능한 것을 말한다.

조선학교의 역사적 경위에 대한 정당성을 주장해야 하니까, 이러한 입장에 서기를 미리 피한 것이라고 추측할 수 있다. 이와 달리 모욕죄는 사실의 적시를 요건으로 하지 않는다. 유죄가 인정되더라도 명예훼손죄보다 훨씬 가벼운 판결을 받는다. 명예훼손죄가 최고 징역 3년까지 받을 수 있는 반면, 모욕죄는 30일 미만의 구류나 1만 엔 미만의 벌금형을 받는다.

이듬해인 2011년 4월 교토지방법원은 피고인들의 행위를 '정당한 정치적 표현 행위'로 인정하지 않고, 허용될 여지가 없다며 징역 1년에서 2년의 유죄 판결을 내렸다. 피고인 가운데 한 사람은 항소했지만, 같은 해 10월 오사카고등법원은 이를 기각했다. 2012년 2월 대법원에서도 상고를 기각하여 형이 확정되었다.

이 판결은 특정인 또는 특정 집단에 대한 폭력적인 차별선동 가두시위가 현행법으로도 범죄가 됨을 제시했다는 점에서 의의가 있다. 또 체포와 유죄 판결로 인해 재특회 활동을 그만둔 이들이 있었으니 결과적으로 특히 오사카·교토를 포함한 간사이 지역에서 가두시위 참가자가 줄어들어 차별선동을 제지하는 효과가 있었다고 할 수 있겠다.

그러나 판결에서는 피고들의 행위가 인종주의적 동기에 의한 것임을 인정하지 않았고 따라서 이에 기초하여 양형을 가중하지 않았다. 법원은 피고인들이 "위법이라면 활동 방법을 바꾸겠다"라고 말했다는 이유로 피고 전원을 집행유예 판결했다. 집행유예를 받은 피고들은 판결 후에도 혐오발언을 하는 선전 활동을 계속했다.

인종차별에 해당함을 인정한 민사사건 판결

'들어가며'에서 소개한 2013년 10월 교토조선학교 습격 사건의 민사 판결을 다시 살펴보자. 재판부는 인종차별철폐위원회가 2010년 3월에 낸 총괄소견 13항 권고를 받아들였다. 총괄소견 13항은 "증오적, 인종차별적 표명에 대처할 추가적 조치가 필요한데, 특히 이를 심사하여 관계자를 처벌할 수 있는 대처를 촉진하고, 관련 헌법, 민법, 형법 규정을 효과적으로 실시하라"는 것이었다. 그래서 재판부는 "인종차별을 동기로 불법 행위를 했을 경우 인종차별철폐조약이 민법의 해석에 영향을 끼쳐 무형손해[25]를 가중해 인정해야 한다"고 판결했다. 형사사건 판결과는 대조적이다.

이 판결은 조선학교가 여태까지 원고나 피고 등으로 관련되어온 재판에서 처음으로 완전히 승소한 판결이란 점에서도 획기적이다. 조선학교 관계자들은 일본 정부와 사회의 차별 때문에 늘 절망과 답답함, 소외감을 맛보았는데 학교 측 주장의 정당성을 인정하여 학교를 지키는 판결이 나와서 새바람이 불었다고 볼 수 있다.

뿐만 아니라 이 판결은 재특회의 활동 목적을 두고 "일본 사회에서 재일조선인에 대한 차별의식을 호소할 의도가 있다"

25　無形損害. 손해의 양을 금전적으로 계량하는 것이 본질적으로 불가능한 손해.

라고 인정했다. 또 재특회가 차별적 언행을 반복해왔으므로 앞으로도 가두시위 같은 행위를 할 구체적인 우려가 있다고 인정했다. 그래서 앞으로 학교 반경 200미터 이내에 가두시위를 금지해달라고 한 학교 측 청구를 인정했다. 이 역시 의의가 크다. 판결 당일조차 재특회 회원들이 학교를 습격할까봐 학교 관계자들이 불안에 휩싸였는데, 이 판결에 따라 재특회 활동에 일정 정도 제동을 걸 수 있게 된 것이다. 또 조선학교는 세 번에 걸친 습격 탓에 입학하려는 학생이 줄고 이웃 주민들과 관계가 원활하지 못해 공원도 쓸 수 없게 되자 학교 이전이 불가피하게 되었는데, 판결에서는 학교 이전 예정지에서도 재특회의 가두시위를 금지했다. 이 점도 유연하고 타당한 판결이라 할 수 있겠다.

이 판결은 차별선동 가두시위, 즉 혐오발언이 인종차별철폐조약 2조 1항 d의 '개인, 집단 또는 단체에 의한 인종차별'에 해당한다고 인정했으며, 체약국이 (혐오발언을) '금지하고, 종료한다'는 의무를 지고 있음을 명기한 점도 의의가 깊다.

2013년 5월 31일 일본 국회에서 아리타 요시부 의원이 외무성 관료에게 신오쿠보에서 일어나는 가두시위가 이 조항에 해당하느냐고 물었을 때 외무성에서는 분명히 답하지 않았다. 그러나 법원이 이를 명확히 인정한 이상 이제 변명은 통하지 않는다. 게다가 이 판결은 조선인 전체에 대한 차별을 조장하는 가두시위처럼 불특정 집단를 겨냥한 혐오발언은 현행법으로는 규제할 수 없다고 지적해 현행법의 한계를 드러내고 새로운 입법의 필요성을 제기했다.

단 한 가지 유감스러운 점은 조선학교 측이 민족교육을 실시할 권리를 침해당한 것에 대해 재판부가 전혀 언급하지 않았다는 점이다. 민족적 소수자가 자기 민족의 언어와 문화, 역사를 공부하는 학교를 스스로 세우고 가르칠 권리는 자유권규약 27조, 유엔아동권리협약 29조와 30조에서 인정하고 있다. 아이들과 학교 관계자들은 혐오발언 때문에 특히 큰 상처를 입었다. 조선학교는 일본 학교에서 보장하지 않는 민족적 정체성을 키우는 곳, 재일조선인들이 몇 세대에 걸쳐 일본 정부에게서 받아온 차별에 대항해 살을 깎는 고생으로 지키며 키워온 장소이기 때문이다.

조선학교 차별의 역사

재특회가 "조선학교, 이런 건 학교가 아니다"라고 매도한 것은 일본 정부가 패전 후 일관되게 조선학교를 차별해온 역사에 그 원인이 있다.

애초부터 재일조선인은 식민 지배의 결과로 어쩔 수 없이 일본에서 살게 된 이들과 그 자손들이다. 1910년 일본은 조선을 식민지로 삼아 토지조사사업과 산미증식계획에 따라 조선인의 토지와 식량을 빼앗았다. 조선인 중 많은 이들이 어쩔 수 없이 일본으로 건너오거나 강제로 연행되거나 동원되었다. 일본은 조선인의 생명과 재산만 빼앗은 것이 아니라 황민화 정책에 따라 민족의 말과 이름, 문화까지 빼앗았다. 조선인들에게 헤아릴 수 없는 손해와 고통을 준 것이다.

1945년 8월 조선이 해방되자 일본에 있던 조선인들은 빼앗긴 민족의 말과 문화를 되찾고자 일본 각지에서 '국어강습소'를 열었다. 이것이 발전하여 1946년 9월까지 일본 전국에 600개 가까운 조선학교가 설립되었다.

하지만 문부성은 1948년 1월 재일조선인 어린이들이 조선학교에서 배우는 것을 금지하고, 이듬해 10월에 조선학교 폐교령을 냈다. 1952년 샌프란시스코강화조약이 발효되자 일본 정부는 구식민지 출신자에게 국적 선택권을 부여하지 않고 일방적으로 일본 국적을 박탈해 이들을 권리가 없는 외국인으로 만들었다. 또 재일조선인 어린이들을 일본 학교에서 받아들일 의무가 없다고 하는 동시에 조선학교는 일본의 정규학교가 아니므로 법적 보호가 필요 없다는 정책을 내세웠다.

1965년 문부성은 "조선학교를 학교교육법 1조에서 말하는 학교로서 인가하지 말아야 한다"고 통달했다. 더욱이 이 통달에는 "조선인으로서 민족성 또는 국민성을 함양할 목적을 가진 조선인학교는 우리 사회에서 각종학교의 지위를 줄 만큼 적극적 의의를 가진 것이라고는 인정할 수 없으므로 이를 각종학교로 인가하지 말아야 한다"라고 적혀 있다. 이는 외국인학교와 민족학교가 존재하는 의의를 부정한 것이다.

더욱이 일본 정부는 1966년부터 수년간 국회에 외국인학교법안을 상정했다. 문부대신에게 학교의 인가권, 시정·폐쇄 명령권을 집중한다는 내용이 담겨 있어 조선학교를 적대시하고 없애기 위한 법안이라고 해도 지나치지 않을 정도였다. 이 법안은 재일조선인뿐만 아니라 노동조합과 정당, 시민단체 등 일본인이 함께 강하게 반대해 폐기되었다.

당사자들의 요구와 조선학교 지원운동에 힘입어 각 지자체들은 문부성의 강한 압력에 맞서 조선학교를 차례로 각종학교로 인가했다. 그리하여 1975년까지 일본 전국의 조선학교가 모두 인가되었다.

또 1970년부터 도쿄 도가 사립학교 교육연구조성금을 조선학교에 지원하는 등, 일본 학교에 비하면 적은 액수이긴 해도 각 지자체에서 각종 보조금을 지원하게 되었다. 1991년에는 전국고등학교야구연맹이 야구 대회에 조선학교의 참가를 승인했고, 1994년에는 학생들의 통학용 전철 정기권 할인율 차이를 시정했다. 1990년대 이후 사회적으로 보면 조선학교가 학교로서 널리 인정받게 된 것이다.

그러나 일본 정부는 조선학교에 재정을 전혀 지원하지 않았다. 또 조선학교를 졸업해도 졸업 자격을 인정하지 않아서 학생들은 대입 시험을 볼 자격이 없었고, 각종 자격시험에서도 배제되었다. 또 일본 학교에 기부하면 세제상 공제를 해주었으나, 조선학교에 기부하면 세제 혜택을 받을 수 없었다. 이렇듯 갖가지 면에서 조선학교를 법적으로 차별해왔다.

일본인 납치 사건 보도와 북한 때리기

조선학교를 사회적으로 인정하는 분위기가 강해지자 이 흐름을 막은 것은 2002년 9월 북일 정상회담 이후 정부와 언론의 북한 때리기였다. 일본인 납치 문제[26]에 대해 북한의 김정일 국방위원장이 사죄한 것과 식민 지배의 역사 청산을 포함하여 국교 회복을 지향하는 회담이었던 점은 거의 무시되었다. 북한이 현재도 미국, 한국과 전쟁 상태(휴전)이며 패전 후 일본이 일관되게 미국 측에 가담하여 북한을 적대시해온 점 등 객관적인 역사적 경위도 일본 사회에 거의 전해지지 않았다. 수개월간 모든 언론에서 일방적으로 북한 때리기를 하고 미움을 선동하는 보도가 이어졌다. 일본인은 피해자이고 조선인은 가해자이자 악인이므로 이들에게 무슨 짓을 해도 괜찮다는 사회적 분위기가 형성되었다. 앞서 언급했듯이 조선학교 학생을 비롯한 아이들에게도 폭언과 폭행이 잇따랐다.

일본 정부는 만경봉호 입항 금지,[27] 재일조선인의 재입국 허가 규제 강화, 북한에 송금 정지, 자금동결 조치 등으로 잇따라 제재했다.

---

26 1970년대부터 1980년대까지 북한 공작 기관이 저지른 일본인 납치 사건. 일본 정부가 인정한 일본인 납치 피해자는 17명이다.(일본 정부 운영 납치문제대책본부 홈페이지) 1980년대까지 일본사회에서 별다른 주목을 얻지 못하던 일본인 납치 문제는 1987년 대한항공 폭파 사건 주범이 납치당한 일본인 여성에게서 일본어를 배웠다고 증언한 후 일본에서 정치 문제가 되었다. 2004년 5월 두 번째 북일 정상회담 등 두 차례에 걸친 정상회담으로 납치 피해자 5명과 가족이 일본으로 돌아왔으나 구체적인 교섭은 더 이상 진전하지 못했다. 동시에 일본 사회에서는 재일조선인에 대한 압박이 강화되었다.
27 북한의 페리 만경봉호는 주로 재일조선인이 친족을 방문하는 교통수단으로 쓰였다. 2002년에 23회 왕래한 바 있는데, 일본인 납치 문제 교섭이 난항에 부딪히자 일본 정부는 2004년 6월 특정 선박의 입항 금지에 관한 특별조치법을 입법하여 각의 결정으로 북한 선적 선박의 입항을 금지하는 조치를 실시했다.

1장 | 혐오, 소수자를 사냥하다

2006년 7월에는 북한의 미사일 발사를 계기로 다시금 일본 전역에서 조선학교와 재학생들에게 폭언과 폭행이 발생했다. 북한의 미사일 발사 실험 직후부터 열흘간 무려 113건의 폭언·폭행 사건 피해가 있었다. 2006년 8월 후지사와 시에 있는 조총련[28] 지부회관에 방화가 일어났다. 2006년 9월에는 조총련 중앙본부에 절단된 손가락이 우송되는 일이 있었다.

2006년 11월 30일 제1차 아베 내각 당시 우루마 이와오漆間巖 경찰청장관은 일본인 납치 문제에 대해 "북한에 압력을 행사하는 일을 담당하는 게 경찰이다. 북한 관계자가 일으킨 사건은 철저히 조사하도록 전국 경찰에 요구하고 있다"라고 답변했다. 이러한 차별적 시각 탓에 2007년 1월에는 오사카부 경찰 본부의 경찰 130명이 시가滋賀 조선초급학교 관계자가 차고법[29]을 위반했다는 명목으로 관계자가 근무 중인 학교를 수색하는 일까지 일어났다.

조선학교의 학비 무상화 배제

2009년 9월 고교 학비 무상화 제도를 공약 중 하나로 내걸었던 민주당 정권이 출범했다. 이른바 '고교 무상화 제도'는 모

---

28 朝總聯. 1955년 5월 결성된 재일조선인 조직. 조선총련 또는 총련이라 불리기도 하며, 지도부가 북한 현 체제와 직결된다. 1960년대 초반까지 총련 산하의 재일조선인 수는 20만 명에 달했으나 2000년대 후반에는 4만 명까지 급감했다.
29 일본의 차고법(車庫法, 자동차의 보관 장소 확보 등에 관한 법률)은 소유자 거주지에서 2킬로미터 이내에 차고를 확보하도록 하고 있고, 이를 지키지 못한 경우 경범죄인 차고법 위반이다.

든 이에게 배울 권리를 보장한다는 목적의 공약이었다. 민주당 정권 출범 후 예산안을 짜는 단계에서 조선학교 학생들을 대상으로 취학지원금 지급이 예정되어 있었다. 그런데 2010년 2월 나카이 히로시中#㴌 납치담당대신[30]이 "일본인 납치 문제를 보면 조선학교에 고교 무상화를 적용하는 것은 바람직하지 않다"라고 발언한 것을 계기로 민주당 정권의 정책이 동요하기 시작했다.

2010년 3월 유엔 인종차별철폐위원회는 조선학교를 고교 무상화에서 배제하는 것은 차별이라고 우려를 표명했다. 그러나 일본 정부는 2010년 3월 말 통과된 고교무상화법을 시행하면서 조선학교만 적용 대상에서 뺐고, 조선학교가 일본의 고교 과정과 비슷한 과정을 두었다고 인정할 수 있는 학교인지 심사하기로 했다. 그 후에도 2010년 11월 북한이 한국의 연평도를 포격하자 이를 계기로 이 심사를 그만두기로 하는 등 판단을 계속 유보했다. 일본 정부가 이러한 태도를 보이자 도쿄나 오사카 같은 지자체에서도 조선학교에 보조금 지급을 중지하려는 움직임을 보이기 시작했다.

2012년 12월 말 자민당이 총선거에서 대승을 거두고 발족한 제2차 아베 내각은 정권을 잡자마자 고교 무상화 제도에서 조선학교를 아예 제외한다는 방침을 발표했다. 시모무라 하쿠

---

30 일본 내각에 있는 납치문제대책본부의 수장으로 2006년 제1차 아베 내각에서 처음 설치되었다.

분下村博文 문부과학성 대신은 일본인 납치 문제에 진전이 없다는 점과 조선학교가 조총련과 밀접한 관계라서 국민의 이해를 얻을 수 없다는 점을 이유로 들었다. 조선학교 학생에게 납치 문제의 책임이 없다는 점은 인정하면서도 차별하고 배제한 것이다. 이를 받아들인 지자체들은 앞다투어 조선학교 보조금 지급을 중단했다. 마치다 시 같은 지자체에서는 초등학교 입학생에게 무료로 나누어주는 방범 버저를 조선학교 학생들에게는 지급하지 않기로 결정했다가, 이 소식이 보도되어 시민들의 항의가 쇄도하자 방침을 철회했다.

민간에서도 재특회 같은 인종차별주의 단체는 '북한 증오'라는 국민 감정을 전면적으로 내세우며 더욱 과격하고 빈번하게 배외주의 시위와 가두시위를 벌였다. 지금까지의 경과를 보면 알 수 있듯이, 이런 시위는 일본 정부에게서 보증을 받은 것이나 마찬가지이다.

공격당하는 소수자들

일본에서 벌어지는 혐오발언은 인종차별주의 단체의 배외주의 시위만이 아니다. 국적, 민족, 사회적 신분 등을 이유로 다양한 소수자들이 공격당하고 있다.

부락에 대한 혐오발언

인터넷상에서는 재일조선인만큼이나 부락민에 대한 혐오발언이 넘쳐난다. 차별을 받아온 부락의 지명이나 개인 이름 같은 정보를 인터넷에 노출시키는 것이 특히 악질적이다. 2007년 7월 5일 아이치 현 경찰은 26세 무직 남성을 명예훼손으로 체포했다. 이 남성은 아이치 현에 있는 부락의 소재지와 부락 내에 사업장을 둔 기업을 알아내서는 기업 건물의 사진을 찍고 지도를 붙여서 자신의 웹사이트에 올렸다. 이 남성은 "재밌어서 그랬다"라고 혐의를 인정했다. 나고야 법무국의 요청으로 서버 회사에서 이 남성의 웹사이트를 삭제했지만, 개설 후 1개월 만에 사이트 방문 건수가 이미 1만 건을 넘었다. 이러한 사실로 미루어 일본 사회가 부락민 차별을 용인하고 있음을 알 수 있다. 나고야지방법원은 이 남성에게 징역 1년 집행유예 4년형을 선고했다.

브라질 소년 린치 살인 사건

외국인차별 가운데서도 일본계 브라질인[31] 소년을 죽음에 이르게 했던 잔학한 린치 사건은 명백한 증오범죄였다. 1997년 목검과 야구방망이, 쇠파이프, 칼 등으로 무장한 일본인 청소년 약 30명이 아이치 현 고마키 역 구내에서 당시 14살이던 엘크레노 레이코 루이코세비시우스 군 등 일본계 브라질인 소년 10여 명에게 "뭐 하러 일본에 왔냐" "브라질로 돌아가" "외국인인 주제에 잘난 척하지 마"라고 성난 고함을 지르며 공격했다. 일본인 청소년 무리는 일본계 브라질인 소년 3명에게 상해를 입혔고, 엘크레노 군을 역 바깥 공원으로 데리고 가 집단으로 린치해 죽였다. 체포된 이들은 엘크레노 군과 아는 사이가 아니었다. 그저 자기들이 아는 브라질인들이 차를 부숴서 복수하려던 게 범행 동기였다고 했다. 이 사건으로 기소된 일

---

31 1908년 커피농장 등 농업 노동자로 일자리를 찾기 위해 브라질로 이민을 떠난 이후 1960년대까지 일본인 13만 명이 브라질로 이주했다. 일본이 경제대국이 된 1980년대 이후 일본계 브라질인 2세, 3세들은 경제적인 이유로 일본으로 다시 이주했다. 주로 3D업종에 종사하며 포르투갈어를 사용한다.

본인 청소년은 6명뿐이었고, 법원은 인종주의적 동기는 전혀 고려하지 않았다. 브라질인이라는 이유만으로 아무 잘못도 없는 사람을 잔학하게 죽였음에도, 최고형을 받은 사람이 고작 징역 5년을 선고받았을 뿐이다. 이 사건의 핵심에는 브라질인에 대한 차별의식이 있다.

사건 당시 엘크레노 군은 역무원의 팔을 붙들고 도움을 구했으나 역무원은 "승객들한테 불편을 끼친다"라며 뿌리쳤다고 한다. 벌건 대낮에 지방도시의 환승역에서 집단 폭행이 벌어지는데도 주위에 있던 많은 일본인 승객 가운데 누구도 경찰에 신고하지 않았다.(니시노, 1999)

제동이 걸리지 않는 공인의 폭언

일본군 '위안부' 제도로 희생된 이들을 '거짓말쟁이 매춘부'라고 악의적으로 매도하면서 상상할 수 없이 큰 고통을 주는 자들이 민간의 인종차별주의자들만은 아니다. 공인의 폭언을 살펴보면, 민간의 인종차별주의자들이 권력을 가진 자들의 폭언을 따라한다는 점을 알 수 있다.

아베 신조 수상은 2007년 제1차 아베 내각 당시 일본군이 위안부를 강제로 끌고 갔다는 증거는 없다고 주장했다. 이시하라 신타로 일본유신회 공동대표는 이전부터 위안부를 '매춘부'라고 매도하는 발언을 되풀이했다.

2013년 5월 하시모토 도루橋下徹 일본유신회 공동대표는 "폭풍처럼 쏟아지는 총탄 속으로 목숨 걸고 달려가는 강자 집단, 정신적으로 흥분한 집단을 쉽게 해주려 한다면, 위안부 제도라는 게 필요했다는 건 누구라도 알 수 있을 것"이라면서 "위안부 제도는 필요했다"라고 말했다.

이런 발언에 대해 일본 사회뿐만 아니라 미국 국무성 보도관과 유엔 사무총장도 비판했다. 5월 31일 유엔 고문금지위원회는 정부 관계자나 공적 입장에 있는 인물이 피해 사실을 부정하는 것과 같은 혐오발언을 하면, 이에 대해서 일본 정부가 반론하도록 권고했다. 그러나 아베 내각은 권고에 대해 "법적 구속력이 있는 것도 아니고, 체결국이 따를 것을 의무화한 것도 아니다"라면서 정색하고 받아쳤다.

오키나와 사람들에 대한 차별발언도 되풀이되었다. 2011년 3월 전 오키나와 총영사였던 미국 국무성 일본부장 케빈 메이허가 "오키나와인은 속임수와 공갈의 달인"이고 "타성에 젖어 여주조차도 재배 못한다"라고 발언했다는 사실이 보도되어 경질되었다.[32]

2011년 11월 방위성 오키나와 방위국 다나카 사토시田中聡 국장은 보도진과 비공식 간담회 자리에서 폭언을 내뱉었다.

---

32 여주는 오키나와에서 흔히 재배하는 작물이다. 이 발언은 케빈 메이허가 주일 미군 시설인 비행장 이전을 반대하는 오키나와 주민의 의견을 비꼬고자 했던 것이다. 메이허는 2006~2009년 주오키나와 총영사이자 미군 기지를 둘러싼 미일 교섭의 실무자로서 논란이 된 후텐마 미군 비행장 이전 문제에 깊이 관여했다. 당시 〈교도통신〉은 메이허의 '여주 발언'이 비행장을 현 밖으로 이전하라고 요구하는 오키나와 주민들을 멸시하는 것으로 보이는데도, 일본 정부가 미국을 화나게 하고 싶지 않아서 조심스럽게 침묵하고 있다고 질타했다.

그는 미군 후텐마 비행장의 오키나와 현 내 이전을 강행하겠다는 내용을 담은 환경영향평가서를 2011년 연말까지 제출하려 준비하고 있다고 말했다. 이 평가서를 연내에 제출할지 아닌지 왜 확답을 피하느냐고 보도진이 묻자, 다나카 국장은 "(여자를) 강간하기 전에 이제부터 강간하겠다고 말하고 하느냐"고 말했고 이 사실이 보도되자 다음날 경질되었다. 일본과 오키나와의 관계를 강간하는 남성과 당하는 여성의 관계처럼 폭력적 지배-피지배, 차별-피차별로 봤던 것이다. 오키나와를 차별하는 동시에 여성을 차별하는 속내를 들켜버린 셈이다.

차별의 '박람회', 이시하라 신타로의 발언들

마지막으로 거의 모든 소수자를 공격 대상으로 삼은 이시하라 신타로 전 도쿄 도지사 발언 가운데 일부를 소개한다.

2001년 5월 8일 이시하라 신타로는 일본에서 일어난 중국인 간의 범죄 사건과 관련하여 〈산케이신문〉에 실은 '일본이여'라는 제목의 논설에 이렇게 썼다. "이런 민족적 DNA를 드러내는 범죄가 만연하여 곧 일본 사회의 본성을 바꿀 우려가 있다." 중국인에게 범죄자가 될 DNA가 있다는 것은 나치와 다를 바 없는 발언이다.

2003년 10월에 중국 최초로 유인우주선 발사에 성공한 것을 두고는 "중국인은 무지하니까 이봐라 하면서 기뻐하는 것"이라고 모욕했다.

그는 일본 국적을 취득한 이들을 두고서는 민주당-사회민주당-국민신당 연립정권 때 영주외국인에게 지방선거 참정권을 부여하는 문제에 대해 발언했다. 2010년 4월 17일 자민당 지방의원 500여 명이 참가한 '전국지방의원 긴급 집회'에서 그는 "여당인 몇몇 정당의 당수와 여당 간부 중에 조사해보면 (재일조선인이) 많다"고 했다. 그는 "1910년 한일합방은 한국 측이 선택한 것"이라면서 "그들한테는 굴욕이었을지 몰라도 그렇게 나쁜 선택을 한 건 아니었다"라고 말하고 이렇게 덧붙였다. "최근 귀화한 분들과 자제들은 여러 가지로 뒤틀린 마음이 있겠지요. 그건 부정하지 않아요. 그 자제들이 조상님의 심정과 감정을 헤아릴지는 모르겠지만 어쨌든 영주외국인은 조선계와 중국계 사람들이 대부분이죠. 이런 사람들한테 참정권을 주자는 건 대체 어쩌자는 것인지." 일본 국적을 취득하든 안 하든 조선인과 중국인은 믿지 못하겠다는 식이다. 악질적으로 차별을 선동하는 발언이다.

장애인을 두고서는 1999년 9월 도쿄 도지사 시절에 한 장애아종합의료센터를 방문해 시찰한 후 "저런 사람들은 인격이란 게 있는 거냐" "저런 문제가 안락사 같은 것과 연결되는 게 아니냐는 생각이 든다"고 발언했다. 오사카의 장애인 단체에서 이 발언을 비판하자 이시하라는 "도지사로서가 아니라 개인으로서 말한 것이고 언론 보도가 잘못되었다"면서 정색했다. 하지만 그는 도지사로서 장애아종합의료센터를 방문한 것이며 도지사로서 기자들의 취재에 응한 것이니 이런 핑계는 통하지 않는다.

2010년 12월에는 성소수자를 무시하고 차별하는 발언을 쏟아냈다. "TV를 보면 동성애자가 아무렇지도 않게 나온다. 일본은 너무 제멋대로인 상태다."(동성애자는) 역시 어딘가 모자라 보입니다. 유전 탓이겠죠. 불쌍하죠." 2013년 1월 13일 자 《주간 포스트》 대담도 문제였다. "결국 동성애자란 건 불쌍한 겁니다." "미와 아키히로[33]를 보면 남자가 그 나이가 먹고 그런 꼴로 나오느냐고 생각하는데, 동시에 불쌍해지기도 해요. 유전공학을 연구하는 선생님께 들으니 인간뿐 아니라 포유류나 그 어떤 세계에도 몇 퍼센트는 꼭 순수한 호모가 생긴다고 하더군요." '남자인 주제에 싸구려 여자처럼 하고 다니고 남자답지 못하다'고 거리낌 없이 말하는 남존여비의식이 특히 동성애자 남성에 대한 멸시로 이어진 것이다. 이런 발언은 국제인권단체와 성소수자단체한테서 거센 비판을 받았다.

이시하라 신타로는 소위 '삼국인' 망언과 '할망구' 망언도 했는데, 이에 관해서는 5장에서 검토하겠다.

지금까지 일본 사회에 다양한 형태로 만연한 혐오발언 실태를 살펴보았다. 다음 장에서는 이러한 혐오발언이 왜 생겼고 어떤 성격을 갖는지, 국제사회는 혐오발언을 어떻게 파악하고 있는지를 살펴보겠다.

---

33 美輪明宏. 1935년생. 가수이자 배우로 1960년대 초 게이임을 커밍아웃했으며 여장을 한다.

혐오발언이란 무엇인가

혐오발언의 정의

'혐오발언'이라는 용어의 기원

미국은 1865년 노예제가 끝난 후에도 1960년대까지 인종 분리 정책과 법적 차별을 유지했다. 아프리카계 사람들을 대상으로 한 린치와 살인, 폭력, 폭언이 횡행했다. 1950~1960년대 일어난 공민권운동[1]에 따라 공적 차별은 폐지되었다. 그러나 미국 사회의 차별은 더 뿌리 깊은 것이었다.

1980년대 전반에는 뉴욕을 중심으로 아프리카계와 성소수자 차별에 바탕을 둔 폭력 사건이 자주 일어났다. 이에 유대계 단체인 반중상동맹Anti-Defamation League이 활발히 대처했다. 1985년에 연방 하원 의원 존 코니어즈, 바버라 케널리, 마리오

---

[1] 미국에서 1950년대부터 흑인과 소수자 집단이 교육, 주거, 선거, 사법 등 각 분야에서 차별에 항의하고 백인과 동등한 권리를 보장하라고 요구하며 일어난 운동.

비아지는 국가가 증오범죄를 조사하도록 의무화한 증오범죄 통계법안을 마련했고 1990년 의회에서 통과되었다. 이 법안에서는 증오범죄를 인종, 종교, 성적 지향, 국적, 민족성에 따른 편견에 기초한 범죄라고 정의했다.

1980년대 미국 대학교에서는 비백인과 여성의 입학을 차별하는 사건이 빈발했다. 당사자와 교수 등을 중심으로 차별 표현 시정이나 금지 등 언어를 중심으로 문화적인 차별을 철폐하고 '정치적 올바름'[2]을 요구하는 운동이 고조되었다. 이에 따라 많은 대학이 혐오발언을 포함한 괴롭힘 행위 전반을 막는 규제를 채택하게 되었다. 이러한 규제의 합헌성을 둘러싼 논쟁이 미국에서 사회문제가 되면서 혐오발언이란 말도 널리 퍼졌다.

증오의 피라미드

혐오발언, 증오범죄를 중심적으로 연구한 이들은 공민권운동의 흐름을 계승한 소수자 당사자를 비롯하여 비판적 인종이론[3] 학자들이다. 법학, 사회학, 심리학 등 다양한 분야의 연구

---

2 Political Correctness. 인종, 종교, 성별 등에 따르는 편견과 차별을 포함하지 않는 중립적 표현과 용어를 사용하는 것. 예를 들어 흑인을 아프리카계 미국인, 메리 크리스마스를 해피 홀리데이, 비즈니스맨을 비즈니스퍼슨이라 표시하는 것 등이다.

3 Critical Race Theory. 전통적 법학이 인종차별 문제를 해결하는 데 불충분하다는 인식에 따라 인종과 법, 권력 간의 관계를 바꾸는 것을 목적으로 1980년대 미국에서 나타난 법학운동이론이다. 혐오발언의 희생자인 비백인의 경험을 강조하고 그 지점에서 새롭게 법학을 구축하기 위해 혐오발언의 해악의 중대성을 지적하며, 인종차별 철폐를 위해 혐오발언을 규제해야 한다는 입장을 취한다.

자들인 이들은 법에서 차별이 없어진 후에도 여전히 차별이 사라지지 않는 현실을 바꾸고자 노력했다. 이들은 노예제 등 역사적으로 형성되어온 집단 간 우열의 권력관계에 따라 사회생활 전반에 차별 구조가 형성되며 혐오발언도 직업, 교육, 주거, 결혼과 마찬가지로 차별 구조의 요소 중 하나임을 밝혔다. 동시에 차별을 선동하는 행위가 차별 구조 전체를 강화한다는 특성도 지적했다.

대표적 논자인 찰스 로렌스[4]는 혐오발언을 일컬어 "인종적 낙인이라는 형태의 공격이고, 표적이 된 집단에게 하찮은 가치밖에 없다고 전하는 메시지이며, 언어에 의한 뺨 치기"라고 표현했다. 또 브라이언 레빈[5]은 "혐오발언은 그 자체가 언어폭력인 동시에 물리적 폭력을 유인한다는 점에서 단순한 표현을 넘어서는 위험성이 있다"고 지적했다. 레빈은 혐오발언과 폭력의 관계를 '편견, 편견에 의한 행위, 차별, 폭력, 제노사이드prejudiced attitudes, acts of prejudice, discrimination, violence, and genocide' 이렇게 5단계로 나누고 이를 '증오의 피라미드Pyramid of Hate'라고 이름 붙였다. 증오의 피라미드 속에는 혐오발언과 증오범죄가 있는데, 차별을 바탕에 두고 인종적·민족적·성적 소수자를 공격하는 것을 가리킨다.

---

4   Charles R. Lawrence. 전 조지타운대학교 법학교수이자 현 하와이대학교 법학교수이다. 반차별법(anti-discrimination law) 연구로 저명하다.

5   Brian Levin. 스탠퍼드대학교 범죄집행학(criminal justice) 교수이다. 증오범죄 연구로 저명하다.

이러한 설명을 보자면 혐오발언과 증오범죄는 소수자 차별이며 공격이란 점에서 본질이 같다. 그런데 혐오발언은 '유형력을 수반하지 않는 언행에 의한 폭력', 증오범죄는 '주요하게 유형력을 동반하는 범죄'를 가리킨다. 혐오발언이 반드시 범죄라고는 볼 수 없고, 엄밀히 보자면 증오범죄의 일부도 아니다.

한편 국제인권법에서 소수자가 누구인지 확립한 정의는 없다. 다만 유엔 차별 방지 및 소수자 보호에 관한 소위원회(이하 '소수자 소위원회')의 특별보고관 카포토르티가 1977년에 제출한 보고서가 있다. 이 보고서에서는 민족적, 종교적, 언어적 소수자에 속하는 자의 권리에 관한 연구Study on the Rights of Persons Belonging to Ethnic, Religious and Linguistic Minorities에 나온 다음과 같은 정의를 언급했다. 이에 따르면 소수자란 ① 한 나라에서 다른 주민보다 수적으로 열세인 집단으로 ② 비지배적인non-dominant 입장에 있으며 ③ 해당국 국민이지만 ④ 나머지 국민들과 다른 민족적, 종교적, 언어적 특징을 갖는 동시에 ⑤ 자기 문화, 전통, 종교, 언어를 유지하고 암시적implicitly으로라도 연대의식a sense of solidarity을 보이는 자이다. 이 다섯 가지 가운데 ②가 가장 중요한 요소로 여겨진다. ③은 1994년 자유권규약위원회의 일반의견에 따라 불필요한 요건이 되었다. ①의 요건, 즉 수적 열세라는 요건을 충족하는 것이 필요한지 아닌지는 논쟁이 있으나 필요하다는 게 통설이다. 따라서 이 책에서는 ①, ②, ④, ⑤의 요소를 갖춘 것을 소수자라고 하겠다. 각국에서는 실정에 따라 소수자를 정의하고, 공적으로 인정하고 있다.

이 정의를 적용하자면, 예를 들어 주일미군 병사는 ②의 요건을 채우지 못하므로 소수자라고 할 수 없고, 따라서 미군 병사에 대한 비난은 혐오발언에 해당되지 않는다.

인종적 차별이란 무엇인가

이 책에서 중심적으로 논하는 인종주의적 혐오발언이 표적으로 삼는 것은 인종적 소수자이다. 인종적 소수자는 인종차별철폐조약에 규정된 차별 철폐 대상인 인종, 피부색, 혈통, 민족적 출신(제1조 1항)을 가리킨다. 혈통descent에는 카스트처럼 세습제도, 신분제도에 바탕을 둔 차별을 받는 집단이 포함된다.

인종차별철폐조약의 명칭 원문은 인종차별Race Discrimination이 아니고, 인종적 차별Racial Discrimination이다. 명칭을 처음부터 인종적차별철폐조약이라 번역했다면 오해가 적었을 것이다.[6] 제2차 세계대전 후 국제사회에서는 나치의 우등-열등인종론, 식민지주의, 노예제를 반성하면서 흑인종·백인종·황인종 등 인류를 종으로 나누는 '인종'의 존재 자체를 부정하는 사고방식이 주류가 되었다. 따라서 인종차별철폐위원회에서도 앞서 말한 다섯 가지 차별 대상의 속성 가운데 '인종'이 있다고 전제하는 식의 인종차별은 다루지 않게 되었다.

또 국적에 의한 차별은 앞서 말한 인종차별철폐조약의 정

---

6 race는 인종만을 의미하는 데 비해 racial은 인종, 피부색, 혈통, 국가적·민족적 출신과 같이 인종차별철폐조약이 규정하는 차별 대상의 속성을 폭넓게 의미한다.

의에는 포함되어 있지 않다. 1조 2항에 '이 조약은 국민과 국민이 아닌 자를 구별하는 데는 적용하지 않는다'고 규정한 점을 보면 언뜻 대상이 안 된다고 볼 수도 있지만, 인종차별철폐위원회는 일반권고[7] 30에서 원칙상 국적에 의한 차별도 인종차별철폐조약의 적용 대상이라고 해석했다. 이 책에서도 국적에 의한 차별을 인종적 차별의 일부로 다룬다.

차별표현에 대한 일본 내 논의

일본에서는 기존에 헌법상 논점 중 하나인 '차별표현'의 문제로 혐오발언을 다루어왔다. 선구적인 연구로는 1990년 헌법학자 우치노 마사유키內野正幸가 쓴《차별적 표현差別的表現》이 있다. 우치노는 "차별적 표현이란 유대인, 흑인, 피차별 부락민 등 소수자 집단에 대한 모욕, 명예훼손, 증오, 배척, 차별 등을 내용으로 한 표현 행위이며, 어떤 소수자 집단 전체 또는 일정한 부분을 대상으로 한 표현 행위"라고 정의한다.

헌법상의 논점을 다룬 헌법학자들의 해설서에서는 차별표현을 "인간의 속성에 착목하여, 어떤 속성을 공유하는 사람들 전체를 일반적으로 비방하거나 특정한 무능력과 결부하는 일련의 표현"(무네스에, 1999)이라고 하거나 "약자, 소수자에 대한 모욕적·차별적인 말"(기노시타, 2008)이라고 정의한다.

---

7 General Recommendation. 인종차별철폐조약의 실시를 감시하는 인종차별철폐위원회가 조약의 조문 해석과 실시에 관해 해설하는 문서를 말한다.

국제인권법에 따른 정의

혐오발언이라는 용어 자체가 새롭게 나온 것이기도 해서 혐오발언을 정의하는 국제인권조약은 아직 성립되지 않았다. 인종주의적 혐오발언을 규제하는 조약은 세 가지가 있다.

첫째는 '집단살해죄의 방지와 처벌에 관한 협약Convention on the Prevention and Punishment of the Crime of Genocide(통칭 '제노사이드금지조약')'이다. 제노사이드란 '국민적, 인종적, 민족적, 종교적 집단을 전부 또는 일부 파괴할 의도를 갖고서 집단 구성원을 살해하는 것과 집단 구성원에게 중대한 육체적·정신적 위해를 가하는 등의 행위'(2조)를 가리킨다. 이 조약 3조는 '직접적이며 공적인 제노사이드 선동'을 범죄로 규정하고 금지했다.

둘째는 '모든 형태의 인종차별 철폐에 관한 국제협약(통칭 '인종차별철폐조약')'이다. 이 조약은 2조 본문에서 "체약국이 모든 형태의 인종차별을 철폐하는 정책을 지체 없이 취해야 한다"며 기본적인 의무를 정했고, 1항 d에서 "각 체약국은 어느 인간 집단 또는 조직에 의한 인종차별을 해당 사정에 따라 입법을 포함한 모든 적절한 수단으로써 금지하고 종결시킨다"고 규정했다. 이 조약 4조는 2조의 특별규정으로 혐오발언, 증오범죄를 규제했다. 4조 본문은 다음과 같다.

체약국은 특정 인종이나 특정 피부색, 특정 종족의 기원을 가진 인간의 집단이 우수하다는 관념이나 이론에 근거를 두고 있거나, 어떠한 형태로든 인종적 증오와 차별을 정당화하거나 증진시키려고 시도하는 모든 선전과 모든 조직을 규탄하며, 체약국은 이 같은 차별을 위한 모든 고무 또는 행위를 근절하기 위한 즉각적이고 적극적인 조치를 취할 의무를 지며, 이 목적을 위하여 '세계인권선언'에 구현된 모든 원칙 및 이 협약 제5조에 명시적으로 언급된 모든 권리와 관련하여, 특히 체약국은 ⓐ인종적 우월성이나 증오 인종차별에 대한 고무에 근거를 둔 모든 관념의 보급, 피부색, 종족의 기원이 상이한 인종이나 인간의 집단에 대한 폭력 행위, 폭력 행위에 대한 고무를 법에 따라 처벌해야 하는 범죄로 선언하고, 재정적 지원을 포함하여 인종주의자의 활동에 어떠한 원조의 제공도 법에 따라 처벌해야 하는 범죄로 선언한다. ⓑ인종차별을 촉진하고 고무하는 조직, 조직적 및 여타 모든 선전 활동을 불법으로 선언하고 금지한다. 그리고 이러한 조직이나 활동 참여를 법에 따라 처벌하는 범죄로 인정한다. ⓒ 국가 또는 지방의 공공기관, 공공단체가 인종차별을 촉진하거나 고무하는 것을 허용하지 아니한다.

셋째는 '시민적·정치적 권리에 관한 국제조약(자유권규약)'이다. 자유권규약은 20조 2항에 다음과 같이 정해놓았다. "차별, 적의, 폭력의 선동이 될 민족적, 인종적, 종교적 증오의 고취는 법률에 따라 금지된다."

라바트 행동계획

유엔 인권고등판무관사무소는 표현의 자유와 혐오발언의 관계를 명확히 하기 위해 세계 각지의 전문가들을 모아 2008년부터 2013년까지 여섯 차례 워크숍을 열었다. 2013년 3월 인권이사회에서 권고를 정리해 최종 개최지인 모로코 라바트 Rabat에서 '차별, 적대, 폭력 선동을 구성하는 국적, 인종, 종교적 혐오의 고취를 금지하는 라바트 행동계획'(이하 '라바트 행동계획')을 보고했다. 여기에서도 혐오발언을 명확하게 정의하지는 않았지만 인종차별철폐조약과 자유권규약이 혐오발언을 규제 대상으로 한다는 점을 나타냈고, 규제의 유일한 목적은 "민족적, 국민적, 종교적 집단에 속하는 개인이나 공동체를 적의, 차별, 폭력으로부터 보호하기 위한 것"이라고 명기했다.

또 법 규제를 할 때는 인종차별철폐조약과 자유권규약, 이 두 조약에서 규정된 경우에 한해야 하고, 규제 대상과 제외 대상을 명확하게 구별해야 한다고 권고했다. 라바트 행동계획 20항에서는 어떤 표현을 혐오발언으로 규제하려고 할 때는 그 표현이 다음 세 가지 중 어디에 해당하는지 구별해야 한다고 적시했다. ①범죄를 구성하는 표현, ②형법으로 벌할 수 없지만 민사재판이나 행정 제재가 정당하게 행해질 수 있는 표현, ③형법과 민법상 위반도 아니고 행정 제재의 대상도 아니지만 관용, 시민적 예의, 타자의 권리 존중에 반하여 우려할 만한 표현이다.

인종차별철폐위원회의 혐오발언에 관한 일반적 권고 35

2013년 8월 인종차별철폐위원회는 '혐오발언에 관한 일반적 권고 35'를 채택했다. 여기에도 혐오발언을 정의하는 규정은 없지만 인종차별철폐조약 4조에 규정된 모든 표현 형식은 혐오발언에 해당한다고 봤다. 이 권고에서는 인종차별철폐조약 1조에서 정한 차별 철폐 대상에 "예를 들어 선주민족, 이주자, 외국 국적자 집단 등"이 해당된다고 본다. 또한 혐오발언을 "특정 인종적, 민족적 집단을 공격하는 발언" "인권 원칙의 핵심인 인간 존엄과 평등을 부정하고, 개인이나 특정 집단의 사회적 평가를 멸시하기 위해서 행해지는 타자를 향한 형태의 발언"이라고 표현한다. 그리고 인종주의적 혐오발언은 대규모 인권 침해와 제노사이드로 이어진다는 점을 강조했다. 나아가 라바트 행동계획과 마찬가지로 혐오발언을 그 중요도에 따라 3단계로 구별해야 한다고 명기했다.

엄밀하게 보자면 인종차별철폐위원회는 라바트 행동계획에서나 이 권고에서나 혐오발언의 대상을 인종적 소수자만으로 제한하지 않는다. 왜냐하면 여러 민족의 인구 비율과 권력 관계가 경쟁하고 있거나 변동하고 있기 때문에 엄밀한 뜻에서 소수자가 존재한다고 할 수 없는 나라도 있기 때문이다.

인종차별철폐위원회와 위원들도 조약의 주요 적용 대상을 소수자라고 하고 있다. 단, 라바트 행동계획에서는 혐오발언 규제법이 소수자를 박해하는 데 악용되어 정작 문제로 삼아야 할 차별선동에는 적용되지 않는다는 점이 현재 가장 중요한 문제라고 지적했다.

이제 정리를 해보자. 혐오발언이란 넓게는 인종, 민족, 국적, 성별, 성적 지향과 같은 속성을 갖는 소수자 집단이나 개인에게 그 속성을 이유로 가하는 차별표현이다. 그리고 혐오발언의 본질은 소수자에 대한 '차별, 적대, 폭력의 선동(자유권규약 20조)', '차별을 선동하는 모든 행위(인종차별철폐조약 4조 본문)'[8]이자 표현에 의한 폭력, 공격, 박해이다. 국제인권기준에는 혐오발언의 정도에 따라 악질적인 것은 형사 규제, 그보다 덜한 것은 민사 규제, 그보다도 덜한 것은 법 규제가 아닌 것으로 억제하라고 요구한다. 모든 혐오발언이 범죄는 아니지만, 이를 둘러싼 법 규제에서 가장 중요한 점은 이 세 가지를 확실히 구별하는 것이다.

혐오발언과 성희롱의 정의 비교

용어의 형성 과정과 정의, 법 규제를 둘러싼 논의를 살펴보면 혐오발언은 성희롱 sexual harassment과 공통점이 많다.

성희롱을 한 가지로 정의할 수는 없겠지만 넓게는 '일정한 사회적 관계를 이용하여 행해지며 상대방 의사에 반하는 성적 언동'을 가리킨다. 혐오발언은 소수자를 표현으로 괴롭히는 것이라고 할 수 있다. 성희롱이 지배적인 지위를 이용하여 성적

---

8 외무부에서 번역한 인종차별철폐조약 4조 본문에는 "차별을 위한 모든 고무 또는 행위"라고 되어 있다.

2장 | 혐오발언이란 무엇인가

으로 괴롭히는 표현 행위라고 한다면 혐오발언과 내용이 겹친다. 예를 들어 핀란드의 차별금지법에서는 차별의 정의 가운데 하나로 괴롭힘, 즉 "협박, 적의, 모욕, 굴욕, 공격적 환경을 만듦으로써 의도적 혹은 사실상 어떤 개인이나 집단의 존엄, 품위를 손상하는 것"을 든다. 여기에는 혐오발언도 포함된다.(모로오카, 2013)

성희롱은 1970년대 미국에서 형성된 용어이다. 당시 미국에서는 여성 노동자가 증가함에 따라 직장 내 성적 괴롭힘이 빈번하게 일어났다. 여성 노동자들이 소송을 제기하는 한편으로 다양한 방식으로 항의해 성적 괴롭힘을 사회문제로 끄집어냈고, 성희롱이라는 말이 만들어졌으며, 널리 퍼졌다.

일본에서는 1980년대에 성적 괴롭힘에 맞선 여성들의 투쟁이 확산됐다. 1989년 후쿠오카 현의 어느 출판사에 근무하던 여성이 자신을 성희롱한 상사의 이름을 언론에 공개하며 민사소송을 제기했다. 이 사건을 계기로 성희롱이라는 용어가 언론에 빈번하게 등장하게 되었다.

1997년 개정된 남녀고용기회균등법에 성희롱 금지 조항이 포함되었다. 직장과 대학에서 "그거 성희롱이네"라는 식의 지적이 일상화되었고, 성희롱은 위법이며 사회적으로 인정받을 수 없다는 의식이 급속히 퍼졌다.

'혐오발언'도 '성희롱'도 미국의 반차별운동에서 만들어져 일본에 도입된 용어라고 할 수 있다. 이전까지는 수면 아래에 있던 문제를 언론이 다루기 시작하면서 급속하게 사회문제로 떠오른 것이다. 미국에서 외래어로 들어와 비로소 사회문제가 되었다는 점 자체가 일본 사회가 미국을 따라간다는 점을 보여주지만, 국제적으로 발전한 대처 방식을 배우는 것은 의의가 있다.

성희롱 규제는 피해 정도에 따라 ①형사죄(강간, 강제·외설, 강요, 협박 등), ②민사죄(불법 행위), ③일회성 성적 발언처럼 위법이라고 할 수는 없으나 윤리적으로 문제가 있는 것(이른바 회색지대), 3단계로 나누어져 있다. 혐오발언을 규제하는 방식을 만드는 데 성희롱 규제 방식의 단계를 참고할 수 있을 것이다. 실제로 성희롱 규정을 참고로 혐오발언 규정을 만든 각국 사례가 있다. 이에 관해서는 3장에서 다루도록 하겠다.

혐오발언의 해악

영혼의 살인

역사적인 차별 구조 속에서

'표현의 자유'를 근거로 혐오발언 규제에 반대하는 이들은 차별표현을 할 자유도 보장되어야 하며, 피해자가 불쾌한 표현을 참아야 한다고 주장한다. 법 규제에 대한 반대론이나 신중론은 4장에서 검토하기로 하고, 여기서는 혐오발언이 소수자에게 끼치는 해악을 말하고자 한다. 이런 해악을 사회, 즉 주류 사회가 소수자에게 참으라고만 할 수 있는 것일까?

혐오발언이 표적으로 삼는 소수자는 노예제도, 신분제도, 식민 지배 등 역사적으로 형성된 차별 구조 속에서 민족적, 인격적 존엄과 정체성에 상처를 입고 고통받는다. 또 몇 세대에 걸쳐 차별당한 체험과 기억을 짊어진 채로 일상생활에서도 불합리하게 차별당한다. 실제로 차별적 속성을 이유로 학살, 배척, 폭행, 차별을 당해온 경험이나 가족과 공동체의 기억이 소수자에 속하는 개개인의 정체성 일부를 형성한다. 또 지금도 사회생활을 하면서 갖가지 차별을 당하기도 하니, 소수자에 속하는 이들은 싫든 좋든 그 속성을 의식할 수밖에 없다.

예를 들어 재일조선인 1세, 2세는 식민 지배하에서 생명, 재산, 언어, 이름, 문화 같은 민족적 존엄을 모두 유린당했다. 더군다나 일본이 패전한 후에도 조사나 책임자 처벌, 사죄, 배상이 이루어지지 않았다.

일본 정부는 패전 후 구식민지 출신자를 권리가 없는 외국인으로 만들고는 입국관리법과 외국인등록법을 시행해 감시와 차별의 대상으로 삼았다. 외국인에 대한 일본 정부의 기본적 태도는 입국관리국의 고위직 관리가 비공식적으로 발언한, "외국인은 익혀 먹든 구워 먹든 자유이다"라는 차별적 표현에서 상징적으로 나타난다. 정부는 국민연금법, 아동수당 등에 국적 조항을 마련해 재일조선인을 배제했고, 국민건강보험, 공영주택, 주택금융금고 등 사회서비스 운용에서도 배제했다.(다나카, 2013) 1979년 국제인권규약, 1982년 난민조약 비준 이후 이러한 국적에 따른 배제 조항은 거의 철폐되었다. 그런데 일본 정부가 난민조약을 비준했던 이유는 차별 정책을 반성했기 때문이 아니라 당시 인도차이나에서 온 난민(보트피플)을 받아들이라는 국제사회의 외압이 컸기 때문이다.

1991년 입국특례법에 따라 구식민지 출신자의 법적 지위를 일괄로 특별영주자로 바꾸고, 일반 외국인과 비교하여 퇴거강제 사유 등을 완화했다. 그러나 이런 특별영주권은 영주권과 달리 강제퇴거 대상이 될 수 있는 재류 자격에 불과하다.

재특회는 재일조선인이 '특권'을 갖고 있다며 공격하고 있다.[9] 그러나 재일조선인에게는 특권이 없다. 국적에 관계없이 재일조선인은 일본인과 동등하게 납세 의무를 지면서도 권리는 법적으로나 실질적으로나 제한당하고 있다. 지금도 선거권이 없으며 원칙상 국가공무원도 될 수 없다. 지방공무원이 될 수 있지만, 지자체가 제한되어 있으며 정규 교원이 될 수도 없다. 국민연금의 경과후속조치가 없고, 고령자는 국민연금을 받지 못한다.[10] 또 민족교육이 보장되지 않는다. 공적 차별이 있는 것이다. 민간 기업의 취직 차별이나 주거 차별, 결혼 차별도 뿌리 깊게 남아 있다.

혐오발언도 이러한 차별 구조의 요소이다. 소수자의 심신에 극히 심각한 해악을 불러일으킨다. 혐오발언은 한순간에 일어나는 말에 의한 공격이라고만 할 수 없다. 그것은 사회 전체가 가하는 차별의 공포와 폭력의 고통을 되살아나게 하여 후세대에 영향을 준다. 소수자 자신들에게도, 그리고 후세대 아이들에게까지도 평생 되풀이될지도 모를 절망을 심는다.

---

9 재특회가 비난하는 이른바 '재일특권'이란 수도요금 면제, 통근 정기권 할인, 언론의 채용 할당, 자동차세 감세, 공무원 우선 고용 등을 가리킨다. 그러나 이는 모두 낭설일 뿐이다.

10 일본의 국민연금보험에는 1981년까지 국적 조항이 있어서 재일조선인들은 가입할 수 없었다. 일본이 1982년 난민조약을 비준한 후 국적 조항은 폐기되었으나, 폐기 당시 35세를 초과한 자는 연금 가입자격 기간 조건인 25년을 채울 수 없어 가입할 수 없었다. 따라서 재일조선인 1세 대부분은 국민연금을 받지 못하는 상태이다.

소수자가 입는 정신적 고통

비판적 인종이론의 논객이자 일본계 미국인 법학자인 마리 마쓰다Mari J. Matsuda는 혐오발언이 소수자에게 '마음 깊은 곳으로부터 공포, 흥분, 호흡곤란, 악몽, 외상 후 스트레스 장애PTSD, 과도한 정신적 긴장, 고혈압, 정신질환, 자살까지 이르는 정신적 증상과 감정적 고통'을 불러일으킨다고 지적한다. 사회심리학자 크레이그 핸더슨은 피해자에게 공통적으로 나타나는 심리적 영향으로 ①계속되는 감정적 고뇌, ②자신감 상실, ③일탈된 감정(자기가 보통 사람들과는 다른 소수자이기 때문에 표적이 된 것이라고 스스로 인식한다), ④자책 등을 구체적으로 들고 있다.

재일조선인 3세 저널리스트 나카무라 일성中村一成이 쓴 르포에는 교토조선제1초급학교 사건에서 재일조선인이 입은 피해가 분명히 드러나 있다.(나카무라, 2014) 야뇨증이 생긴 아이, 밤에 갑자기 울기 시작한 아이, 폐품 회수차에서 나는 확성기 소리에도 "재특회가 왔다! 무섭다!"라며 흐느껴 우는 아이, 혼자서는 외출할 수 없게 된 아이가 있다. 또 사건 당시 학교로 달려왔던 보호자 김상균 씨는 "너희는 인간이 아니다"라며 시위대에게서 대놓고 매도당하자 할 말을 잃었다고 증언한다. 김상균 씨는 어렸을 적 본명이 아닌 일본명으로 일본 초등학교를 다녔는데 그때부터 '총코'라고 불리며 차별당했다고 한다. 그는 "그간 자신을 긍정하려고 노력해왔는데, 과거가 생각나면서 한순간에 자부심을 빼앗긴 느낌이었다"고 말했다.

현재 조선학교에 다니는 아이들도 김상균 씨처럼 고통받고 있다. 2013년 9월 10일 공영방송 NHK에서는 재일조선인에 대한 다큐멘터리를 방영했다. 여기에 등장한 오사카조선초급학교에 다니는 소년은 "조선인은 못쓴다고 보는 분위기가 뿌리 깊은 게 싫어요"라고 말한 후 눈을 내리깔면서 중얼거렸다. "조선인은 등급이 아래인가……" 또 소녀들은 카메라를 보지 않고 피하면서 "학교 밖에서는 자신을 '재일조선인'이 아니고 '한국인'이라거나 '일본인'이라고 하는 때가 있어요"라고 말했다. 민족적 자존심을 길러주는 교육을 받는 조선학교 학생들조차 이렇게 사회적 차별로 고통을 강요당하고 있는 것이다. 오사카, 교토 등 각 지자체에서 조사한 결과에 따르면 일본 초급학교에 다니는 재일조선인 아이들 중 80~90퍼센트는 일본 명을 쓴다. 어렸을 때부터 일상생활에서 자신의 국적, 민족, 이름을 어떻게 쓸지 갈등을 겪고 있는 것이다. 구조적인 차별을 받는 가운데, 민족적 속성이 가치가 없다고 매도하는 혐오발언을 들으면 아이들의 마음은 얼마나 고통스러울까.

영혼의 살인

교사와 보호자조차도 자기를 부정하는 마음과 타인을 불신하는 마음이 생겨 괴로워했다. 사건 발생 나흘 후 어느 보호자는 이렇게 호소했다. "내가 정말 용서할 수 없는 것은 재특회가 아니라 이 사태를 용인하는 '일본 사회의 규율과 양식'입니다." "지금까지도 정말 억울한 일을 많이 겪어왔는데, 이제 진저리가 나요." "돌아가신 할아버지, 할머니가 하늘에서 이 사태를 보면 어떤 마음이실까요? 증손까지 이런 업신여김을 당하나 하고 탄식하며 괴로워하시겠죠." 맨 처음 습격을 당한 후 학교에서 열린 대책회의에서 학부모 김상균 씨가 형사고소를 제안하자 다른 학부모들은 "대체 우리한테 권리가 있느냐?" "애초에 우리한테 인권 같은 건 없지 않았느냐"고 말했다고 한다.

1장에서 언급했듯이 인종차별철폐 NGO네트워크는 2013년 6월 20일 피해자들의 의견을 듣는 국회 모임을 열었다. 이 모임에서는 연속대량엽서 사건 피해자 우라모토 요시후미浦本誉至史가 피해를 증언했다. 우라모토는 2003년 6월부터 1년 반 동안 일면식도 없는 청년한테서 "에타는 죽어라" "인간이 아니다" "더러운 진드기"라고 피차별 부락민 출신자를 매도하고 모욕하며 살인을 예고하는 내용이 담긴 엽서를 400통이나 받았다. 우라모토는 "엽서를 받던 1년 반은 생지옥이었다. 밤에도 잘 수가 없었고, 몇 번이나 자살을 생각했다"고 했다. 우라모토는 자신의 눈만 도려낸 사진을 받기도 했는데, 공포심 때문에 출근 도중에 갑자기 고함을 칠 뻔하거나 밤중에 눈물이 그치지 않고 나오기도 했다고 증언했다.

국회 모임에서 증언을 한 재일조선인 3세 여교사는 차별발언 피해를 증언했다. "민족차별을 받은 피해자들은 성폭력 피해자와 마찬가지로 외상 후 스트레스 장애로 고통스러워하고 결국 자살까지 생각하게끔 몰리기도 한다. 재일조선인의 자살률이 일본 사회 평균보다 2~3배 높다는 조사가 있다."

혐오발언과 차별은 영혼의 살인과도 같은 것이다.

실생활에 끼치는 피해

소수자인 피해자는 혐오발언을 들었던 장소에 가지 못하거나 외출을 두려워하게 되는 식으로 스스로 행동을 제약할 수밖에 없고, 결국 직장이나 학교를 그만두는 등 생활과 인생이 크게 뒤흔들리는 손상을 입는다. 법학자 마에다 아키라前田朗는 "아시아인과 흑인은 차별당한 체험을 바탕으로 갈 수 없는 장소와 비교적 안전한 장소를 나누어 그린 '마음속 지도'를 갖고 있다"라는 미국의 범죄학 연구 결과를 소개했다.

앞서 말한 교토조선학교 사건에서도 당시 교원의 절반 가까이는 퇴직할 수밖에 없었다. 예정되었던 학교 이전이 앞당겨졌기 때문이기도 했지만 입학을 희망하는 학생이 줄어들어 마치 야반도주하듯 폐교할 수밖에 없었기 때문이다.

코리아NGO센터는 신오쿠보에서 혐오발언을 듣고 고통스러워서 가게를 닫은 재일조선인 경영자 사례와 한국 학원의 보호자들이 아이들에게 버스나 전철에서 한국어를 쓰지 말라고 주의를 주고 있다는 사실을 국회 모임에서 보고했다. 2013년 9월 20일 자 〈도쿄신문〉은 신오쿠보에 있는 모든 한국 가게의 매상이 줄었으며, 어느 한식당은 전년도 대비 매출이 반토막 났다고 보도했다. 앞서 말한 재일조선인 여교사는 국회 모임에서 2012년 한국학교 학생들이 낯선 남성한테서 폭행당했던 사건을 소개했다. 이 사건 직후에는 한국학교 여학생이

하굣길에 근처 공립초등학교에 다니는 일본 아이들한테서 "일본에서 나가라"라는 말을 듣는 일도 있었다. 결국 이 소녀의 학부모는 안전을 걱정해 한국학교를 자퇴시키기로 결정했다고 한다.

전체 사회에 대한 파급과 침묵 효과

혐오발언은 민족 같은 상대의 속성을 공격의 구실로 삼는다. 그래서 직접적인 표적이 아니어도 집단에 속한 한 사람 한 사람에게 영향을 준다.

2002년 9월 북일 정상회담 이후 조선학교 학생들이 폭언을 듣거나 폭행을 당하는 사건이 속출했다. 당시 조선학교에 근무하던 여교사는 민족명(조선 이름)을 자전거에 적은 소녀가 언제라도 공격을 당할 수 있겠다는 생각에 불안해 견딜 수 없었다고 했다. 그래서 매일 수업이 끝난 후 아이들을 귀가시킬 때 영원한 이별이 될지도 모른다는 생각에 아이들을 힘껏 안아줬다.

2012년 10월 26일 《주간 아사히》에 하시모토 도루 오사카 시장의 출신지를 모욕한 기사가 게재되었다.[11] 한 달 후 하시모토 시장과 성도 같고 출신 지역도 같은 이가 노인복지시설

---

11 하시모토 도루가 동화지구(同和地區, 피차별 부락민이 집단거주하는 구역을 일컫는 행정 용어) 출신임을 폭로하는 기사를 실어 논란이 되었다. 결국 《주간 아사히》 측은 사과문을 발표했으며 이 잡지를 발간하는 아사히신문출판사 사장이 사임했다.

2장 | 혐오발언이란 무엇인가

을 이용하려 하자, 시설에 있던 사람이 그를 차별하는 손짓을 한 사건이 일어났다.[12] 그 밖에도 하시모토 시장의 출신지역 관청에는 '이 지역이 과거에 부락이었느냐'고 묻는 전화가 수차례 걸려왔다고 한다. 또 이 사건이 일어나면서 학교에서조차 성이 하시모토인 아이들을 보는 시선이 차갑게 바뀌었다고 항의하는 지역 주민들의 분노 어린 의견이 보도되기도 했다.

혐오발언은 소수자에게 침묵을 강요하는 효과가 있다. 소수자는 자괴감과 무력감 탓에 반론할 말을 잃는다. 뿐만 아니라 소수자가 피해를 호소하고 반론을 제기하면 이로 인해 새로운 공격을 유발하는 표적이 되기도 한다. 이 때문에 소수자는 피해를 호소하거나 반론하기를 두려워한다.

2013년 5월 7일 국회 모임에서 교토조선학교 학생 보호자가 의견을 말할 예정이었다. 그러나 그는 고민 끝에 참가를 단념했다. 고뇌에 찬 선택이었다. 이 보호자는 교토조선학교가 또다시 공격당하는 일을 피하고 싶어서라고 했다. 실제로 실명으로 국회 모임에 나와 혐오발언을 비판한 재일조선인들은 인터넷과 전화로 공격을 받거나 영업 방해를 당하기도 했다. 트위터, 페이스북, 블로그를 그만둘 수밖에 없었던 재일조선인들도 있다.

---

12 엄지손가락을 접고 나머지 네 손가락을 펴서 보여주는 제스처. 부락민들은 가축을 도살하는 직업에 종사하기도 했는데, 이를 경멸하여 네발 달린 가축을 도살하는 사람이란 뜻으로 '네발' 또는 '네 개'로 불렸다. 부락민을 가리키는 차별적인 은어 같은 것이다.

영국의 피해 실증 연구

지금까지 일본에서 일어난 혐오발언, 증오범죄 피해 사례를 몇 가지 소개했다. 그런데 혐오발언과 증오범죄에 대응하는 방식이 발전한 영국과 미국에서는 소수자가 받은 피해 실상을 실증적인 수치로 나타내는 조사 연구를 실시하고 있다.

영국에서는 2002년부터 2005년까지 3년간 인종주의적 동기에서 일어난 범죄가 그 외 범죄에 비해 피해자에게 더 큰 해를 주는지, 소수자와 주류 세력의 피해에 차이가 있는지 실태 조사를 실시했다. 잉글랜드와 웨일즈에 사는 16세 이상 소수자를 대상으로 실시한 조사로서 과거 1년 동안 소수자 자신이나 가족이 범죄 피해를 입었는지, 범죄 종류는 무엇이었는지, 범죄가 인종주의적 차별에 바탕을 둔 것이라고 생각했는지 등을 질문했다. 그 결과 소수자 집단에 속하는 이가 인종차별이 동기가 된 범죄로 피해를 당했을 때 행동에 제약이 생겼다고 답한 비율은 '타인을 경계하고 믿지 못하게 되었다' 17.3퍼센트, '특정한 장소에 가지 않게 되었다' 13.4퍼센트, '이사했다' 3.8퍼센트로 나타났다. 반면 인종적 동기에 의한 범죄가 아닌 경우에는 각각 12퍼센트, 2.6퍼센트, 1.6퍼센트였다. 즉 범죄의 동기가 인종주의적이었는지 아니었는지에 따라 피해에 상당한 차이가 있음을 알 수 있다.

왜 피해를 내보이기 어려울까

영국과 일본은 문화가 다르기 때문에 이 연구 결과가 일본에 그대로 들어맞지는 않겠지만, 증오범죄가 소수자의 심신, 생활에 미치는 영향을 주류 세력과 비교하여 수치로 나타낸 예는 참고할 만하다. 실태 조사가 매우 뒤처진 일본에서는 소수자 단체뿐만 아니라 공공기관이나 여러 분야에 걸친 연구자들이 피해 실태를 조사연구하는 일이 긴급하고 중요하다.

소수자의 고통은 사회적으로 나타나기 어렵다. 소수자가 발언할 기회가 없다거나 상대적으로 억압되어왔기 때문만은 아니다. 소수자는 약하게 보이고 싶지 않아서 피해를 말하는 것을 주저하기도 한다. 설사 소수자가 가능한 한 잊고 싶은 차별의 고통을 떠올리면서 힘들게 호소하더라도, 이런 모습을 보이면 더욱 기세등등해져 공격하는 이들이 있으며, 이들을 추종하는 사람들도 있다. 또 소수자가 차별의 고통을 표현하더라도 주류 사회는 소수자의 고통을 깨닫지 못하거나 관심이 없다는 이유로 분별없는 반응을 보이기도 한다. 소수자는 이런 경험들이 쌓여온 결과, 발언해봤자 상처만 더 커질 뿐이니 참는 쪽이 낫다고 생각하고 절망을 느낀다.

제노사이드 경험과 국제사회의 인식

차별과 증오의 구조적 강화

혐오발언이 초래하는 또 다른 해악은 편견을 확산시켜 고정관념으로 만들고, 편견을 당연한 것으로 받아들이게끔 하여 결국 차별 구조를 강화하는 것이다. 사회심리학자 고든 윌러드 올포트에 따르면 혐오발언은 증오를 사회에 퍼뜨리고 '폭력과 협박을 증대시키는 연속체의 일부'이며 궁극적으로는 제노사이드나 전쟁으로 이끈다.

독일에서는 나치가 유대인에게 되풀이해온 혐오발언이 제2차 세계대전 때 유대인 수백만 명을 희생시킨 홀로코스트로 이어졌다. 1919년 제1차 세계대전에서 패한 독일은 거액의 배상금을 치르느라 경제가 피폐해졌고, 국민들은 허덕였다. 사회에 불만이 팽배한 가운데 나치는 패전의 원인이 유대인과 공산주의자의 책략과 음모라고 선전했다. 또 일부 고소득층 유

대인에 대한 증오를 선동했다. 유대인이 '기생충' '열등 민족'
이므로 사회에서 배제해야 한다고 주장했다. 이러한 반유대인
캠페인으로 나치는 지지 기반을 넓혔고 결국 1933년에 정권을
잡았다. 집권 직후 반유대법이 제정되어 유대인의 직업, 영업,
재산을 제한하고 시민권을 박탈했다. 많은 독일인이 이에 반
대하지 않았고 일부는 스스로 유대인 공격에 가담하기에 이르
렀다. 현재 독일에서는 모든 국민들이 이러한 역사적 사실을
인식하고 있다. 과거사 반성에 바탕을 두고 유대인 학살 사실
을 부정하는 것은 금지되며, 혐오발언은 엄한 형사처벌을 받
는다(3장 참조).

1994년 르완다에서는 후투족이 투치족 수십만 명을 학살
한 사건이 일어났다. 이 학살은 후투족 정부 고위관리와 라디
오방송이 "투치족은 바퀴벌레다. 쳐 죽여라"라는 식으로 혐오
발언을 한 것이 계기가 되었다. 이는 르완다 국제전범법정 판
결에서 인정된 사실이다.

관동대지진 조선인 학살 사건

일본에서도 학살 사건이 있었다. 1923년 관동대지진 직후
조선인이 습격했다느니 조선인이 우물에 독을 뿌렸다느니 하
는, 공권력이 날조한 악선전과 혐오발언이 퍼졌다. 그러자 군
경 주도로 관동 지방에 자경단 약 4,000개가 조직되었다. 몇
만 명이나 되는 민간 일본인 남성이 집단으로 조선인과 중국
인을 습격해 적어도 수천 명 학살했다.

이 사건을 일본 정부에서 공식 조사한 적은 없다. 역사학자 강덕상[13]의 조사로 재판 자료가 발굴되었고, 그의 연구로 인해 비로소 관동대지진 조선인 학살 사건의 전체상이 밝혀지기 시작했다. 그동안은 이 사건을 구조적으로 은폐해온 것이라 할 수 있다. 2013년 11월 19일에는 한국 정부가 관동대지진 때 학살된 290명의 명부를 발견했다고 발표했다.[14] 이 명부는 앞으로 관동대지진 조선인 학살 사건을 구체적으로 규명하는 데 도움이 될 것이다.

사이타마 현 혼조(현재 혼조 시)에서 일어난 사건의 판결문에는 당시 상황이 자세히 기록되어 있다.

군중 3,000명이 혼조경찰서 안으로 쇄도하여 9월 4일 밤부터 5일 오전까지 조선인에게 폭행을 가했는데, 1. 피고 A는 9월 4일 동 경찰서 구내에서 살의를 갖고 칼을 사용하여 다른 군중과 서로 협력하여 범행을 계속하여 조선인 3명을 살해했고, 1. 피고 B는 9월 4일 살의를 갖고 동 경찰서 내에서

---

13 姜德相. 1932~. 재일교포 2세 재일사학자이며 시가 현립대학교 명예교수. 현재 도쿄에 위치한 재일한인역사자료관 관장. 관동대지진에 대한 연구서를 1975년 일본에서 최초로 간행했다. 저서로 《학살의 기억, 관동대지진》 《관동대지진과 조선인 학살》(공저) 등이 있다.
14 2013년 6월 주일 한국대사관 청사를 이전하면서 발견된 명부 중 하나인 '일본 진재 시 피살자 명부'를 가리킨다. 관동대지진 학살 피해자의 이름과 학살 상황이 적혀 있다. 국가기록원은 이 문서가 1950년대 한일회담을 준비하는 과정에서 작성된 것으로 추정하고 있으며 3·1운동 피살자 명부와 징병자 명부에 중복 기재된 인원을 빼면 실제 피살자는 198명일 것으로 추정했다.

조선인을 죽여버리라고 절규하며 다른 군중과 협력해 긴 창으로 조선인 3명을 살해했고, 1. 피고 C는 9월 5일 경찰서에서 살의를 갖고 쇠스랑을 사용하여 다른 군중과 협력하여 조선인 1명을 살해했고, 1. 피고 D는 9월 4일 동 연무장演武場에서 살의를 갖고 목검을 사용하여 다른 군중과 협력하여 조선인 3명을 살해하고, 또 동 경찰서 사무소에 있던 조선인 1명을 끌어내 군중 속에 내던져 살해했다.(1923년 11월 26일 우라와 지방법원 판결. 판결문 가운데 개인의 이름은 A, B, C, D로 바꿔 표시했다.)

당시 관동 지역에 살던 꽤 많은 일본인 남성이 자경단에 반강제적으로 참가해 조선인 학살에 직접 가담했던 것으로 보인다. 직접 살인을 저지른 민간인 수백 명은 살인죄로 형사재판에 부쳐졌으나 '애국심'에 의한 것이라 정상참작되어 가벼운 형을 받았고, 나머지 동조자들에게는 죄를 묻지 않았다. 그리고 그들 중 자신이 저지른 죄에 스스로 반성을 표명한 사람은 극히 드물었다. 조선인에 대한 유언비어를 흘린 관청과 학살을 행한 군경은 가장 책임이 무겁다고 할 수 있으나 아무런 처벌도 받지 않았다. 현재까지 일본 정부와 지자체는 공식 조사도 사죄도 보상도 하지 않았다. 관동대지진 학살을 기술한 역사교과서도 적어서 지금까지도 많은 일본인은 일본인이 다른 민족을 대량학살한 가해자였다는 사실을 모르는 실정이다. 많은 일본인이 독일 나치가 저지른 유대인 학살은 비판적으로 인식하고 있으나, 일본인 자신의 역사적 범죄는 인식조차 못하는 것이다.

사라지지 않는 공포

피해자들 사이에서는 관동대지진 조선인 학살 사건이 알음알음으로 전해져 재일조선인에 대한 폭력·폭언 사건이 일어날 때마다 이 사건이 상기되었고, 이는 공권력과 개인, 소위 일본 사회 전체가 적이 되어 자신을 덮치는 공포로 이어졌다.

역사연구자 야마다 쇼지[15]는 1923년 나카니시 이노스케[16]가 당시 언론을 비판하면서 했던 발언을 소개했다. "견문이 적어서인지 몰라도 나는 아직까지 조선의 수려함, 예술미, 우아한 민심을 소개한 보도기사를 본 적이 거의 없다고 말해도 좋습니다. 폭탄, 단총, 습격, 살상, 갖가지 전율할 만한 문자를 나열해서 소위 '불령선인' ─ 최근에는 조선인을 불평선인(불평불만이 많은 조선인이라는 뜻)이라는 명칭으로 대신하여 부르는 신문도 있습니다 ─ 이 불령 행동을 한다고 보도합니다. 아무런 배려도 없는 저널리즘 탓에 조선인이 희생되어 일본인 의식 속에 검은 공포의 환영으로 새겨져 있는 것입니다."(야마다, 2011)

그런데 관동대지진 직후 일본 사회가 혼란 상태였다고는

---

15 山田昭次. 1930~. 역사학자이자 릿쿄대학교 명예교수. 관동대지진 때 학살된 피해자의 유골 발굴, 재일조선인·한국인 정치범의 구호 활동 등 실천 영역에도 참여하며 연구를 심화시켜왔다.

16 中西伊之助. 1887~1958. 노동운동가이자 프롤레타리아문학 작가. 일본공산당 중의원 의원을 지냈다.

해도 일본인이 사회에서 같이 생활하던 조선인을 어떻게 그렇게 쉽게 학살할 수 있었을까? 그것은 학살 이전, 특히 1919년 3·1독립운동 후부터 일본 정부와 신문이 "조선인은 열등민족이다" "독립하려는 음모를 꾸미는 무서운 불령선인이다"라고 선전하는 혐오발언을 유포했기 때문이다. 타민족 학살에 가담했던 일본인은 그 후 침략전쟁의 병사로 동원되었다.

일본과 독일의 역사적 사실을 볼 때, 혐오발언 때문에 사회에 증오가 만연하게 되면 그때부터는 타민족에 대한 폭력, 제노사이드와 전쟁을 저지하기가 극히 어려워진다는 점이 이미 증명되었다고 할 것이다.

국제사회의 반성

제2차 세계대전 후 국제사회는 혐오발언을 포함한 인종차별과 민족차별이 제노사이드와 전쟁을 불러일으킨다는 공통의 인식에 따라 국제연합을 결성했다. 전쟁 전에는 인권문제는 기본적으로 각국의 국내 문제라고 인식했으나, 1945년 유엔헌장에는 1조 3항에 "인종·성별·언어·종교에 따른 차별 없이 모든 사람의 인권 및 기본적 자유를 존중하도록 촉진하고 장려하는 데 국제적 협력을 달성한다"라고 명시되어 있다.

유엔은 존중받아야 할 인권 내용을 구체화하는 작업을 바로 시작하여 1948년 12월 제3회 유엔총회에서 세계인권선언을 채택했다. 세계인권선언은 1조에 "모든 인간은 태어나면서부터 자유인 동시에 존엄과 권리에 대해 평등하다", 2조에 "어떠한 사유로든 차별을 받아서는 안 된다"라는 평등 원칙을 내걸었다.

제노사이드 금지조약의 성립

제3회 유엔총회에서는 제2차 세계대전 이전과 전쟁 중에 민족과 종교 등을 이유로 자행된 나치 등의 집단학살을 반성하며, '제노사이드 금지조약'을 만장일치로 통과시켰다. 2013년 11월 1일 현재 143개국이 제노사이드 금지조약에 가맹했다. 일본은 비준하지 않았다.[17]

제노사이드는 1944년 유대계 폴란드인 변호사 라파엘 렘킨이 나치의 홀로코스트 범죄를 가리키는 명칭으로 새롭게 제안한 용어이다. 렘킨은 유엔총회에서 한 국가가 자국 시민에게 자행한 잔학 행위가 국내 문제로 여겨져 국제법상 처벌을 피하는 일이 없도록 해야 한다고 촉구했다. 이를 받아들인 쿠바, 인도, 파나마 대표가 렘킨이 작성한 의안을 유엔총회에 제출했다.

유엔총회는 제노사이드가 국제법상 범죄라는 점을 확인했고 어느 한 나라 정부가 저지르는 국내 제노사이드도 대상으로 포함한다고 선언했으며, 경제사회이사회에 조약 초안 검토를 요청하여 불과 2년 만에 조약이 성립되기에 이르렀다. 모든 회의에서 제노사이드의 범죄성을 부정한 국가는 한 곳도 없었

17　한국은 1951년 10월 이 조약에 가입했다.

다. 국제사회의 일치된 견해였던 것이다.

제노사이드 금지조약에서는 제노사이드를 '국민, 인종, 민족, 종교 집단의 전체 또는 일부를 파괴할 의도를 갖고 실행된 행위'로 정의한다. 2조에서는 구체적인 행위를 열거한다. '집단 구성원을 살해하거나 중대한 육체적 또는 정신적 위해를 가하는 행위' '일부 혹은 전체의 육체를 파괴할 목적으로 의도된 생활 조건을 고의적으로 부과하는 행위' '출생을 방지하기 위해 생식 능력을 제거하는 행위' '집단 내 아동을 강제이동시키는 행위' 등이다.

제노사이드를 정의하는 데 직접 '차별'이란 용어를 쓰지는 않았지만, 성립 경위를 보면 제노사이드는 인종적 차별의 극한 형태라고 할 수 있을 것이다.

이 조약 3조에서는 '직접적이며 공적인 제노사이드 선동'을 범죄로 하여 금지했고, 혐오발언 속에서 가장 위험한 제노사이드 선동을 즉각적인 형사 규제 대상으로 삼았다.

신나치에 대한 위기의식

1959년 크리스마스에 한 독일인 청년이 쾰른에 있는 유대교 회당과 나치 피해자 추도비에 "유대인은 나가라!"라는 글귀와 함께 하켄크로이츠[18]를 그렸다. 이 사건을 계기로 이듬해

---

18 Hakenkreuz. 갈고리십자가 문양으로 히틀러가 1935년 독일 국기로 제정했다. 제2차 세계대전 후 독일에서는 법적으로 사용이 금지되었다.

북미와 서유럽 전역, 총 39개국에서 이와 비슷한 신나치NeoNazi 운동이 일어났다. 이듬해 1월 당시 유엔인권위원회 산하 소수 자소위원회에서는 즉시 신나치운동을 비난하며 효과적 조치를 취해야 한다는 결의를 채택했다.

1960년 12월 제15회 유엔총회에서는 인종적, 종교적, 민족적 증오를 나타내는 모든 표현과 관행은 유엔헌장과 세계인권선언에 위반된다는 점을 확인했다. 그리고 모든 국가가 이러한 관행 등을 막는 데 필요한 조치를 취하도록 요청하는 나치즘에 대한 비난 결의안, 즉 '인종적, 민족적 증오의 여러 표현'을 만장일치로 채택했다. 또 아시아, 아프리카 43개국이 공동으로 제안해 '인종차별은 식민지주의의 불가결한 구성 요소'라는 입장에서 식민지주의와 관련한 인종 분리와 차별의 관행을 모두 종결시켜야 한다는 요지를 담은 '식민지 및 그 인민에 대한 독립의 부여에 관한 선언'도 채택되었다.

빠르게 국제적 지지를 얻은 인종차별철폐조약

1962년 제17회 유엔총회에서 아프리카 8개국이 공동으로 '모든 형태의 인종차별 철폐에 관한 선언안 및 조약안'을 제안했다. 차별을 철폐하기 위해서는 문서로서 더 구체적인 조치 이행을 의무화할 필요가 있었기 때문이다.

이 제안이 받아들여져 이듬해 유엔총회에서 '모든 형태의 인종차별 철폐에 관한 유엔선언'을 채택했다. 이 선언 1조에는 "인종차별은 인간의 존엄에 대한 범죄인 동시에 국가 간 우호적·평화적 관계에 대한 장해이며, 인민의 평화와 안전을 방해하는 사실"이라고 명시했다.

이렇게 국제적 논의가 진행되는 사이 세계인권선언을 조약으로 만드는 작업이 추진되었다. 그중 '모든 형태의 인종차별 철폐에 관한 국제협약' 초안 심의가 먼저 이루어졌다. 국제사회에 나치즘으로 상징되는 타민족 학살이 다시는 일어나서는 안 된다는 위기의식이 공유되었기 때문이다.

'모든 형태의 인종차별 철폐에 관한 선언안 및 조약안'이 제안된 지 2년 만인 1964년 12월, 유엔총회에서 인종차별철폐조약이 만장일치로 채택되었다. 그 후 약 3년 동안 27개국이 가맹했고 1969년 1월에 조약이 발효되었다. 자유권규약이나 사회권규약이 발효되기까지 걸린 시간이 10년이었음을 감안하면 인종차별철폐조약은 빠르게 폭넓은 지지를 얻었다는 점을 알 수 있다.

현재 인종차별철폐조약에는 유엔 가맹국 193개국 가운데 90퍼센트 이상인 176개국이 가입해 있다. 주요한 인권조약 가운데서는 '아동의 권리에 관한 협약Convention on the Rights of the Child(통칭 '유엔아동권리협약')'에 이어 체약국이 가장 많다는 점을 봐도 광범위하게 국제적인 지지를 얻고 있다는 것을 알 수 있다.

혐오발언 규제를 요구한 국제인권기준

자유권규약 20조 외에도 사회권규약, 유엔아동권리협약, '여성에 대한 모든 형태의 차별 철폐에 관한 협약Convention on the Elimination of All Forms of Discrimination Against Women(통칭 '여성차별철폐 조약')' 같은 주요한 국제인권조약에도 차별금지 조항이 있다.

유럽에서는 혐오발언 규제와 표현의 자유의 관계가 장기간 논의되었다. 일본과 마찬가지로 인종차별철폐조약 4조를 유보하거나 해석선언[19]을 한 나라도 있다. 2000년 유럽연합의 '인종적·민족적 출신에 상관없는 평등 대우 원칙을 실현하기 위한 지령'[20]은 가맹국에 차별금지법을 두도록 의무화했으나 혐오발언에 형사처벌을 부과하는 조항은 넣지 않았다.

하지만 그 후 몇 년 동안 검토한 끝에 유럽연합은 악질적인 혐오발언을 형벌로 규제해야 한다는 합의에 도달했다. 2008년 유럽연합 이사회는 '형사법에 의해 인종주의와 외국인 혐오의 특정 형태, 표현과 싸우는 프레임 결정Framework Decision on Combating Certain Forms and Expressions of Racism and Xenophobia by Means of Criminal Law'을 채택했다. 이 결정 1조에 "인종, 피부색, 종교, 혈통 또는 국가적·민족적 출신에 따라 규정된 집단 또는 그 일원에게 공적으로 폭력과 증오를 선동하는 행위 등이

---

19 Interpretative Declaration. 채택된 조약의 특정 규정, 문언, 사항의 적용에 복수의 해석이 허용될 때, 자국의 해석론을 보이거나 그중 하나의 해석에 한하여 적용받는다는 의사를 표시하기 위해 행하는 일반적 선언을 말한다.

20 Directives Implementing the Principle of Equal Treatment between Persons Irrespective of Ethnic or Racial Origin. 유럽연합의 현행 법령체계 중 하나. 유럽연합의 확대에 따라 유럽연합 시장 내 경쟁 조건의 정비를 추진할 필요성이 높아진 2000년대 들어, 채용에서 해고까지 고용의 전 국면에서 인종과 민족(2000/43/EC), 종교, 신념, 장애, 연령, 성적 지향(2000/78/EC)을 이유로 하는 차별을 금지하고 가맹국이 의무를 지도록 하는 지령을 냈다. 이 지령(2000/43/EC)은 고용시장뿐 아니라 교육·주거 같은 부문에도 적용되고 있다.

의도적으로 행해졌을 경우 각 체약국은 처벌해야 한다"라고
정했다. 이에 따라 유럽연합 가맹국은 2010년 11월까지 이 결
정을 실시할 법적 의무를 졌다.

조약 일부를 유보한 비준

일본은 1979년 자유권규약을 비준했으므로 규약 20조 2항
에 따라 혐오발언을 금지하는 법적 의무를 지게 되었다. 하지
만 일본은 지난 30년 이상 이 의무를 게을리해왔다.

일본은 1995년에 인종차별철폐조약에 가입했다. '가입'이란
서명을 하지 않고 조약에 가맹하는 것을 가리킨다. 이와 달리
'비준'이란 국가가 기본적으로 조약 내용에 동의하고, 장래에
조약의 구속을 받겠다는 의사를 표명하는 서명을 거쳐 가맹하
는 경우를 말한다. 바꾸어 말하면 인종차별철폐조약은 1965년
채택되었는데 일본은 30년간 서명하지 않고 방치하고 있다가
146번째로 1995년에 겨우 가입한 것이다. 일본이 1995년 인종
차별철폐조약에 가입한 것은 부락해방동맹 등이 차별당하는
당사자를 중심으로 오랜 세월 동안 운동을 벌여온 성과라고
할 수 있다. 또 한편으로는 1994년 미국이 인종차별철폐조약
을 비준하자 안심을 하고서 가입한 것이라고 볼 수도 있다. 여
기에는 또 다른 특별한 배경이 있는데, 당시 인종차별철폐조
약에 가맹하라고 요구하던 일본 사회당이 연립정권으로 여당
이 되자 겨우 가입이 실현되었다고도 할 수 있다.

사회당은 유보 없이 인종차별철폐조약에 가맹할 것을 제안

했지만 자민당이 반대해 최종적으로는 인종차별철폐조약 4조 a와 b를 유보했다. 유보란 법적 효과를 배제하거나 변경하는 의사를 표시하는 것을 말한다. "일본국 헌법하에서 집회, 결사 및 표현의 자유 기타 권리의 보장과 저촉하지 않는 한도에서 이러한 규정에 바탕을 둔 의무를 이행한다"고 제한을 두었다. 당시 일본 정부는 "이 조항이 규정하는 모든 경우를 형벌의 법 규정으로 규제하게 되면, 부당하게도 정당한 언론을 위축시킬 수 있다"면서 표현의 자유를 제약하고, 죄형법정주의[21]에 반할 우려가 있다는 점을 유보의 이유로 들었다.

인종차별철폐조약 4조 a에는 인종과 피부색, 민족적 출신이 다른 이에게 가하는 모든 폭력 행위와 그 선동을 처벌해야 할 위법 행위로 규정하라는 요구가 담겨 있다. 폭력 행위는 표현의 자유하고는 관계가 없다. 현행법에서도 폭력 행위의 선동은 위법이다. 죄형법정주의 관점에서 이러한 형사 규제에 의문이 남는다고 하더라도, 악질적인 경우는 명확한 규정을 두고 적어도 민사로 규제할 수는 있을 것이다. 인종차별철폐조약을 비준하면 4조 a에서 요구되는 의무를 피할 수 없으니 4조 a와 b를 유보하고 비준했다고 할 수 있다. 하지만 인종차별철폐위원회가 내놓은 '일반적 권고 35'에 따라 4조 a는 모든 경우에 형사 규제를 요구하는 것도 아니다.

---

21 근대 형법의 기본원리. 어떤 행위가 범죄가 되는가, 그 범죄에 어떤 처벌을 할 것인가는 미리 성문의 법률에 규정되어 있어야 한다는 원칙을 말한다.

또 일본은 자유권규약을 유보 없이 비준했으니만큼 혐오발언 규제를 요구하는 자유권규약 20조 2항을 적용하여 혐오발언을 적어도 민사상으로 규제할 의무가 있다.

유독 '인종' 문제에 소극적인 태도

일본이 여러 국제인권조약에 가맹한 상황과 비교해보면, 일본 정부가 인종차별철폐조약에 유독 소극적인 태도를 보인다는 점을 알 수 있다. 일본은 유엔이 1966년 채택한 자유권규약과 사회권규약을 13년이 지난 1979년에 비준했다. 유엔이 1979년 채택한 여성차별철폐조약은 6년이 지난 1985년에 비준했다. 유엔이 1989년 채택한 유엔아동권리협약은 5년이 지난 1994년에 비준했다. 유엔이 1984년 채택한 '고문 및 그 밖의 잔혹한, 비인도적인 또는 굴욕적인 대우나 처벌의 방지에 관한 협약Convention against Torture and Other Cruel, Inhuman or Degrading Treatment or Punishment(통칭 '고문금지조약')'은 15년이 지난 1999년에 비준했다. 유엔이 2006년 채택한 '강제실종으로부터 모든 사람을 보호하기 위한 국제 협약International Convention for the Protection of All Persons from Enforced Disappearance(통칭 '강제실종방지조약')'은 3년 후인 2009년 비준했다. 유엔이 2006년 채택한 '장애인권리협약Convention on the Rights of Persons with Disabilities'은 8년이 지난 2014년 1월 비준했다.

국제인권조약에 가맹할 때는 조약의 내용과 국내법에 모순되는 점이 없도록 국내법을 정비하는 것이 원칙이다. 앞서 서

술했듯 실제로 일본 정부는 자유권규약과 '난민의 지위에 관한 협약Convention Relating to the Status of Refugees'을 비준했던 때뿐만 아니라, 1985년 여성차별철폐조약 비준에 때를 맞춰 관련된 국내법을 정비했다. 예컨대 국적법을 부계혈통주의에서 부모양계혈통주의로 변경했고, 가정 과목 교육을 남녀가 공동으로 이수하게 했다. 남녀고용기회균등법을 제정하고 기존의 노동기준법을 개정했다. 또 장애인권리협약 비준에 맞춰 2013년 6월에는 장애자차별해소법을 제정했다.

그러나 인종차별철폐조약 가맹 때는 국내에 인종차별금지법이 없는데도, 홋카이도구토인보호법[22]을 폐지한 것 외에는 따로 관련된 국내법을 정비하지 않았다. 여기서도 일본 정부의 인종차별에 대한 예외적인 태도를 확인할 수 있다.

보고 의무를 다하지 않는 일본 정부

인종차별철폐조약 체약국은 조약 발효 후 1년 이내 한 번, 그 뒤에는 2년마다 한 번씩 인종차별철폐위원회에 조약 실시 상황을 보고서로 제출할 의무가 있다. 일본 정부는 1995년 가입 후 5년이 지난 2000년에야 '제1회, 2회 인종차별철폐조약 실시 상황에 관한 정부 보고서'를 제출해 2001년 3월 인종차

---

22 北海道旧土人保護法. 1899년 제정된 일본 법률로 홋카이도에 사는 소수민족 아이누를 보호한다는 명목으로 아이누 민족의 토지를 몰수하고, 아이누족의 수입원인 어업과 수렵을 금지했다. 또 아이누 고유의 풍습을 금지하고 일본어 사용을 의무화했다. 1997년 아이누문화진흥법 시행에 따라 이 법률은 폐지되었다.

별철폐위원회에서 이 보고서를 심사했다. 그다음에 보고서를 제출한 시기는 더 늦어졌다. 8년 뒤인 2008년에 '제3회, 4회, 5회, 6회 보고서'를 제출했고, 2010년 3월 인종차별철폐위원회에서 두 번째로 이 보고서를 심사했다. 그 후에도 역시 일본 정부는 보고서 제출에 늑장을 부려 2013년 1월에 '제7회, 8회, 9회 보고서'를 제출했다. 보고서 제출을 미루는 것만 봐도 일본 정부가 이 조약 이행에 얼마나 소극적인지 알 수 있다.

2001년 인종차별철폐위원회는 일본 정부의 '제1회, 2회 정부 보고서'를 심사하고 일본에서 일어나는 혐오발언에 여러 의견을 제시했다. "표현의 자유를 지키기 위해서라도 혐오발언을 규제해야 한다.""일본 형법을 보면, 마치 인종차별철폐조약 자체가 존재하지 않는 것 같다.""인종차별철폐조약 4조 a, b에 바탕을 둔 의무는 모두 일본 헌법에 반하지 않는다. 헌법과 양립시킬 의무가 있는 것이라면, 그러한 인종적 차별범죄를 처벌할 법률이 있어야 한다.""일본처럼 인종차별철폐조약 4조 a, b을 유보한 다른 나라에서도 이미 차별을 처벌하는 법률을 채택했다.""일본에서는 도로교통법 위반은 처벌 대상이 되는데, 인종차별이 될 수 있는 사항은 왜 처벌 대상이 아닌가?""인종차별철폐조약 4조를 유보한 것은 이 조약의 가장 중요한 측면에 영향을 끼친다. 4조를 유보하면, 인종차별철폐조약을 무효화하는 것이나 마찬가지이다. 인종주의적 단체의 차별선동은 처벌 수단이 없으면 막을 수가 없다."(반차별국제운동일본위원회, 2001)

2001년 인종차별철폐위원회는 일본 정부가 유보한 4조를 실시해야 한다고 권고했다. 또 "인종적 우월 또는 증오에 기초를 둔 어떠한 사상도 유포할 수 없도록 금지하는 것은 표현의 자유에 대한 권리와 양립한다"라고 지적하면서 차별금지법 제정을 권고했다. 당시 이시하라 신타로 도쿄 도지사의 '삼국인 발언'(이 책 5장 참조)도 공무원의 차별발언이니 인종차별철폐조약에 따라 대처할 필요가 있다고 권고했다. 또 당시 일본에서 조선인 학생들에게 가해진 폭력 행위에 대해서도 권고했다.

인종차별철폐위원회의 권고를 무시하다

하지만 일본 정부는 이러한 권고를 무시하고 전혀 시정하지 않았다. 인종차별철폐위원회는 2010년 3월 '혐오발언에 관한 총괄소견' 13항에서 조선학교의 재일조선인 학생들에게 가해지는 부적절하고 품위 없는 언동과 부락 출신자에게 가해지는 유해하고 인종주의적인 표현이나 공격이 특히 인터넷상에서 계속 일어나는 현상을 우려하며 다음과 같이 권고했다.

첫째, 인종차별을 금지한 인종차별철폐조약 4조 규정을 완전하게 실시할 수 있도록 국내법을 만들 것.
둘째, 혐오발언에 대처하기 위해 현행법을 효과적으로 실시할 것.
셋째, 인종주의적 사상의 유포에 대한 반대 캠페인을 실시하고, 인터넷상의 혐오발언과 인종차별적 프로파간다를 포함하여 인종차별을 동기로 하는 범죄를 막을 것.

하지만 일본 정부는 이렇게 구체적인 권고조차 따르지 않았다. 물론 인종차별철폐위원회가 낸 권고에는 법적 구속력이 없다. 하지만 인종차별철폐조약 자체에 법적 구속력이 있다. 보고서 심사는 인종차별철폐조약 8조에서 말하는 전문가로 구성된 심사 기관인 인종차별철폐위원회가 가맹국이 조약을 이행하게끔 강제하기 위한 제도이다. 또 일본 헌법 98조 2항에는 "일본이 체결한 조약 및 확립된 국제법규를 성실히 준수해야 한다"면서 국가가 국제조약을 성실하게 준수할 의무를 명시했다.

국제인권기준에는 법적 구속력이 있는 조약뿐만 아니라 추상적이고 일반적인 조약 규범을 구체화하기 위해 조약 기관이 낸 일반적 의견과 일반적 권고가 포함된다. 추상적인 말이 되기 쉬운 조약이 실제적인 법 규범으로서 힘을 발휘하게끔 한 것이다. 따라서 법적 구속력 유무로 국제인권기준을 형식적으로 분리하는 것은 인정되지 않는다. 국제조약 가맹국은 조약의 심사 기관에서 낸 권고를 포함하여 국제인권기준을 실현하고자 노력할 의무가 있다.

물론 실제로 국제조약을 비준한 국가들이 조약의 심사 기관에서 낸 권고를 그대로 받아들이는 것은 아니다. 하지만 권고가 나오면 적어도 권고 사항을 어떻게 실시할지 보고하거나, 전부가 아니더라도 가능한 부분과 그렇지 않은 부분을 검토하는 등 대부분은 권고에 따르려는 노력을 보인다.

2013년 6월 18일 일본 정부는 고문금지위원회의 권고[23]에 회신한 답변서에서 "조약의 심사기관에서 낸 권고는 법적 구속력이 없고, 체약국이 따라야 할 의무도 없다"라고 했다. 그러나 2013년 10월 23일 일본변호사연합회가 열었던 강연회에서 유엔사회권규약위원회 신혜수 위원은 "여태까지 국가가 그렇게 공적으로 표명한 것은 들어본 적이 없다"고 했다.

일본 정부의 변명

일본 정부는 2013년 1월 인종차별철폐위원회에 제출한 보고서에서 혐오발언 규제에 대한 기존 주장을 되풀이했다. "정당한 언론마저 부당하게 위축시킬 위험을 감수하고서까지 혐오발언을 처벌할 입법 조치를 검토해야 할 정도로 현재 일본에서 인종차별 사상이 유포되었거나 선동되는 상황이라고는 보지 않는다." "현행법으로 대처가 가능하다." "사회 속에서 자발적으로 시정해나가는 것이 가장 바람직하다."('인종차별철폐조약 실시에 관한 제1, 2회 정부 보고서' 75항에서 인용)

그러나 2010년 3월 인종차별철폐위원회의 권고 이후 혐오발언 관련해서 재판에 이른 사건만 해도 4건이 있었다. 교토조선학교 습격 사건, 도쿠시마 현 교원노조 습격 사건, 나라 수

---

23 1999년 고문금지조약에 가입한 일본은 유엔의 고문금지위원회에 2007년 보고서를 제출했고 2013년 권고를 받았다. 이 권고는 일본의 입국관리 및 난민인정법, 위안부 문제 등 전시성 노예제도에 관한 것이었다.

평사박물관 차별 가두시위 사건, 로토제약 협박 사건이다. 이를 처벌할 입법을 검토해야 할 정도로 인종차별이 선동되고 있는 상황이라는 점이 명백하다. 그렇지만 일본 정부 보고서에는 이러한 사건과 재판은 한마디도 언급되지 않았다. 2013년 5월 17일 열린 인종차별철폐 NGO네트워크와 일본 정부의 의견 교환 모임에서 NGO네트워크 측이 정부 보고서 작성을 담당한 외무성 직원에게 보고서에 왜 판례를 쓰지 않았느냐고 묻자, 이 직원은 "판례를 알고는 있었지만 보고서 분량이 한정되어 있어서 쓰지 않았다"고 변명했다.

혐오발언뿐 아니라 인종적 차별 전반에 대해서도 일본 정부는 "일본의 현 상황에서 기존의 법 제도로 차별 행위를 효과적으로 억제하지 못한다거나, 입법 이외의 조치로는 차별 행위를 억제할 수 없을 정도로 명백한 인종차별 행위가 일어나고 있다고 생각하지 않는다"는 기존 태도를 고수하고 있다.

일본 정부는 인종차별철폐위원회에게서 차별 실태를 조사하라는 권고를 두 번 받았다. 그러나 조사를 한 번도 실시하지 않았다. 차별 실태를 조사하지 않고서, 대체 어떻게 현 상황을 인식했다는 것일까?

사회의 차별 실태에서 눈을 돌린 정부

2000년에 일본 정부가 인종차별철폐위원회에 맨 처음 제출한 보고서에는 이렇게 쓰여 있다.

51항 재일한국인·조선인의 취업, 주거 등에 관한 차별, 차별적인 언사와 차별표현을 적은 길거리 낙서 등 일상생활에서 여전히 개인 간 차별이 보이며, 이러한 상황에서 일부 재일한국인·조선인은 본명을 쓸 때 받을 편견과 차별을 두려워하여 일상생활에서 일본 이름(통칭)으로 사용하는 경우도 볼 수 있다.

비록 '개인 간 차별'이라 제한하기는 했지만, 혐오발언을 포함한 일본 사회의 차별 현상을 비교적 솔직하게 인정했다. 그런데 2000년 이후로 이런 상황은 오히려 악화되어왔음에도 두 번째, 세 번째 보고서에서는 이런 기술이 사라졌다.

일본 정부는 실태 조사를 전혀 하지 않았다. 몇몇 지자체가 재일조선인을 포함하여 재일외국인 차별을 조사하고 있을 뿐이다. 예를 들어 오사카 부에서 2009년에 부동산업자를 대상으로 실시한 인권 문제 실태 조사 결과에 따르면 거래한 건물이 '부락 지역에 위치한 것이냐'는 질문을 받은 경험이 있는 업자가 약 40퍼센트, 외국인에게는 임대를 미리 거절해달라는 집주인의 요청을 받은 경험이 있는 업자가 약 40퍼센트였다. 또 고베 시에서 2010년에 외국 국적 주민을 대상으로 실시한 조사에 따르면 '외국인이란 이유로 일본인한테서 차별을 받은 적이 있느냐'는 질문에 '자주 있다'는 답이 5.1퍼센트, '때때로 있다'는 답이 34.3퍼센트, '거의 없다'는 답이 40퍼센트, '전혀 없다'는 답이 17.9퍼센트 나왔다. 이 조사에서는 약 40퍼센트에 달하는 외국 국적 주민이 주거에서 차별을 경험했다는 결과도 나왔다. 일본 정부에서 지자체가 실시한 실태 조사 내용을 파악하지 못했을 리 없으나, 인종차별철폐위원회에 제출한 보고서에 이러한 내용은 전혀 언급되지 않았다.

결국 일본 정부는 혐오발언을 포함하여 대략적인 차별 실태를 알면서도 눈을 돌린 것이다. 일본 정부는 아무런 증거도 없이 일본에서 인종차별 사상이 유포되거나 인종차별이 선동되는 상황이라고는 생각하지 않는다고 강변한 것에 지나지 않는다. 앞서 쓴 것처럼 일본 정부 스스로 차별을 계속 행하는 동시에 이를 개선할 의사가 없기 때문에 민간에서 일어나는 차별도 모른 척한다고 볼 수밖에 없다. 일본 정부는 현행법으로 대처 가능하다고 했지만, 신오쿠보와 쓰루하시에서 가두시위가 벌어졌을 당시에 아무런 대처를 하지 않았던 것이 현실이다. 일본 현행법으로 혐오발언 대처가 가능한지는 이 책 5장 1절에서 자세히 검토할 것이다. 일본 정부는 혐오발언을 사회 안에서 자발적으로 시정해나가는 것이 가장 바람직하다고 주장하는데, 이는 법 규제를 신중히 하자는 논자들의 주장과도 같으므로 이 책의 4장 3절에서 검토하겠다.

그러면 인종차별철폐조약에 가맹한 각국에서는 어떻게 차별에 대응하고 있으며, 법적 규제를 포함한 대처 방식은 어떻게 구성되고 있는가. 다음 장에서는 이에 대한 4개국 사례를 소개한다.

3장

세계는 혐오발언을
어떻게 규제하는가

일본에서는 혐오발언 규제법의 사례로 미국법이 압도적으로 많이 연구되었다. 그러나 미국법은 원칙적으로는 표현의 규제를 인정하지 않기 때문에 세계에서도 특수한 경우에 해당한다. 유엔인권고등판무관이 2011년부터 2012년 사이에 각 지역 전문가에게 위탁한 각국의 혐오발언 규제법 조사에 따르면, 유럽 53개국 가운데 유럽연합 28개 회원국과 그 외의 국가 대부분에 혐오발언 규제와 관련한 법 조항이 있다. 아프리카는 54개국 중 10개국 이상, 아시아태평양 지역 54개국 중 22개국 이상, 남북아메리카 35개국 중 3분의 2 이상에 형사법규나 행정형벌규칙이 있다. 지역마다 조사 주체와 조사 방법이 다르기 때문에 이 수치로 단순히 판단할 수는 없지만, 유엔 가맹국 193개국 중에서 적어도 100개국 이상에 혐오발언과 관련한 규제법이 있다는 것을 알 수 있다.(마에다, 2013)

그중 이 장에서는 노예제, 선주민족 탄압, 침략전쟁, 식민 지배 결과로 인종적 소수자들이 존재하고 있으며, 심각한 차별 문제가 일어나고 있는 국가를 중심으로 살펴볼 것이다. 특히 일본과 경제 규모나 정치 제도가 비슷한 국가 가운데 혐오발언 규제법이 존재하는 4개국을 선택해 법에 의한 규제가 형성된 역사적 경위와 규제 내용, 사례를 소개하고자 한다.

우선 각국의 인구, 국토, 지리적 상황, 전체 인구 대비 인종적 소수자의 비율 등을 두루 살펴보고, 역사적인 관점에서 국가와 인종적 소수자와의 관계를 설명할 것이다. 그리고 혐오발언 규제가 표현의 자유 보장과 어떻게 균형을 이루고 있는지, 형사 규제인지 민사 규제인지, 차별금지법과 인권 기관과의 관계는 어떠한지, 혐오발언 규제의 목적은 무엇인지, 규제 남용 사례가 있는지 유의해서 살펴보고자 한다.

영국

다민족사회의 모색

평등법을 가진 식민지 종주국

영국과 일본은 경제 규모, 인구 규모, 영토 면적 그리고 섬 나라라는 점이 비슷하다. 영국에 살고 있는 민족적 소수자들이 대개 구식민지 출신이라는 점도 같다. 일본은 인종차별철폐조약 4조 a와 b를 유보하고 있고 영국은 이 조약 4조에 해석선언을 하고 있기 때문에, 4조에 대한 태도에서도 공통점이 발견된다.

한편 영국은 세계에서 가장 먼저 차별적 취급과 혐오발언을 규제하는 차별금지법을 제정한 나라이다. 2010년에는 각종 차별금지법을 통합하여 평등법을 제정했고 현재에 이르기까지 개정을 거듭하고 있으며, 영연방The Commonwealth●의 인종·민족차별철폐법의 모델이 되어 유럽연합의 차별 철폐 법제에도 영향을 미치고 있다.

식민지 제국으로의 이민 유입

영국은 원래 잉글랜드가 여러 국가와 지역을 무력으로 통합한 연합왕국United Kingdom of Great Britain and Northern Ireland으로 1282년 웨일즈, 1707년 스코틀랜드, 1801년 아일랜드를 통합했다. 그 후 아일랜드는 1922년에 북부 일부를 남기고 독립했다. 영국은 제2차 세계대전까지 전 세계에 식민지를 가진 제국이었다.

18세기부터 19세기 초까지 그레이트브리튼 섬으로 아일랜드인 이민 노동자가 대거 이주해온 것을 시작으로, 19세기 말에는 동유럽에서 온 유대인까지 이주민들이 저임금 노동자층을 형성했다. 이에 비해 비백인 인구는 제2차 세계대전 이전에도 적었지만 1951년 시점에도 3만 명에 불과했다.

제2차 세계대전 직후 노동당 정권은 노동력 부족을 해결할 목적으로 영연방에서 이민 노동자를 받아들이는 정책을 내놓았다. 1948년에 모든 영연방 국민에게 영국 시민권을 부여해 이중국적을 인정하는 국적법을 제정했다. 그 결과 1950년대부터 비백인 이민자 수가 급증하게 되었다.

1962년 이민법을 제정해 기본 정책을 이민 제한으로 전환했지만 가족 초청, 출생률 증가, 난민 유입 등으로 이민 인구는 계속 증가하고 있다.

● 영국 및 영국의 구식민지 국가로 형성된 임의의 느슨한 국가연합으로 1931년 발족되었다. 2012년 6월 1일 현재 54개국이 가입했다.

10년마다 치러지는 인구조사에 1991년부터 민족별 인구조사가 포함되었다. 2011년 조사에 따르면 총인구 6,318만 명 중 비백인 인구가 14퍼센트였고, 런던 거주자 중에서는 비백인 인구가 55퍼센트를 기록해 절반을 넘어섰다. 비백인 인구는 대개 구식민지 출신이고, 인도계(총인구 대비 2.5퍼센트), 파키스탄계(2.0퍼센트), 아프리카계(1.8퍼센트), 캐리비언계(1.1퍼센트) 순으로 많다.

파시스트 시위와 치안 방해

제2차 세계대전 이전에 유럽 각지에서 확대되었던 반유대주의는 영국에서도 어느 정도 지지를 얻었다. 1932년에 오스왈드 모슬리는 영국 파시스트 연합을 결성하고 히틀러, 무솔리니 등과 연계해 반유대주의 시위를 반복했다.

당시 성문법이 아닌 관습법Common Law 형태로 반선동법이 존재하기는 했으나 객관적으로나 주관적으로나 '폭력을 선동한다'는 것을 입증해야 범죄의 구성 요건을 인정받았기 때문에 기소가 어려웠고 유죄 판결을 받는 경우도 드물었다. 그런 이유로 파시스트 시위 규제를 주요한 목적으로 하는 공공질서법이 1936년에 제정되었다.

공공질서법의 몇 가지 판례가 있다. 특히 1963년 런던 트래펄가광장에서 발생했던 콜린 조던 사건이 유명하다. 네오나치 국가사회주의운동 지도자였던 조던은 많은 유대인이 포함된 수천 명 앞에서 "히틀러는 옳았다. 우리의 진짜 적은 유대인이다"라고 연설했다. 화가 난 청중들은 연설을 멈추게 하려

했으나 경찰은 청중 20명을 체포했다. 조던도 공공질서법 5조 위반으로 기소되었으나 1심에서는 그의 연설이 통상적으로 이성을 가진 사람들을 자극할 우려가 없다는 이유로 무죄가 선고되었다. 항소심에서는 연설을 들었던 청중 일부에게 실제로 치안의 위협이 있었기 때문에 위법으로 판결되어 자유형[1] 2개월을 선고받았다.

공공질서법 5조는 발언 내용 중 인종주의적 측면을 요건으로 삼은 것이 아니기 때문에 혐오발언뿐 아니라 탄광 노동자의 파업 연설처럼 공공질서에 관한 다양한 언행에도 적용되는 법률이다.

집단폭행 사건과 인종관계법

1950년대 들어 실업자가 증가하면서 비백인 이민 노동자를 향한 적대감이 강해졌고, 폭행과 폭언이 빈번히 발생했다. 1954년에는 비백인 이민 배척과 반유대주의를 기치로 내걸고 제국충성주의자동맹이 결성되었다.

1958년 8월 잉글랜드 중부 노팅엄 시에서 백인이 비백인을 대규모로 집단폭행하는 사건이 최초로 일어났다. 사건 보도 직후 런던의 노팅힐에서도 무기를 든 백인 청년 수백 명이 카리브해 출신 이민 노동자들을 습격해 5명이 살해당한 채 길

---

1 自由刑. 수형자의 신체를 구속해 자유를 박탈하는 형벌로 징역, 금고, 구류 세 가지 종류가 있다.

거리에 버려졌다.

1960년에는 비백인 이민 배척과 잉글랜드인 중심주의를 지향하는 영국국민당British National Party이 결성되었다. 당시 보수당 정권은 백인과 비백인의 충돌 원인을 이민 유입으로 규정하고, 1962년에 영연방에서 들어오는 비백인 이민을 제한하는 이민법을 제정했다. 한편 노동당은 이민 제한은 어쩔 수 없는 일이지만 이미 국내에 거주하고 있는 이민자들은 평화적으로 사회에 통합시켜야 한다고 주장했다. 그리하여 노동당은 1964년에 인종관계법 제정을 공약으로 내걸어 총선에서 승리했다. 이듬해 2월 노동당 정권은 '영연방에서 유입되는 이민에 관한 백서'를 발표했다. 노동당은 이 백서에서 영국은 이미 다민족사회임을 선언하고, 사회통합 정책으로서 주류 세력의 소수파에 대한 이해 촉진, 주택·교육·고용 정책, 사회서비스 제공 기관과 이민자 밀집 지구 재정 원조 등 차별을 금지하는 인종관계법Race Relations Act 1965을 제안했다. 마틴 루서 킹 목사의 영국 방문을 계기로 1964년 12월에 다양한 소수자 단체를 포함해 의회 안팎에서 인종차별 반대운동이 촉발되었고 이로 인해 결성된 인종차별반대 캠페인으로 인종관계법의 입법화를 추진할 계기가 마련됐다.

혐오발언에 대한 형사 규제

1965년에 만들어진 인종관계법은 전체 8개 조항과 부칙으로 구성된 짧은 법률이다. 이 법률에 차별을 정의하는 규정은 없지만 '피부색, 인종, 민족, 출신 국적을 이유'로 레스토랑, 호텔 등 공개된 장소, 공권력이 운영하는 장소에서 벌어지는 차별적 대우(1조)를 위법으로 규정했다. 그리고 6조에서는 인종주의적인 혐오발언을 처음으로 명문화해 금지하고, '공공질서'는 '피부색, 인종, 민족, 출신 국적'을 이유로 '증오를 일으킬 의도를 가지고 공공장소나 공식적인 자리에서 협박적이고 천박하거나 모욕적인 문서를 공개 배포하거나, 그러한 용어를 사용해 증오를 발생시킬 우려가 있는 경우'를 범죄로 규정하여 2년 이하의 자유형이나 벌금 또는 양쪽을 모두 부과하도록 했다.

영국 정부는 이 형사 규제와 표현의 자유가 상충하는 문제를 두고, 인종주의적인 표현 내용 자체를 처벌해야 하는 것은 아니지만 공중의 증오를 불러일으킬 위험이 있고 공공질서를 해친다면 처벌할 이유가 될 수 있다고 설명했다. 표현 규제가 정당한가를 두고 의회에서 격한 논쟁이 벌어졌고 규제의 필요성을 인정하고 몇 가지 제한 요건을 덧붙이는 형태로 법이 통과되었다.

예를 들어 1936년 제정된 공공질서법은 '치안을 위협하고자 하는 의도(주관적 요건)'가 아니라 '치안이 위협될 우려(객관적 요건)'를 포함한 무엇이든 발견된다면 성립하는 선택적 요건이었으나, 인종관계법 6조는 '증오를 불러일으키고자 하는' 의도와 객관적으로 판단했을 때 '증오를 불러일으킬' 가능성 양측 모두 존재해야 한다는 필수적 요건으로 변화했다. 또 사소한 사건까지 모두 기소된다면 정당한 논쟁마저 억제하게 된다는 이유로 기소에는 사법장관●의 동의가 필요하다.

1976년 개정 전까지 11년간 이 법이 적용되어 기소된 사례는 20건이었고, 그중 3분의 1은 무죄 판결을 받았다. 앞서 언급한 국가사회주의운동가 조던이 1966년에 '유색인종의 침입'이라는 제목으로 팸플릿을 출판한 사건은 18개월의 자유형 판결을 받았다.

몇 안 되는 유죄 판결 가운데 2건은 비백인 활동가에게 내려졌다. 1967년 흑인해방운동 지도자 마이클 압둘 마릭[2]이 공식 석상에서 반백인 발언을 함으로써 12개월의 자유형을 선고받았다. 또 같은 해 범유색인협회The Universal Colored People's Association의 비백인 회원 4명이 백인에 반대하는 연설을 했다가 벌금형을 선고받았다.

법 적용의 어려움

이와 대조적으로 1968년 인종보존협회 백인 회원 4명은 영국의 한 지방 신문에 "흑인은 유전적으로 백인보다 열등하다"

● Attorney General. 영국 정부의 최고법률고문이자 검찰 업무를 관장하는 내각의 일원이다.

2   Michael Abdul Malik. 1933~1975. 트리니다드에서 포르투갈인 부친과 바베이도스인 모친 사이에서 태어나 1957년에 런던으로 이주했다. 1960년대에 흑인인권운동이 고양되자 세력을 확장하면서 이때부터 '마이클X'라는 이름을 썼다. 흑인인권 집회에서 "백인 남자가 흑인 여자를 덮치는 것을 목격하면 바로 사살해야 한다" 같은 과격한 발언을 서슴지 않았다. 이런 발언들 때문에 1967년에 인종관계법 위반으로 투옥되었다가 이듬해 석방되었고 '블랙하우스'라는 정치단체를 설립했다. 존 레논과 오노 요코, 무하마드 알리 같은 저명인사들이 그를 지원했다.

"인종 간의 결혼은 위험" 같은 글을 기고해 기소되었으나 무죄 판결을 받았다. '협박적이고 천박하거나 모욕적인' 표현을 피했고, '증오를 불러일으키고자 하는 의도'가 아니라 이민 문제에 주의를 끌고자 했던 것뿐이라는 피고 측 주장이 재판에서 인정되었기 때문이다.

1976년 1월 극우단체 지도자인 존 킹슬레 리드는 집회 연설에서 비백인 이민을 가리켜 '니거nigger'라는 차별용어를 사용하고, 아시아인 청년이 살해된 사건을 두고 "1명이 없어졌으니 이제 100만 명 남았다"라고 말해 기소되었으나, 역시 무죄를 선고받았다. 피고인의 연설이 '협박적이고 천박하거나 모욕적'이라고 할 수 없고, 집회에 모인 청중들은 리드의 지지자로서 애초에 인종적 증오를 가지고 있어서 리드가 연설을 해서 증오가 생겨났다고 증명하기에는 불충분한 것으로 인정되었기 때문이다.

이와 같은 사건들에서 이 법을 적용하는 데는 실체적 요건 외에도 '사법장관의 동의'라는 큰 난관이 있었다. 1967년 보수당 정권에서 장관직을 맡았던 던컨 샌디스는 아시아계 이민자의 유입을 반대하며 "수백만의 혼혈아를 양육한다면 환경에 적응하지 못하는 한 무리의 세대를 새로 만들어내게 될 것"이라고 발언하여 고발당했다. 그러나 사법장관이 기소에 동의하지 않았기 때문에 법의 심판에서 벗어날 수 있었다.

인종관계법의 개정

1965년에는 인종관계법에 따라 "아일랜드 사람과 개는 사절"이라고 써 붙인 부동산 광고 벽보가 제거되기도 하면서 어느 정도 성과를 거두었으나, 1974년의《스카맨 보고서Leslie Scarman, Report on the Red Lion Square Disorders of 15th June 1974》를 비롯한 각종 보고서에는 인종관계법이 불충분하다고 지적되었다.

인종관계법은 1968년에 일부가 개정되었고, 1976년에는 전해에 만들어진 성차별금지법을 참고해 대대적으로 개정되었다. 간접차별[3]금지 조항을 도입했고 국적이 차별금지 조항에 포함되었으며, 독립적인 인권 기관인 인권평등위원회를 설치하면서 차별을 철폐하고 평등을 추진하는 것이 공공기관의 의무라고 규정했다. 기존에 규정되었던 공공장소와 고용, 주택 분야 외에도 회사, 조합, 경찰, 교육기관, 유통 같은 다양한 조직이 제공하는 서비스를 적용 분야에 추가해 차별금지 조항을 확대했다.

개정 법률에서 혐오발언 항목은 1965년 법률과 달라진 점이 거의 없지만, '증오를 불러일으키고자 하는 의도'를 요건에서 제외함으로써 전보다 입건이 용이해졌다. 그러나 여전히 피고인이 '증오를 불러일으킬 만한 내용인 줄 몰랐다'고 항변할 여지를 남겨두어, '증오를 불러일으키고자 하는 의도'는 없

---

3 직접적으로 차별적인 요건을 가지고 있지는 않지만 효과 면에서 차별을 초래할 경우에 해당한다.

었고 논의에 공헌할 목적이었다고 주장해 범죄 성립을 피한
사례가 있었다.

빈번한 집단폭행과 공공질서법

1976년 개정 이후에도 1981년 런던 브릭스톤, 1985년 핸즈
워스와 브릭스톤, 토트넘 등 곳곳에서 대규모 집단폭행 사건[4]
이 발생했다. 보수당 정권은 1936년에 만들어진 공공질서법을
전면적으로 개정해 1986년에 공공질서법Public Order Act 1986을
제정했다.

이에 따라 혐오발언의 규제 대상은 단어, 태도, 문서뿐만
아니라 연극 공연, 영상, 방송까지 확대되었다. 아울러 공공장
소는 물론이고 사적인 공간에서 행해지는 혐오발언도 규제 대
상이 되었다.● '협박적이고 천박하거나 모욕적인' 단어와 태도,
문서로 인종적 증오를 불러일으키려고 의도한다거나 정황상
인종적 증오를 부채질할 우려가 있을 때 범죄가 성립된다. 의
도를 입증할 수 없을 때는 그것이 '협박적이고 천박하거나 모
욕적인' 것일 수도 있다는 것을 '인지하고 있는가'를 입증할 필
요가 있었다.

이와 같이 1986년 공공질서법에는 인종적 증오를 불러일
으키려는 '의도'를 범죄의 선택적 요건으로 다시 도입했다. 예

---

4 이 4개 사건 모두 경찰의 과잉진압 때문에 비백인이 사망하거나 부상당한 것을 계기
로 폭력 사태가 발생해 런던 각지의 빈민가로 소요가 확대되었다.
● 단, 개인의 주택 내부에서 타인이 듣지 못할 경우는 제외되었다.

를 들어 인종적 증오에 선동될 우려가 없다고 여겨질 만한 대상, 이를테면 목사나 국회의원 같은 사람들에게 인종차별적인 문서나 물건 등을 보낸 경우에 위법이냐 하는 문제가 생기기 때문이다. 즉 아무리 인종적 증오를 선동하는 것이라도 그것을 받은 사람이 지적 수준이 높은 사람이라는 이유로 '인종적 증오가 선동될 우려'는 사라져버리고 소급이 불가능해진다. 따라서 '인종적 증오를 선동할 우려'가 있거나, 설령 그런 '우려'가 없더라도 그 행동이 인종적 증오를 불러일으키려는 '의도'로 행해진 것이라면 처벌할 수 있게 되었다. 형벌은 2년 이하_(나중에 7년 이하로 개정)의 자유형이나 벌금 혹은 양쪽 모두를 부과한다.(27조 3항) 그러나 공공질서법에서 사법장관의 동의 요건이 삭제되지 않았기 때문에 실제 법 적용은 한 해 몇 건에 불과하다.

9 · 11 이후의 인종 · 종교증오법

2001년 9 · 11 테러 이후 영국 정부는 테러와의 전쟁을 선언하고 이슬람교도를 잠재적 테러리스트 용의자로서 감시 대상으로 삼았다. 이슬라모포비아(이슬람교 또는 이슬람교도에 대한 혐오)는 이 기세를 타고 2005년 7월 런던에서 발생한 버스, 지하철 동시 폭발 사건 이후 이슬람교도에게 폭언과 폭행을 가하는 형태로 자주 나타났다.

당시만 하더라도 혐오발언 규제에 종교는 사유로 포함되지 않았다. 판례에 따라 유대인과 시크교도에게 행해진 혐오발언은 민족적 출신에 따른 차별이라고 받아들여졌지만, 이슬람교도에게는 적용되지 않았다. 유엔 인종차별철폐위원회는 규제 대상을 이슬람교도에게도 확대하라고 권고했고, 이에 노동당 정부는 이슬라모포비아와 싸울 수 있는 명확한 법률이 필요하다고 판단해 '종교적 신앙 또는 종교적 신앙의 결여로 정의되는 집단에 대한 증오'를 규제하는 법안을 제안했다. 그러나 정부가 제안한 이 법안이 표현 활동을 직업으로 삼는 사람들의 표현의 자유를 침해한다는 강한 비판이 일었기 때문에 규제 요건을 수정해야 했다.

2006년에 만들어진 인종·종교증오법Racial and Religious Hatred Act 2006에서는 과거 규제 요건이었던 '천박하거나 모욕적인 표현'이 종교에 대한 비판과 정치·문화 활동 등의 분야에서 비판을 금지하는 것으로 이어질 수 있다고 판단되어 삭제되었다. 규제 요건은 '협박적인 표현'만으로 제한되었다. 또 표현의 자유에 대한 보호를 요구하는 의견이 높아 '증오를 불러일으키려는 의도'가 있는지가 필수적 규제 요건이 되었다. 이 법은 2007년 10월부터 시행되었지만 엄격한 적용 요건 때문에 지금까지 유죄 판정을 받은 판례가 없다.

그 후 영국 사회의 이슬라모포비아는 더욱 강해졌다. 2009년에는 유럽회의에서 영국이 할당받은 72개 의석 가운데 극우 영국국민당이 2석이나 차지했다. 또 같은 해에 영국방위동맹 English Defence League이 결성되어, 이슬람 반대를 내걸고 지속적으로 이슬람 사원을 습격하거나 시위를 일으키고 있다.

축구 경기에서 발생하는 혐오발언 규제

현재 영국의 혐오발언 규제에는 지금까지 소개한 법률 외에도 몇 가지 개별적인 규제법이 있는데 전부 형사법에 해당한다.

영국 정부는 어수선한 흥분 상태에서 일어나는 저급하거나 인종차별적인 구호 외치기indecent or racialist chanting와 같은 행위가 공공질서를 어지럽힐 위험이 있다고 판단하여 1991년에 '축구(범죄)법'을 제정했다.[5] 경범죄이기 때문에 기소할 때 사법장관의 동의는 필요 없다. 애초에는 2명 이상이 놀리는 행위가 기소 요건이 되었지만, 같이 놀리고 야유한 사람들이 누구인지 판별하기가 어려웠기 때문에 1999년부터는 혼자서 벌인 행위에도 적용되도록 법이 개정되었다.

소수자 존엄보호법

지금까지 언급한 법 규제는 공공질서를 유지하는 데 목적이 있었다. 그런데 근래에 신설된 특정인에 대한 혐오발언 규제는 소수자의 존엄성 보호가 주요 목적이다.

그 가운데 우선 1986년 공공질서법 5편Public Order Act 1986 section5 질서혼란죄에는 '협박적이고 천박하거나 모욕적인 언동' 대신 '괴롭힘, 공포, 고통-harassment, alarm or distress을 일으키

---

5   Football (Offences) Act 1991. 이 밖에도 영국의 축구 관련법으로는 '축구 관전자 (spectators)에 관한 법률(Football Act 1989)' '축구 범죄·무질서 규제에 관한 법률' '축구 소동에 관한 법률' '스포츠 이벤트에서의 알코올 등의 규제에 관한 법률' 등이 있다.

는 것'이 새롭게 추가되었다. 인종주의적인 언동을 구체적인 요건으로 다루지는 않았지만, 영국 정부는 '공공질서법 관련 백서'에서 이 규정의 목적은 소수자나 고령자 같은 사회적 약자를 보호하는 것이라고 설명했다. '민폐' 등의 용어를 명확하게 정의하지 않아 논란이 있었지만 결국 인정되었다. 사법장관의 동의가 필요치 않으며 벌금형으로만 설정되었다.

또 1988년에 제정된 '악성 커뮤니케이션법Malicious Communications Act'은 불안이나 고통을 유발하기 위해 문자 또는 다른 형식의 메시지를 보내거나 제공하는 사람에 대한 처벌 규정을 만들었다. 이 법에서도 인종주의적 내용은 적용 조건에 포함되지 않았지만, 입법 목적에서 인종적 소수자에 대한 인종주의적 괴롭힘 방지를 내걸었다. 1997년 '괴롭힘 방지법Protection from Harassment Act 1997'도 소수자를 인종주의적 폭언에서 보호하는 것이 입법 목적 중 하나였다.

더욱이 1997년 총선거에서 노동당은 민족적 소수자를 협박으로부터 보호하기 위해 "인종주의적 동기에서 초래된 범죄에 형벌을 가중하는 새로운 법을 제정"할 것을 공약으로 내세워 승리했다. 그래서 1998년에는 인종차별철폐조약 4조의 요구 사항인 증오범죄 규제법에 해당하는 '범죄와 무질서법Crime and Disorder-Act'을 제정하게 되었다.

소수자 존엄보호법이 적용된 사례

이와 같은 법들은 모두 사법장관의 동의를 필요로 하지 않기 때문에 적용 사례도 많다. 예를 들어 인종주의적·종교적 증오에 따른 폭력적 위협에 의한 협박죄Racially or religiously aggravated assault without injury로 2010년부터 2011년까지 1년간 잉글랜드와 웨일스의 경찰서에 접수된 사례만 약 4,000건이었다.

검찰청이 작성한 '혐오발언 보고서 2009~2010'에 보고된 사례를 보자. 2009년 12월 거리에서 이슬람교도 여성의 얼굴을 덮고 있던 베일을 벗긴 사건은 당초 경범죄로 취급되었다. 그러나 검찰관의 조언에 따라 이 사건은 '종교적 동기에 의해 가중된 폭행 사건'에 해당된다고 판단되어 다시 기소되었고, 벌금 1,000파운드와 집행유예가 있는 자유형 16주, 사회봉사 150시간 판결을 받았다.

2012년 10월에는 축구 관람 중에 박지성 선수에게 "칭크*를 쓰러뜨려라", 빅토르 아니체베에게 "빌어먹을 검은 원숭이"라고 외친 42세 백인 남성이 경기 종료 후 체포되었다. 2013년 2월 런던형사재판소에서 '인종주의적 동기에 의한 의도적인 괴롭힘'이라는 죄목에 따라 벌금 2500파운드, 3년간 축구장 출입 금지를 명하는 유죄판결을 받았다.

평등인권위원회의 설립

한편 영국은 차별금지법의 실시 상황을 감시하는 기관으로 인종평등위원회 외에도 기회균등위원회, 장애인권리위원

● chink. 동양인에 대한 차별용어.

회를 설치했다. 그리고 2006년 제정된 평등법Equality Act에 따라 이 기관들을 통합해 평등인권위원회Equality and Human Rights Commission라는 단일 인권 기관을 설립했다.

2010년에는 평등법을 통해 인종관계법 외에도 성차별금지법(1975), 장애인차별금지법(1995) 등 기존의 모든 차별금지법을 하나로 통합했다(Equality Act 2006). 차별로부터 보호받아야 하는 보호특성Protected Characteristics에는 인종을 비롯해 연령, 장애, 성전환, 결혼, 동성 간 사회적 결합, 임신과 모성, 종교와 신조, 성별과 성적 지향이 제시되었다.

나는 2010년 8월과 2012년 5월, 평등인권위원회 사무국의 법정책 담당자인 라디아 카림을 인터뷰했다. 인도계 여성 법률가로 평등위원회에서 일하기 전 인종평등위원회 직원이었던 카림은 '저스티스justice'라는 법률가 인권 NGO에서도 일한 경험이 있다. 카림에 따르면 혐오발언은 범죄로 취급되어 검찰과 경찰이 담당하므로, 평등인권위원회가 혐오발언에 해당하는 경우를 감시할 권한은 없다고 한다. 단 실제로 피해자가 혐오발언과 증오범죄에 관해 상담할 경우에 어떤 법으로 규제할 수 있는지 조언해주고 있다고 한다. 아울러 평등인권위원회는 혐오발언에 관한 법 규제에 대해 영국 정부에 제언할 수 있다고 덧붙였다.

영국과 일본, 법 제도 차이의 원인

영국에서 혐오발언 규제법과 각종 차별금지법이 제도화된

경위를 살펴보면, 차별 실태와 법적 규제의 실효성에 관하여 정부, 국회의 각종 위원회, 공공·민간 인권 기관 등에서 많은 보고서가 제출되어, 의회에서뿐 아니라 사회적으로 문제의식이 공유되는 과정을 볼 수 있다. 그리고 이것이 관련법 제정과 개정으로 연결되었다. 그러나 일본에서는 정부 차원에서 인종과 민족 문제를 지속적으로 외면해왔고, 이를 조사하거나 연구하지 않았기 때문에 차별 상황이 사회의 공통 인식으로 발전할 수 없었다. 이것이 양국의 법 제도가 큰 차이를 보이게 된 가장 주된 원인일 것이다.

이 장의 서두에서 언급했다시피 영국은 인종차별철폐조약에 가입할 때 혐오발언 규제를 요구하는 4조는 표현의 자유를 침해하지 않는 범위에서 실시한다고 선언했다. 이후 차별의 현실과 혐오발언 규제의 필요성을 인식하고 각종 법을 만들거나 개정할 때마다 표현의 자유와 균형을 고려하면서 법 규제를 해왔다. 혐오발언의 규제와 표현의 자유가 적절히 균형을 이루고 있는지는 더 상세히 검토해볼 필요가 있겠지만, 영국 정도의 혐오발언 법 규제 조치라면 일본에서도 충분히 가능할 것이다.

공공질서법의 한계

영국의 법 규제에도 문제점은 있다. 불특정 집단에 대한 혐오발언에는 규제법을 적용한 사례가 아주 드물다는 것, 공인이나 매스미디어에 의한 차별선동과 심각하게 악영향을 끼칠 수 있는 사례 대부분이 규제를 피해간다는 것이다. 규제를 하려면 절차상 사법장관의 동의가 필요하고, 실제로 증오가 선동될 우려가 있는지 엄격하게 따지기 때문이다. 이렇게 매우 까다로운 조건이 설정된 이유는 혐오발언 규제법이 소수자의 존엄성 보호보다는 공공질서 유지를 목적으로 하기 때문이다. 앞서 언급한 특정인에 대한 혐오발언 규제는 소수자의 존엄성 보호가 목적이기 때문에 조건이 엄격하지도 않고, 적용 건수도 많이 증가하고 있다는 점을 잘 살펴보아야 한다.

또 하나 큰 문제점은 불특정 집단에 대한 혐오발언 규제가 정부와 주류 사회를 비판하는 비백인 활동가의 정치적 발언을 규제하는 데 남용된 적이 있다는 것이다. 혐오발언의 본질이 차별과 소수자에 대한 공격이고 이를 막기 위해 만들어진 법 규제를 남용해 주류 사회를 보호하려는 것은 주객전도라 할 수 있다. 이 역시 혐오발언을 규제하는 목적을 소수자의 존엄성 보호보다는 공공질서 유지에 두고 있기 때문에 발생하는 문제이다. 더욱이 영국에서 혐오발언 규제가 형사규제 형태를 띠고 있는 것도 규제법을 유연하게 적용하는 데 장벽이 된다.

평등인권위원회 사무국에서 일하는 카림은 형사 규제를 할 경우 표현의 자유와의 균형을 엄격하게 고려해야 한다고 언급했다. 그렇지만 실제로 신문, 잡지 등에서 이민자와 집시를 모욕하는 표현이 흘러넘쳐 그들의 존엄성이 보호되지 않는다는 것은 문제이며, 아울러 민사처벌의 필요성도 있다고 지적했다.

독일

부끄러운 과거와 마주하다

과거를 극복하기 위한 법 제도

독일의 국토 면적은 일본과 거의 비슷하고 인구는 2011년 기준 약 8,022만 명이다. 제2차 세계대전 패전 후 연합군이 점령하여 1949년 10월 독일연방공화국(서독)과 독일민주공화국(동독)으로 분단되어 독립했다. 1990년 10월에 통일된 현재의 독일은 16개 주를 가진 연방제 국가이다.

1950년대 이후 서독에서는 부족한 노동력을 메우기 위해 터키, 이탈리아, 포르투갈, 그리스 등과 정부 간 협정을 체결하고 노동자를 받아들였다. 그 결과, 현재 독일의 외국 국적 인구는 전체 인구의 약 8퍼센트인 약 617만 명이며 독일 인구의 5분의 1이 이민 배경을 가지고 있다.

일본과 유사하게 타민족을 박해했던 과거가 있는 독일은 과거를 직시하고 극복하기 위해 전쟁이 끝난 후 법 제도를 갖취왔다. 혐오발언 규제는 같은 실수를 반복하지 않도록 하는 조치로서 독일 사회를 형성하는 하나의 기둥으로 여겨졌다.

나치가 복귀하다

제2차 세계대전 종료 후 주요 전범들은 기소되어 뉘른베르크 국제법정에 섰고, 점령 규정에 따라 나치 표식 사용과 나치 관련 정당 활동이 금지되었다. 1949년 제정된 서독의 기본법(헌법)에는 성별, 혈통, 인종, 언어, 출신지, 종교 등에 따른 차별을 금지하도록 명시했다.

그러나 전범 기소가 철저하게 이행되지 않았고 전범들이 차례로 정·재계로 복귀하자, 학살된 피해자와 유족에 대한 배상 책임도 지지 않게 되었다. 1948년 여론조사에서 '나치즘은 좋은 이념이었지만 실행 방식이 별로 좋지 않았다'는 의견에 58퍼센트가 동의하는 것으로 나타났다. 1950년대에는 기존의 나치 관계자들이 주동한 유대인협회 습격과 나치 희생자 기념비를 더럽히는 행위가 연이어 일어났고, 1959년 크리스마스에는 쾰른에서 대규모 반유대주의 소요가 일어나 서유럽 전체로 신나치운동이 확산되는 계기가 되었다.

한편 패전 직후부터 학살을 저지른 과거를 속죄하고, 두번 다시 타민족을 학살하지 않도록 개혁을 요구하는 목소리도 강력했다. 1947년 사회민주당의 당수였던 쿠르트 슈마허는 연합군이 일치된 피해자 배상 정책을 수립하지 않는다고 비판하면서도 피해자 배상은 '독일 국민의 의무'라고 선언하고, 반유대주의적 프로파간다에 대항하는 형사 규제 도입이 필요하다고 주장했다. 신나치운동에 대한 위기감이 확대되어 이에 반대하는 사회운동도 동시에 일어났다. 교사들은 과거청산운동의 일환으로 학생들에게 독일이 자행한 가해의 역사를 가르쳤다. 또 1958년 독일 남부 루트비히스부르크에서는 '나치 범죄 규명을 위한 주州의 사법행정중앙본부(나치범죄규명센터)'를 설립하고 사법 개혁, 피해자 배상 정책 같은 일련의 개혁을 실행했다. 그 일환으로 제2차 세계대전 발발 이전에 나치 폭도들이 세력을 확장하는 계기가 되었던 혐오발언을 처벌하는 형사 규제가 구체화되었다.

형법 개정과 민중선동죄

1960년 혐오발언 규제 요건과 범죄 유형에 대한 논의를 거쳐, 형법 '공공질서를 어지럽힌 죄' 부분에서 모든 계급에 대한 상호 폭력적 행위의 공공연한 선동을 처벌하는 계급선동죄(130조)가 민중선동죄Volksverhetzung로 개정되었다. '타인의 인간 존엄성을 공격하는 행위'는 공공의 평온을 어지럽히는 형태로 주민들에게 증오를 일으키는 범죄라고 규정하고, 이를 어기면 3개월 이상 5년 미만의 자유형에 처하도록 했다.(현 130조 1항) '타인의 인간 존엄성에 대한 공격'은 타인을 국가 공동체의 평등한 인격으로서 살아갈 권리를 부정하고 저급한 존재로 취급하는 것이라고 규정함으로써 규제 대상 행위를 아주 명확하게 제시했다. 선동 행위가 피해자와 사회에 초래하는 해악의 심각성을 중시하여 법정형은 일반 모욕죄(2년 이하의 자유형 또는 벌금)보다 무겁게 책정되었다.

당초 독일 정부 초안에서는 증오 선동의 규제 대상을 '국민적, 인종적, 종교적 그룹 또는 민족성에 따라 규정된 그룹'이라고 설정해놓았다. 그러나 이 표현이 특히 유대인을 보호한다는 의도로 받아들여지면 '가증스러운 특권'으로 여겨져 역효과가 날 수 있다는 우려가 나와 증오 선동의 규제 대상을 '주민 일부'라는 일반적인 표현으로 수정했다.

인종적증오도발죄 신설

1973년 개정된 형법에서는 폭력을 찬미하거나 인종적 증오를 도발하는 문서의 배포, 진열, 작성 같은 행위에 1년 미만의 자유형 또는 벌금을 부과하도록 했다.(131조, 현 130조 2항) 인종적증오도발죄를 신설한 것이다. 그러나 시사적이거나 역사 보도적 성격을 띤 문서는 예외로 두었다. 이 조항은 한정적으로 인종적 증오를 규제 대상으로 삼고 있다. 공공의 평온을 해치는지 아닌지는 요건으로 삼지 않고 법정형도 현격하게 가볍다. 연방통상법원의 정의에 따르면 인종적 증오는 타인을 그 인물 자체로 평가하지 않고 특정 인종에 속한다는 이유만으로 증오의 감정을 갖는 것이라고 규정되어 있다.

형법 130조 민중선동죄, 131조 인종적증오도발죄로 처벌을 받은 사건을 예로 들어보자. 히틀러의 유대인 학살은 시오니즘에서 비롯된 날조이고, 이스라엘이 유대인 학살을 악용한다고 주장한 소책자를 출간한 출판사와 저자가 처벌을 받았다. 이 소책자에는 '600만 명 유대인 학살은 거짓'이라는 표현이 들어가 있었는데, 이러한 출판물은 민중선동죄와 인종적증오도발죄의 성립 요건을 충족한다는 판례가 나왔다.

유대인 학살 부정에 대한 형사 규제

1970년대 프랑스에서는 아우슈비츠 수용소 가스실에서 유대인 학살은 일어나지 않았다며 홀로코스트의 역사적 사실을 부정하는 주장이 나타났다. 1980년대 초부터 서독에서도 홀로코스트의 역사를 부정하는 주장이 많이 나타났는데, 이런 주장에 대해 형법 185조 모욕죄와 민중선동죄를 적용할 수 있느냐 여부를 두고 검토하기 시작했다.

민중선동죄는 표현 내용에 따라 두 가지 수준으로 구별되었다. 홀로코스트를 부정할 때 '유대인이 독일인을 모함하기 위해 흘린 거짓말'이라는 표현 같은 중대한 징표가 있을 경우 '중대한 아우슈비츠의 거짓'으로 민중선동죄에 해당하지만, 그렇지 않은 '단순한 아우슈비츠의 거짓'은 '인간 존엄성에 대한 공격'으로 규정할 수 없기 때문에 민중선동죄에 해당되지 않는 것으로 판단했다.

예를 들면 1979년 출판된 《홀로코스트의 신화, 전설인가 진실인가?》라는 책에 "유대인들이 독일 국민을 악의 화신으로 표상해 독일인의 국민적 자존심을 손상했다"라는 표현이 기술된 사례가 있었다. 독일 연방통상법원은 이 표현이 세계대전 이전에 국제유대인조직이 금융시장을 독점하여 독일 국민을 착취하려고 음모를 꾸미고 있다고 주장하며 유대인 증오와 학살을 선동하고 획책한 나치와 다를 바 없다고 평가했고, 이 출판물을 '중대한 아우슈비츠의 거짓'으로 인정해 민중선동죄를 적용했다.

한편 '단순한 아우슈비츠의 거짓'에 모욕죄가 적용된 사례도 있었다. 모욕죄는 원래 개인의 명예를 보호하는 것이 목적이었지만, 1979년 연방통상법원 민사부가 "나치 정권의 유대인 몰살을 부정하는 사람은 연방공화국에서 유대민족 출신자의 인격권을 모욕하는 것"이라고 판결한 것을 계기로 유대인과 관련한 모욕적 표현은 집단 구성원 전원에 대한 모욕, 즉 '집합적' 모욕으로서 모욕죄에 해당한다는 판례가 나오게 되었다.

이에 따르면 집단적 모욕죄의 성립 요건은 ①모욕적 표현이 모든 집단 구성원에 공통되는 지표로 연결되어, ②모욕적 표현에서 지칭하는 집단은 그 경계를 구별할 수 있는 비교적 소규모의 집단이어야 한다는 것이다.

홀로코스트부정죄 신설

1990년 독일 통일 이후 실업자가 증가하면서 이주노동자 배척운동이 활발해지고 혐오발언, 증오범죄가 증가해 사회문제로 떠올랐다.

극우 세력인 독일국가민주당 당수 데케르트는 1994년 주최한 강연회에서 미국 출신 홀로코스트 부정론자의 주장에 찬성을 표명했다가 기소되었다. 지방재판소는 민중선동죄의 성립을 인정했지만, 대법원은 심리 부진으로 파기환송했다. 환송 후 지방재판소 판결에서도 유죄를 인정하기는 했지만 피고에게 동정적으로 판정해 데케르트가 실형을 회피하게 되자 비판 여론이 거세졌다.

그리하여 같은 해 10월 형법 130조 3항에 홀로코스트부정죄가 신설되었다. 공공의 평화를 어지럽히는 형태로 공공연하게 또는 집회에서, 나치 지배 당시의 '국제형법전 6조 1항에 제시된 행위', 즉 홀로코스트를 용인하거나 홀로코스트 사실을 부정하여 무해한 것이었다고 표명할 경우 5년 미만의 자유형 또는 벌금형을 부과한다.

2000년 이후 홀로코스트 경종비警鐘碑 건설을 반대하는 신나치의 시위 우려가 다시 커지자 형법 130조 4항이 추가되었다. 공공연하게 또는 집회에서 나치의 폭력 지배, 자의적인 지배를 용인·찬미·정당화하여 희생자의 존엄성에 상처를 입히고 공공의 평화를 어지럽히는 사람에게 3년 미만의 자유형 또는 벌금형을 부과하도록 했다.

규제 남용의 위험성

이러한 독일의 혐오발언 규제 조항은 극우 정치가의 발언에도 적용되어 2011년에 130조 1항에서 4항을 적용한 유죄 판결이 총 266건 있었다. 영국과 비교해 법 규제가 혐오발언을 억지하는 효과가 있다고 판단된다.

그러나 민중선동죄가 남용된 사례도 있다. 1991년 걸프전 당시 어느 평화운동가가 바이마르공화국 시대의 저명한 문필가 쿠르트 투홀스키의 "군인은 살인자"라는 경구를 자신의 자동차에 붙였다는 이유로 민중선동죄로 기소되었다. 투홀스키가 1931년 8월 4일에 발행된 정치 주간지 《벨트뷔네Weltbuhne》에 전쟁을 비판하면서 썼던 글, "4년간 온 나라에 살인이 의무가 되어 30분조차 살인의 의무에서 벗어날 수 없었다. 내가 살인자라고 말했던가? 물론 살인자다. 군인은 살인자다"에서 인용한 글귀였다. 그러나 결국 1994년 연방통상법원은 "독일연방군은 살인자라고 쓰면 130조 민중선동죄에 해당하지만 '군인은 살인자'라는 표현은 이에 해당하지 않는다"고 무죄로 판결했다.

차별금지법과 국내 인권 기관

독일에서 혐오발언에 대한 형사규제법이 다양하게 발전해온 반면, 차별을 금지하는 포괄적인 특별법은 오랫동안 제정되지 않았다. 법적 구속력을 가진 '평등대우에 관한 유럽연합의 4가지 지령'[6]을 독일 국내에서 실시하기 위해 2006년에야

---

6 '인종 및 민족적 출신에 관계 없이 평등 대우 원칙을 적용하기 위한 2000년 6월 29일의 이사회 지령(반인종차별주의 지령)'(2000/43/EC), '취업 및 직업에서의 평등 대우 실현을 위해 일반적 체제를 정하기 위한 2000년 11월 27일의 이사회 지령(취업에 관한 체제 지령)'(2000/78/EC), '취업, 직업교육 및 승진 기회와 노동 조건에 관한 남녀평등 대우 원칙 실현을 위한 이사회 지령(76/207/EEC)을 개정하기 위한 2002년 9월 23일의 유럽 의회·이사회 지령(젠더 지령)'(2002/73/EC), '물품 및 서비스의 입수 및 제공 시의 남녀평등 대우 원칙을 위한 2004년 12월 13일의 이사회 지령(직업생활 이외의 남녀평등 대우 지령)'(2004/113/EC)을 말한다.

일반평등대우법이 제정되었다. 이 법에 따라 연방반차별국을 설치하고 인종, 민족적 출신, 성별, 종교, 세계관, 장애, 연령, 성 정체성을 이유로 차별하는 것을 금지했다. 앞으로 이 법의 운용에 관한 조사 연구가 기대된다.

지금까지 유럽의 인권 사상과 인종주의적 책임에 대한 경험으로 뒷받침되는 영국과 독일의 제도를 살펴보았다. 다음은 선주민족 박해와 이민 차별의 역사가 있지만 세계대전 이후 다문화주의를 기본 정책으로 전환한 캐나다와 호주의 사례를 살펴보고자 한다.

캐나다

국제인권기준에서 바라본 하나의 모델

소수자 평등에 이르는 과정

캐나다는 10개 주와 3개 준주[7]로 구성된 연방제 국가이다. 국토 면적이 일본의 약 26배에 달하며 인구는 2012년 기준 약 3,500만 명이다. 인구가 백인 83.7퍼센트, 남아시아계 4퍼센트, 중국계 3.7퍼센트, 선주민족 3.8퍼센트으로 구성된 다민족사회이다.

아시아계 선주민족이 거주했지만 1603년에 프랑스 식민지가 되었고, 1610년에는 영국이 식민지화하여 선주민족을 무력으로 제압했다. 1689년부터 1763년까지 영국과 프랑스 사이에 치른 식민지 전쟁의 결과로 모든 토지가 영국 식민지로 귀속

---

7   territory. 주(province)의 자격을 얻지 못한 행정구역으로 캐나다, 미국, 호주에서 시행되는 제도이다.

되었다.

1774년에는 가톨릭 신앙 보호 등을 포함해 프랑스계 주민의 독자성을 인정하는 퀘벡법이 제정되었다. 1867년 영국 의회가 영국령북아메리카법*이라는 이름으로 캐나다 헌법을 제정하고 자치령으로 캐나다연방이 발족되었다. 1931년 웨스트민스터헌장 채택과 1949년 영국령북아메리카법(2호)에 따라 현재는 거의 독립적 형태를 띠지만 형식상 국가원수는 여전히 영국 국왕이다.

현재는 선진적 인권 정책으로 알려진 캐나다에도 선주민족을 박해했던 역사가 있다. 1876년에는 인디언법을 만들어 인디언들이 거류지 밖으로 벗어나지 못하게 했고, 1885년에는 차별적 인두세(주민세)를 도입해 중국계 이민을 배제하고자 했다. 1923년에는 아시아계 이민을 금지하고 제2차 세계대전 중에는 일본계 이민 2만 2,000명을 적국인으로 지정해 강제수용하고 재산을 몰수하는 등 민족적 소수자 차별 정책을 펼쳤다.

2차대전 후에 유대인, 이민자 등이 참전하여 공로를 세웠다고 하며 민족적 소수자의 평등을 요구하자 각 주마다 차별 철폐를 위한 인권법이 제정되었다. 연방 수준의 첫 인권법인 캐나다권리장전(1960)은 주법의 성과를 정리한 것으로서, 1조 b항에 인종, 국적, 민족, 피부색, 종교, 성별을 이유로 차별받지 않고 법 앞의 평등과 법의 보호를 보장받을 수 있다고 선언했다.

● '영국령 북아메리카'는 당시 캐나다 명칭이다.

1982년에는 헌법이 개정되어 최초로 인권헌장이 포함되었다. 15조는 법 아래의 평등을 규정했다. 특히 "인종, 국적, 민족, 피부색, 종교, 성별, 연령, 정신적·신체적 장애에 따른 차별을 받지 않는다"라고 명시했다. 캐나다의 다문화주의 전통을 유지하고 발전시키는 데 부합하도록 헌법을 해석해야 한다는 조항도 27조로 삽입되었다. 세계 최초로 법률에 규정된 다문화주의 선언이었다.

그 후 캐나다 정부는 과거에 행해진 차별 정책을 청산하는 정책도 함께 집행하고 있다. 1988년에는 전쟁 중에 빚어진 일본계 이민 강제수용을 공식 사죄하고 일인당 2만 1,000캐나다달러를 지급했다. 2008년에는 동화 정책이라는 이름으로 1970년대까지 선주민족의 자녀 15만 명을 부모에게서 떼어내 기숙학교에 수용했던 역사적 사실에 대해 공식 사죄하고 생존자 일인당 1만 캐나다달러를 지불했다. 두 번 다시 같은 실수를 저지르지 않고 선주민족 수용사를 기록에 남기기 위해 '진실과 융화를 위한 위원회'를 설립했다.

캐나다는 각종 국제인권기준을 존중해왔기 때문에 하나의 모델 국가라고 할 수 있다. 여성차별철폐협약도 아동권리협약도 사회권규약도 비준하지 않은 채 여전히 국제인권기준을 경시하고 있는 이웃 나라 미국과는 대조적이다.

증오선전 규제와 사회적 이익

하지만 캐나다에서도 1950년대 말부터 1960년대에 걸쳐 반유대주의와 백인우월주의가 거세져 사회문제로 부각되었다. 이에 대해 형법상 선동죄 적용도 검토되었지만 혐오발언으로 판단하기에는 불충분하다고 결론지었다. 1951년 연방대법원 판결에서 선동죄가 성립하려면 질서를 혼란시키려는 의도가 필요하다고 해석된 판례가 있었기 때문이다.

캐나다유대인회에서 새로운 입법을 여러 차례 제안하고, 다른 민족적 소수자 사이에서도 법 규제를 요구하는 목소리가 높아졌다. 그러자 1965년 연방의회는 '증오선전Hate Propaganda에 관한 특별위원회'를 설치하여 1966년에 보고서를 작성했다. 보고서에서는 혐오발언과 같은 의미로 사용되는 증오선전이 현시점에 큰 영향력이 없다고 해서 사람들의 편견을 부추기는 잠재적 가능성까지 무시하는 것은 잘못이며, 둔감한 주류 세력의 표적이 된 민감한 소수자 집단에게 끼치는 심리적·사회적 피해는 헤아릴 수 없다고 지적했다.

또 이 보고서에서는 표현의 자유를 규제하는 문제를 두고 두 가지 사회적 이익을 검토했다. 자유 사회의 요건인 충분하고 솔직한 토론으로 획득되는 사회적 이익, 그리고 공공질서와 개인·집단의 명예와 관련되는 사회적 이익이다. 보고서는 이 둘 사이에 균형이 필요하고, 증오선전은 공적인 측면에서 진지하고 착실한 논의라고 결코 판단할 수 없으며 성실하고 정당한 토론에 기여하지 않는다고 결론지었다. 이와 같은 인식이 캐나다의 혐오발언에 대한 형사 규제의 기본이 되었다.

형법에 도입한 세 가지 유형

1970년 의회 안팎에서 격한 논의를 거친 후 캐나다는 유보 없이 인종차별철폐조약을 비준하고, 집단학살선동, 증오선동, 증오선전 등 세 가지 유형의 혐오발언을 금지하는 규정을 도입해 연방헌법을 개정했다.

집단학살선동은 피부색, 인종, 종교, 민족적 출신, 성적 지향으로 식별된 집단을 집단학살하자고 주장·조장하는 것을 금지하며 이를 위반하면 5년 이하의 자유형을 부과한다. 또 현행 연방형법 319조 1항 증오선동 부분에는 공공장소에서 선동으로 평화가 파괴될 가능성이 높은 경우 특정 집단을 향한 증오선동을 금지하고 이를 위반하면 2년 이하의 자유형을 부과하도록 규정되어 있다.

319조 2항에서는 사적인 대화 외에는 특정 집단에 대한 증오를 의도적으로 촉진하는 의견을 전하는 증오선전을 금지하고 이를 위반하면 2년 이하의 자유형을 부과하도록 규정했다. 319조 1항의 증오선동과는 달리 증오를 '촉진하려는 의도'가 요건이 된다. 다만 3항에 네 가지 면책사유를 두었다. 진실성을 증명할 수 있을 경우, 성의를 가지고 종교상의 소재에 관한 의견을 말했을 경우, 공공의 이익에 도움이 될 논의이면서 발언자가 그것을 진실이라고 믿을 만한 합리적인 이유가 있을 경우, 증오감정의 제거를 목적으로 했을 경우이다. 또 기소에 사법장관의 동의가 필요하고, 안이한 기소가 사회에 초래할 수도 있는 위축 효과를 피하려고 했다는 점은 영국의 혐오발언 규제 조항과 동일하다.

인권법과 증오표현의 금지

1977년에는 고용, 서비스 같은 다양한 상황에서 인권, 피부색, 종교 등을 이유로 차별을 금지하는 포괄적인 차별금지법인 캐나다인권법이 제정되었다. 캐나다인권법은 차별 사유를 11개 항목으로 제시하고 구체적으로 아홉 가지 차별 행위를 금지했다.

1. 금지된 차별 사유
   ① 인종
   ② 피부색
   ③ 출신국·민족적 출신
   ④ 종교
   ⑤ 연령
   ⑥ 성별(임신·출산에 따른 차별 포함)
   ⑦ 혼인 상황(혼인관계 유무 등)
   ⑧ 가족 상황(자녀 유무 등)
   ⑨ 심신장애(질병, 알코올의존, 약물의존 포함)
   ⑩ 범죄 경력
   ⑪ 성적 지향
2. 금지된 차별 행위
   ① 물품 제공·서비스 제공·시설 이용·숙박 거부

② 점포·주거 점유 거부

③ 고용··구인 차별

④ 노동조합이 그 구성원에 대해 행하는 차별적 대우

⑤ 차별 사유에 따라 고용 기회를 빼앗는 정책·관행을
실시하는 것, 또는 그러한 협정 체결

⑥ 불평등 임금

⑦ 차별적 표시의 출판 등

⑧ 증오표현

⑨ 괴롭힘

이 법에 따라 설치된 독립 행정기관인 캐나다인권위원회
에 차별 행위를 신고할 수 있으며, 이곳에서 조정이 성립하지
않는 경우 인권심판소에 위탁된다. 인권심판소는 차별 행위의
중지와 차별 행위를 시정하기 위한 프로그램 책정, 손해배상
금 지불 명령을 할 수 있다. 이에 따르지 않는 사람에게는 법
원에서 법정모욕죄로 자유형과 벌금형을 부과할 수 있다.

혐오발언 관련 조항으로는 12조 2-⑦로 "a. 차별을 표현
또는 함의하거나 차별을 의도한다든지, b. 차별을 유발하거나
유발할 의도가 있는" 표시를 일반 주민에게 출판·전시하거나
출판·전시되도록 하는 것을 금지한다. 또 13조 2-⑧로 "개인
또는 집단이 증오 혹은 모욕을 느끼게 할 가능성이 높은 사
항"을 전화와 통신시스템을 이용하여 "반복적으로 전달하거나
전달시키는 것"을 증오표현으로 금지한다. 이는 테일러 사건

에서 영향을 받아 포함된 조항이다. 테일러 사건이란 캐나다 인권법 제정 당시 서부방위당 당수 존 테일러가 "유대인 집단이 전쟁, 실업, 인플레이션을 일으켜서 세계를 붕괴시킬 위험이 있다"라며 유대인을 모욕하는 내용을 녹음하여 서부방위당으로 전화를 걸면 누구든 이 내용을 듣도록 한 것이다. 이 사건에 대해 검찰총장이 이런 류의 사건에 기존의 형법을 적용할 수 없다고 견해를 표시하여 13조 2-⑧의 조항이 캐나다인 권법에 포함되었다.

형사 규제에 대한 합헌 판결

형법상 혐오발언 규제가 합헌인가 아닌가 판단할 사례로는 증오선전죄로 기소된 키그스트라 사건의 연방대법원 판결(1990)이 있다. 고등학교 교사인 키그스트라가 수업 중에 유대인은 선천적으로 사악하고 기만이 가득하며 불황과 전쟁을 일으키고 홀로코스트 체험담을 날조한다는 식으로 발언을 반복해서 발생한 사건이다.

앞에서 언급한 캐나다 헌법은 사상, 신념, 의견, 인쇄물, 기타 통신 미디어의 자유를 포함한 표현의 자유를 규정하고 있다.(2조 b) 한편 헌법에 규정된 모든 자유는 "자유로운 민주주의 사회에서 명백히 정당화할 수 있는 것이어야 하며 법률로 정해진 합리적 제한에 따른다"(1조)는 조항도 있다. 키그스트라 재판에서는 증오선전죄 규정이 헌법 1조에서 말하는 합리적 제한에 해당하는지가 쟁점이었다.

연방대법원은 이 사건을 합헌으로 판결했다. 이 입법의 목적을 판단했을 때 증오선전의 해악에 비추어 표현의 자유 제약이 정당화될 수 있다고 판결한 것이다. 연방대법원은 키그스트라의 발언이 ①표적이 되는 집단의 구성원에게 치욕감과 열등감, ②사회 전체에 차별적 태도를 주입하는 것이라고 인정했다. 그리고 이를 규제하는 목적은 ⓐ표적이 되는 집단의 고통 방지, ⓑ인종적·종교적 대립과 폭력을 감소시켜 평등한 다문화주의 사회의 조화 증진이라고 밝혔다.

법에 의한 규제가 필요한지에 대해서도 연방대법원은 합리성이 있다고 판단했다. 혐오발언에 대한 형사 규제가 증오선전의 매력을 저하시키고 증오선전에 대한 관용성을 낮추고, 사회적 평등과 개인의 존엄의 중요성을 강조할 수 있기 때문이라는 근거를 제시했다. 더욱이 인종차별철폐조약의 차별금지에 관한 헌장 15조, 다문화주의를 규정하는 27조 등이 규제목적을 지지하고 있고 규제 범위도 과도하게 넓지 않으며 규정도 불명확하지 않기 때문에 합헌으로 판단했다.

나아가 형사죄의 합리성을 강조했다. 연방대법원은 "증오선전은 표현의 자유 보장이 목적으로 삼는 가치와는 거리가 멀고 진실의 추구, 개인의 발전 촉진, 모든 개인이 참가하는 건전한 민주주의의 보호 증진 등 캐나다의 국가 이념이 지향하는 바에 그다지 공헌하지 않는다"라고 판결에서 밝혔다.

인권법에 따른 규제의 합헌 판결

1990년 대법원은 앞서 언급한 테일러의 혐오발언 사건을 판결하면서 캐나다 인권법 13조 혐오발언 규제 조항에 대해서도 판결했다. 인권심판소가 인권법 13조 위반을 이유로 메시지 제공을 중지하도록 명령하자 피고 테일러는 이 조항이 인권헌장(2조 b항)이 규정하는 표현의 자유 보장에 위배된다고 상소했다.

연방대법원은 첫 판결과 같은 취지로 규제 목적의 정당성과 수단의 합리성을 인정했다. 더욱이 인권법은 행위자의 의도 유무는 묻지 않는 것으로서, 구조적 차별의 해소를 지향하고 조문의 과도한 해석과 애매함도 인정하지 않기 때문에 13조의 표현 규제는 헌장 1조에 따라 정당화된다고 판결했다.

단, 규제 목적은 정당하지만 '증오'와 '모욕'의 구별이 애매하고 행위자의 의도를 묻지 않고 면책 조건도 없는 것을 감안한다면, 최소한의 제한이라고는 말할 수 없다는 소수 의견도 덧붙여졌다.

한편 테일러는 개인통보제도[8]를 이용하여 유엔 자유권규약위원회에 인권법 13조 규정은 표현의 자유를 보장하는 자유권규약 19조 2항에 위반한다고 항의했으나, 1983년 자유권규약위원회는 인권법 13조는 자유권규약에 위배되지 않고, 항의

---

8   규약상의 권리를 침해당한 개인이 국내에서 구제를 받을 수 없을 때, 유엔 자유권규약위원회에 사건을 통보해 판정을 내리는 제도이다. 한국은 1990년에 유엔 자유권규약의 개인통보제도에 가입했으며 현재까지 119건의 위반 결정을 받았다.

자의 행위가 차별 옹호를 금지하는 자유권규약 20조 2항에 위반한다고 판정했다.

규제에 대한 반동

인권법 13조 증오표현 규제 조항이 1998년 개정되어 형사처벌이 도입되면서 차별 행위의 본질, 상황, 중대성, 행위자의 의도를 고려하여 1만 캐나다달러 이하의 벌금 부과가 가능해졌다. 또 2001년에는 인터넷을 증오표현 규제 대상에 추가해 개정되었다.

그런데 그해 9·11 테러가 발생하자 캐나다에서도 이슬라모포비아가 확대되어 반이슬람 메시지 피해로 인권위원회에 항의가 증가했고, 이 조항을 둘러싼 논의도 사회문제가 되었다.

인권위원회는 2008년 보고서에서 인권법 13조가 차별행위의 의도를 요건으로 하지 않고 효과에 초점이 맞춰져 있고 규제도 광범위하기 때문에 삭제해야 한다는 견해를 제시했다. 이듬해에는 13조 삭제가 아닌 벌금 규정을 폐지하라고 의회에 제언했다. 인권법에 따른 표현 규제가 형법과는 달리 무죄추정원칙도 적용되지 않고, 표현자 측에 입증 책임이 있고, 고의성을 요건 사항으로 두지 않는 등 근대 형사법의 원칙과 충돌한다는 비판을 받아들인 것이다.

같은 해 인권심판소는 13조에 처벌 규정이 들어 있기 때문에 최소한의 제약을 넘었다고 판단하여 위법으로 심판했다.

백인우월주의자 단체에서는 13조 폐지운동을 전개했다. 반대로 캐나다법조협회*에서는 13조 폐지에 우려를 표명했다. 13조를 폐지하면 인권위원회가 혐오발언을 다루는 근거 규정이 사라져 조사와 권고 활동도 곤란해지며 인터넷상에서 혐오발언이 만연하게 된다고 지적하면서, 13조 폐지는 캐나다의 인권법제도에 대한 공격이라고 했다. 2011년 총선에서 하원의 과반을 차지한 여당 보수당은 당내 논란이 있었지만 결국 2013년 6월 의회에서 13조 폐지를 가결하여 2014년 6월에 폐지되었다.

이에 따라 캐나다에서 혐오발언은 당분간 오로지 형법으로만 규제된다. 이슬라모포비아 대책으로 캐나다 정부가 2011년에 인종차별철폐위원회에 제출한 보고서에 따르면 혐오발언 조항과는 별도의 규제 조항인 형법 430조를 만들었다. 편견, 예측, 증오로 인해 교회, 모스크, 회당synagogue, 사원, 묘지 등 주로 종교 시설로 이용되는 재산을 파괴하는 것을 범죄로 규정하고 이를 어기면 10년 이하의 자유형을 부과하도록 결정했다.(430조 4·1)

차별적인 국가 방침을 수정하여 다문화주의를 채용하고 과거의 차별 정책을 청산하려는 캐나다 정부의 자세는 차별의 역사와 현실을 직시하지 않는 일본의 법 제도와 대조적이다. 일찍부터 법의 정비가 진전된 캐나다의 형법은 지금까지 살펴본 바와 같이 혐오발언 규제를 3단계로 나누며, 그 가운데 증

• Canadian Bar Association. 캐나다 변호사의 3분의 2가 가맹했다.

오선전죄는 다양한 면책 조건과 사법장관의 동의 요건을 포함시켜 위축과 남용을 피하는 등 법령과 판례 영역에서도 경험이 풍부하다. 일본이 혐오발언 규제와 관련된 법을 정비하고자 한다면 캐나다의 사례에서 배울 점이 많을 것이다.

호주

다문화주의로 전환하다

다민족·다문화의 연방국가

호주는 아시아태평양 국가이지만 영연방국가 중 하나이고 현재까지도 형식상 국가원수가 영국 국왕이기 때문에 영국과 관계가 깊다. 호주는 6개 주와 3개 특별지구, 해외 영토를 가진 연방제 국가이다. 광대한 영토를 갖고 있지만 인구는 약 2,150만 명으로 적은 편이다. 2011년 인구조사에 따르면 해외 출생자거나 양친의 한쪽 이상이 해외 출생자인 인구가 전체의 절반가량이다. 영국계 주민이 77퍼센트로 가장 많고 선주민족 애버리진Aborigine은 2퍼센트에 불과하다. 호주는 선주민족과 각국에서 유입한 이민으로 구성되어 세계에서도 손꼽히는 다민족·다문화 사회이다.

호주는 애버리진 박해와 백인 우대 정책, 비백인 배제 정책 같은 악명 높은 백호주의 정책White Australia Policy을 운영해오다가 1970년대 이후 캐나다처럼 모든 민족 간의 평등을 요구하는 다문화주의 정책으로 크게 전환했다.

호주는 혐오발언 규제를 요구하는 인종차별철폐조약 4조 a를 즉각 국내법으로 전환할 수는 없지만 적절한 기회를 봐서 빠른 시일 내에 의회에 국내법화를 요구하겠다며 일단 유보 중이다. 하지만 규제가 없는 상태에서도 민사 규제, 더욱이 일부는 형사 규제로 이행하고 있다는 점이 주목된다.

백호주의와 집단학살

선주민인 애버리진은 5만 년 전에 동남아시아에서 건너왔다고 전해진다. 영국은 1788년 죄수를 보내면서 호주를 식민지화했고, 1900년에는 영국 의회에서 호주헌법을 제정하여 이듬해인 1901년에 사실상 자치국으로 독립했다.

처음에는 영국인을 중심으로 백인 이민자가 인구의 대부분을 차지했지만 1851년에 금광이 발견되고 골드러시가 시작되면서 부족한 노동력을 보충하는 이민이 중국, 일본을 포함한 아시아에서 많이 유입되었다. 그러다 경기가 악화되면서 비백인 노동자를 적대시하며 백인 중심으로 운영되던 노동조합의 강력한 요청에 따라 중국인이주제한법(1888), 비백인 이민을 제한하는 이민제한법(1901)을 제정하는 등 백호주의가 확립되었다. 노동조합이 지지 기반인 노동당은 자연스럽게 백호주의를 표방했다.

제2차 세계대전 후 노동당 정권은 노동력 부족 문제를 해소하기 위해 인구 2,500만 명을 목표로 하는 대량 이민 계획을 발표했다. 당시 호주 정부는 영국인과 아일랜드인의 유입을 바랐지만 실제로는 동유럽 출신 이민이 많았고, 이후로 남유럽, 서아시아, 동아시아에서 온 이민자들이 노동자로서 호주 사회의 산업을 지탱했다. 이런 현실에서 어쩔 수 없이 백호주의를 수정하기에 이른다.

한편 영국의 식민이 시작되던 당시 애버리진은 250종의 언어와 700종의 방언을 가진 약 100만 명의 집단이었다. 그러나 애버리진은 절멸 대상으로 여겨졌고, 차별과 배제로 인해 19세기 초까지 인구가 10분의 1로 감소했다. 이후 정부는 애버리진을 특정 지구로 강제이주시켰고, 19세기 말부터 1960년대까지 애버리진 자녀들을 '보호'한다는 명목으로 부모와 강제로 떼어내 백인 가정과 기숙사에서 양육시켰다. 당시 애버리진 자녀들의 10퍼센트를 차지하는 3만 명이 이 강제입양 피해자였는데, 이후 이들은 '도둑맞은 세대Stolen Generation'로 불렸다. 법무대신의 자문에 따라 인권위원회는 이 사건을 1995년부터 1997년까지 조사해 보고서를 제출했다. 인권위원회는 보고서에서 이 사건을 '문화적 집단학살'이라고 결론지었다.

애버리진의 시민권과 수상의 사죄 연설

1960년대 세계 각국과 마찬가지로 호주에서도 베트남전 반대운동과 평등요구운동이 고양되며 비백인 이민과 애버리진 차별을 철폐하라는 목소리가 높아졌다. 1967년 헌법이 개정되어 애버리진도 시민권을 인정받았다.

1949년부터 23년간 정권을 잡았던 보수계의 자유당-지방당(현 국민당) 연립정권을 대신해 평화와 평등을 요구하는 여론의 지지를 받고 1972년에 탄생한 휘틀럼의 노동당 정권은 차별을 철폐하기 위해 법 정비에 착수하고, 1973년에 백호주의 이민법을 개정했다.

같은 해 영국이 유럽연합에 가입해 영연방보다도 유럽을 중요시하게 되자, 호주도 경제적·정치적으로 아시아 국가들과 맺는 관계를 중시할 수밖에 없게 되었다. 이 같은 변화도 아시아계 이민에 대한 차별 철폐 정책을 뒷받침했다.

1975년 베트남전쟁이 끝난 후에 베트남 난민을 받아들이면서 아시아 난민, 이민을 적극적으로 수용하기 시작했고 1989년에 국책으로 다문화주의를 내걸었다. 1999년 8월 26일에는 애버리진 차별과 박해에 사죄한다는 결의를 상·하원 의회에서 채택했고, 2008년 2월 당시 수상 케빈 러드가 의회에서 30분 넘게 사죄 연설을 했다.

반인종차별법의 탄생

차별 철폐 정책으로 전환하는 가운데 1975년 호주는 인종차별철폐조약 비준을 위해 국내법을 정비하고자 반인종차별법Race Discrimination Act 1975을 제정했다. 그리고 이 법을 실시하고 감시하는 기관으로 반인종차별위원회가 창설되었다.

반인종차별법은 차별 철폐 사유로 인종차별철폐조약 1조

의 '인종, 피부색, 혈통, 국가적·민족적 출신'을 든다. 이를 이유로 '인권 또는 기본적 자유'를 평등하게 누릴 권리를 부정하는 의도나 효과를 동반하는 모든 구별, 배제, 제한, 우대 행위를 차별로 규정했다. '인권 또는 기본적 자유'의 내용도 이 조약 5조에 규정된 모든 권리를 내용으로 했다.

차별이 금지된 영역은 직장과 고용, 레스토랑이나 공공시설 같은 일반적으로 공개된 시설 출입, 토지와 주거의 판매·임대, 상품·서비스의 판매·제공, 노동조합 참가, 교육 등이다. 이 영역에서 합리적인 이유 없이 불리한 취급을 할 때는 차별로 인정된다. 각각의 차별금지 사항의 예외도 세부적으로 규정했다. 예를 들어 고용과 사생활을 명확하게 구별할 수 없는 직장 주거 일체형 사업소는 고용 차별의 규제 대상에서 제외된다.

이 법의 규정은 전부 민사 규제이지만, 법에서 인정된 권리 행사를 방해하는 행위와 법에 따라 불복신청을 한 사람에게 해고 같은 불이익을 주는 행위는 형사처벌 대상이 된다.(27조)

표현 규제에 관해서는 야당인 자유당과 국민당이 반대해 차별 행위의 광고(16조)와 차별 행위의 선동(17조)만으로 대상이 한정되었다. 이 때문에 호주 정부는 인종차별철폐조약을 비준하면서 4조 a 전부를 즉각 범죄로 규정할 수는 없지만 연방의회에 조약 실현을 요구하겠다고 표명하면서 유보한 것이다.

혐오발언 규제로의 정책 전환

호주에서 취업 차별을 비롯한 일상생활에서 벌어지는 차별을 철폐하는 데는 반인종차별법이 어느 정도 성과를 거두었다. 그러나 애버리진을 비롯한 민족적 소수자에게 가해지는 폭력과 폭언은 멈추지 않았다.

그런 가운데 연방정부보다 먼저 일부 주에서 혐오발언을 위법으로 규정하고 형사처벌을 시작했다. 예를 들면 뉴사우스웨일즈 주에서는 1989년 차별금지법을 개정해 "인종 등을 이유로 개인 또는 집단에 대한 증오를 선동하거나 중대한 모욕을 하거나 심하게 조롱하고 비웃는 행위"를 위법으로 판단했다.(20C조 1항) 그 가운데 악질적인 것, 즉 물리적으로 가해하겠다고 협박하거나 협박을 선동하는 행위를 동반할 경우는 형사처벌 대상으로 규정했다. 폭행, 협박 등의 범죄도 인종주의적 동기에서 비롯되었을 경우에는 형벌 가중 사유가 되게 했다.

한편 연방정부는 1986년에 설립된 반인종차별위원회, 1981년 인권위원회법에 따라 설립된 인권위원회, 1984년 반성차별법에 따라 설립된 반성차별위원회, 이 세 기관을 통합해 호주인권위원회●를 설립했다.

1989년 호주는 다문화주의를 국가 기본 정책으로 선언하는 '다문화 호주를 위한 국가적 과제'를 채택했다.

이러한 흐름 속에서 혐오발언과 증오범죄를 법적으로 규제

● 초기 명칭은 '인권과 기회균등 위원회'.

해야 한다는 목소리가 높아졌다. 1989년부터 인권위원회가 조사를 시작하여 전국 7곳에서 공청회를 개최하고, 증인 171명에게서 증언을 얻었다. 또 연구자들에게 인터뷰 조사를 위탁해 차별 사례를 수집했다. 수집한 대상은 애버리진 115건, 아시아계 53건, 중동·이슬람계 18건, 유대계 17건, 기타 소수자 22건과 인종차별에 반대하는 사람에 대한 것 69건이었다. 1991년에 호주인권위원회는 '호주의 인종주의적 폭력에 관한 전국 조사 보고서'를 발표했다. 이 보고서에서 인종주의적 동기에 따른 폭력과 폭언에 대한 법 규제가 필요하다는 내용을 포함한 67개 항목을 권고했다. 비슷한 시기에 교도소 내에서 애버리진이 수감 중에 사망한 사례가 많다는 사실이 사회문제로 부각되었고, 1989년 설치된 애버리진의 옥중사에 관한 왕립위원회가 1991년에 진상 조사 보고서를 발표했다. 또 호주 법개혁위원회도 인종주의 단체에 의한 폭력과 폭언을 문제시하면서 피해자를 보호하기 위해 인권 보장의 틀을 확대·강화하는 것이 급선무라고 보고했다. 연방대법원이 헌법의 표현의 자유 보장을 확인하면서 그 자유에는 제약이 있다고 인정한 것도 바로 이 시기였다.

인종증오금지법의 제안

호주 정부는 이와 같은 보고와 법원의 견해에 따라 1992년과 1994년에 혐오발언을 민사와 형사로 규제할 수 있는 법안을 제안했다. 이 법안에는 인종차별철폐조약 4조의 국내 실시를 위해 인종, 피부색, 민족적·국가적 출신을 이유로 개인이나 집단에 신체적 해를 입히거나 재산을 파괴하거나 위협, 증오를 선동하는 것을 범죄로 규정하는 조문이 포함되었다. 그러나 표현의 자유가 제약될 것이라고 우려하는 분위기가 강했기 때문에 의회에서 통과되지 못했다.

한편 1992년에 성차별금지법에 도입되었던 성희롱 금지 조항을 모델로 피해자의 정신적 피해에 초점을 맞춰 1994년에 민사 규제 조항이 승인되었고, 이는 반인종차별법 2A장으로 구성되었다. 반인종차별법 18C조는 인종, 피부색, 민족적·국가적 출신을 이유로 개인이나 집단에게 상처를 입히거나 모욕하거나 굴욕을 주거나 협박한다고 판단할 수 있는 합리적인 우려가 있는 공적인 표현 행위를 금지했다. 또 예외 규정 18D조로 예술 활동, 학술 출판·토의, 공익에 관련되는 공정하고 정확한 보도, 공익에 관한 개인의 진지한 신념의 표명이 합리적이고 선의로 행해진 경우는 제외된다고 했다.

그런데 18C조는 상처를 입히고 굴욕을 주는 것을 적용 요건으로 한다. 더욱이 판례법에 따라 중대한 영향을 끼치는 것, 즉 피해자 개인뿐만 아니라 사회 통합이라는 측면에서 공익에 해악을 끼치는 것으로 제한한다. 또 상처를 입었는가 입지 않았는가에 대한 기준은 피해자 개인이 아니라 개인이 속한 집단의 통상적 구성원에 두는 것으로 하는 한정적인 해석이 형성되었다.

피해자가 인권위원회에 피해를 호소하면 인권위원회는 당

사자 간 조정 절차를 중심으로 해결을 시도하고, 화해가 성립되지 못할 경우 통상적인 재판 절차를 밟게 된다.

혐오발언의 형사 규제

혐오발언 규제에 대한 판례로는 토벤[9] 사건이 있다. 토벤은 웹사이트에 홀로코스트를 부정하는 내용을 올렸고, 이에 항의하는 유대인들을 지성이 낮다고 썼는데, 유대인단체에서 토벤을 인권위원회에 신고했다. 2000년 인권위원회는 이 웹사이트의 콘텐츠가 반인종차별법 18C조 위반에 해당한다고 판정해 토벤에게 웹사이트에서 기사를 삭제하고 호주의 유대인 커뮤니티에 사죄문을 작성하여 게재하라고 결정했다. 그러나 토벤이 이 결정에 따르지 않아 판결 집행을 요구하는 소송이 연방법원에 제기되었다. 토벤은 18C조가 인종차별철폐조약 4조의 범위를 넘어 위헌이라고 주장했다. 그러나 연방법원은 2002년 9월 18일에 토벤을 반인종차별법 위반으로 판결하고, 콘텐츠 삭제 명령과 홀로코스트를 부인하는 내용의 문서를 공표하지 못하도록 하는 명령을 내렸다.

나는 2010년 2월 시드니의 인권위원회를 방문하여 '인종 및 문화적 다양성' 부서 책임자인 콘래드 게르셰비치와 만나 혐오발언 규제에 관해 의견을 교환했다. 콘래드의 말에 따르

---

9   Gerald Fredrick Töben. 1944~. 독일 태생 호주인. 홀로코스트 부정 혐의로 체포된 후 유명해졌다.

면, 토벤은 연방법원의 판결 확정 후에도 명령을 무시하여 콘텐츠를 삭제하지 않았다. 인권위원회는 토벤을 법정모욕죄로 고발했고, 2009년 5월 유죄 판결로 3개월 자유형을 선고받았다고 한다. 콘래드는 "토벤 같은 악질적인 혐오발언자는 형사 규제가 아니면 대처가 불가능하다"고 하면서 "형사규제는 필요하다. 토벤은 법정모욕죄로 유죄가 되었지만 혐오발언을 처벌한 것이 아니다. 직접적인 형사 규제가 불가능하기 때문에 어쩔 수 없는 수단이며 이것은 원칙적인 처벌이라고 볼 수 없다"고 덧붙였다.

　호주 정부가 인종차별철폐위원회에 제출한 정부 보고서(2010년, 제15~17회)에 따르면 '텔레커뮤니케이션 범죄에 관한 개정법'은 꼭 인종주의적 동기에 제한을 두지는 않고, 고의적인 협박, 괴롭힘, 공격 따위를 목적으로 하는 인터넷 서비스 이용을 범죄로 규정하고 3년 이하의 자유형을 부과한다.

　한편 호주에서는 주 정부마다 혐오발언에 대한 형사 규제를 확대하고 있다. 현재 호주의 모든 주에는 혐오발언에 대한 법 규제 조항이 있고 태즈메이니아 주를 제외한 다섯 주에서는 형사 규제의 형태를 띠고 있다. 그 가운데 웨스턴오스트레일리아 주에는 형사 규제만 있고 나머지 4개 주는 형사 규제와 민사 규제 모두 집행한다. 또 호주수도특별자치구에도 형사 규제와 민사 규제 조항을 두었다.

호주에게서 배우다

노골적인 차별 정책을 국책으로 삼았던 호주가 노동력 부족과 외교 환경 변화라는 경제적·정치적 배경에 대응하고 차별 철폐 요구를 수용해 정책을 전환해온 것은 주목할 만하다. 특히 정책 전환 과정에서 차별의 역사를 씻어내고 국회와 수상이 직접 애버리진에게 사죄한 것은 상당한 의의가 있다.

반인종차별법을 제정할 당시에는 표현 규제에 신중해야 한다는 여론 때문에 혐오발언이 규제 대상에서 제외되었고 그 결과 민족적 소수자에 대한 폭력과 폭언을 제지할 수 없었다. 그러나 그로부터 20년 후에 실태 조사를 벌여 차별과 피해의 현실을 직시하고 법 규제로 방향을 전환하게 된 과정도 시사하는 바가 크다. 그동안 호주 내부의 인권 기관을 마련하고 주 정부 차원의 규제가 갖추어지는 등 인권법 제도가 정비되어왔지만, 20년 동안 혐오발언이 표현의 자유로 인정되어 방치되었기 때문에 민족적 소수자를 계속 괴롭혀왔던 것도 사실이다. 연방법은 민사 규제이지만, 1개 주를 제외한 모든 주에서 악질적인 혐오발언은 민사 규제로 적절하게 다룰 수 없다는 한계를 인식하고 형사 규제 대상으로 두었다는 점도 주시해야 한다.

또 연방법의 혐오발언 관련 조항이 소수자만을 대상으로 한정하여 규정되어 있지 않은데, 소수자의 표현 행위를 억압하는 데 남용된 사례를 찾아볼 수 없는 것도 흥미롭다. 국가 차원에서 구조적 차별을 반성하고 다문화주의 정책을 취하고 있는 것, 반인종차별법이 인종차별철폐조약을 국내에 실시하는 형태라는 것, 혐오발언 규제 조항이 반인종차별법의 일부로 포함되어 있어 혐오발언이 차별적 표현이라는 점이 명확하다는 것, 혐오발언 규제의 목적이 공공질서가 아니라 피해자의 존엄성 보호이며 피해자가 상처를 입었는가의 관점에서 요건이 구성되는 것 등은 주목할 만하다. 이 모든 사항들이 일본의 혐오발언 규제에 관한 법 제도 설계에 참고가 될 것이다.

누구를 위한
'표현의 자유'인가

미국

사상마저 지배하는 시장 논리

표현의 자유를 근거로 혐오발언에 대한 법적 규제에 반대하거나 신중한 입장을 내놓는 것은 일본 정부만이 아니다. 많은 헌법학자 또한 신중론 입장에 서 있다. 그런데 일본의 헌법학은 미국의 판례 이론에 크게 영향을 받고 있으므로 우선 미국 상황을 살펴보도록 하자.

선주민, 노예 그리고 이민의 나라

북미 대륙에는 오래전부터 아시아계 민족이 거주했다. 이후 16세기부터 프랑스와 영국을 비롯한 유럽 제국이 경쟁적으로 식민지를 건설하기 시작했다. 1763년 영불전쟁 결과 북미 대륙은 영국 식민지가 되었고, 본국과 식민지 부르주아의 대립으로 독립전쟁이 발발해 1776년 미국이 독립국가로 출발했다. 미국은 노예제와 이민 유입의 결과로 다민족사회를 형성했다. 2010년 인구조사에 따르면 미국 인구 총 3억 900만 명 가운데 백인 56퍼센트, 히스패닉계 16.3퍼센트, 아프리카계 12.6퍼센트, 아시아계 4.8퍼센트, 네이티브아메리칸 0.9퍼센트 등이다.

선주민 학살과 노예제도라는 역사가 있는 미국은 노예제 폐지 이후, 불과 50여 년 전까지만 해도 법적으로 인종 분리를 용인하며 노골적인 인종차별 정책을 취해왔다. 그러나 한쪽에서는 평등권운동이 펼쳐지며 미국 내외에 큰 영향을 끼쳤다. 이를테면 노동절과 국제여성의날은 미국에서 일어난 노동운동과 여성해방운동을 계기로 제정된 것이다. 인종차별에 관해서도 공민권운동을 비롯하여 공민권법[1] 제정, 적극적 조치[2] 시행, 정부에서 독립한 차별 감시 기관 설치 등 전 세계에 영향을 끼쳤다. 증오범죄, 혐오발언이라는 용어도 미국에서 생긴 것이며 관련 연구도 가장 활발하다.

그런데 미국은 국가뿐 아니라 운동단체와 연구자도 자유주의적인 성향이 강하다. 따라서 집단학살을 선동하거나 폭력을 일으키는 경우와 같이 혐오발언이 현실로 실현될 우려가 있는 경우를 제외하면, 혐오발언을 원칙적으로 규제하지는 않고 있

---

1   Civil Rights Act. 인종, 피부색, 종교, 출신국에 따른 차별을 철폐할 목적으로 1964년 제정된 연방법.

2   Affirmative Action. 반차별 정책 중 하나이다. 차별과 불평등을 시정하기 위해 흑인이나 여성, 소수자에게 채용, 승진, 훈련 등에서 우선적 기회를 제공하는 정책이다. 한국에서는 지방선거나 국회의원 선거 비례대표에 여성 후보를 일정 비율 이상 추천하게끔 한 여성공천할당제가 적극적 조치에 포함된다.

는 실정이다.

공민권운동과 차별금지법

17세기 이후 미국은 노예로 부리기 위해 아프리카인들을 사고파는 상품으로 끌고 와 혹사시켰다. 끈질긴 노예제 폐지 운동이 벌어지고 남북전쟁이 종결되면서 미국 정부는 노예해방을 선언했고, 1865년에는 수정헌법 13조가 성립되어 노예제도가 법적으로도 완전히 폐지되었다. 이듬해에 의회는 노예로 취급되어왔던 사람들을 시민으로 인정하고 차별을 금지하는 공민권법을 제정하여, '평등한 보호의 거부'를 금지하는 수정헌법 14조를 채택했다.

그러나 그 후에도 여러 주에서 선거 자격을 부여할 때 읽기·쓰기 능력 시험을 보게 해 실질적으로 아프리카계 시민의 투표권을 제한하거나, 아프리카계 시민이 다른 인종과 동석하는 것을 금지하는 버스분리법을 제정하는 등 법적인 차별이 계속됐다. 또 1883년 대법원은 개개인에 의한 차별은 수정헌법 14조에 해당되지 않는다고 판결했으며, 1896년에는 열차 내 인종분리를 합헌으로 판결하는 등[3] 극심한 공적 차별이 계속되었다. 민간에서도 KKK를 비롯한 백인우월주의자들이 아

---

3 1896년 연방대법원은 '플레시 대 퍼거슨(Plessy v. Ferguson)' 재판의 판결로 인종에 따라 분리된 열차 객실을 사용하게 하는 루이지애나 주법을 합헌이라고 인정했다. 백인과 흑인을 분리하더라도 동일한 시설과 동일한 서비스가 제공된다면 차별이 아니라는, '분리하되 평등하게(separate but equal)'라는 짐크로법(Jim Crow laws)의 원칙을 인정한 판결이었다.

프리카계 시민을 상대로 살인, 집단폭력, 폭언을 끊임없이 저질렀다.

1950년대에 이러한 인종분리를 배격하는 운동이 생겨났으며, 1963년에 워싱턴에서 열린 평화대행진으로 평등요구운동이 고양되어 1964년에 공민권법이 성립되었다.

이 법은 아프리카계 시민의 투표권 행사를 보호하고 공공시설과 호텔, 음식점 같은 민간시설에서 차별을 금지하며, 공교육의 인종분리 탈피와 정부에서 독립된 구제 기관인 고용기회균등위원회 설치 등을 규정했다. 1965년에는 고용과 교육등에서 인종, 피부색, 출신 국가 등에 따라 차별이 발생하지 않도록 적극적 조치를 취하게끔 하는 내용으로 대통령령이 발표되었다.

증오범죄법의 발전

앞서 말한 법률에 의한 시정과 병행해 심각한 증오범죄를 규제하기 위한 활동도 시작되었다.

1968년에 연방보호활동법(통칭 'KKK법')이 공민권법의 일부로 연방법에 도입되었다. 이 법은 2개 주 이상을 넘나들면서 인종, 피부색, 종교, 출신 국가를 이유로 폭력을 행사하거나 위협해 타인을 상해·협박한 자를 소추하는 권한을 연방정부에 부여했다. 그러나 효과가 한정적이었기 때문에 1990년에 증오범죄통계법이 연방법으로 제정되었다. 이 법은 연방조사국FBI이 인종, 종교, 장애, 성적 지향, 민족 등 다섯 가지 이유로 행해지는 살인, 강간, 폭행, 가중폭행, 협박, 강도, 절도, 자동차 절도, 방화, 기물파손 등 범죄에 관한 정보를 수집해 매년 발표하도록 했다.

1994년에는 폭력범죄 규제 및 법 집행에 관한 법Violent Crime Control and Law Enforcement Act of 1994의 일부로서 증오범죄판결강화법Hate Crimes Sentencing Enhancement Act of 1994이 제정되었다. 이 법은 증오범죄를 저지른 가해자에게 통상적인 범죄보다 더 엄중한 처벌을 적용하도록 만들어진 법률이다. 피해자의 인종, 종교, 피부색, 출신 국가, 민족, 젠더, 장애 또는 성적 지향에 대한 편견에서 비롯된 범행이라는 점이 입증되면 가해자에게 형량을 30퍼센트까지 더 무겁게 책정할 수 있다.

그 후 미국의 많은 주에서 차별적 동기에서 비롯된 범죄를 가중처벌하는 법, 증오범죄를 독립적으로 규정하는 법, 증오범죄 정보를 수집하는 법 등이 제정되었다. 그러나 주마다 규정이 제각각이어서 같은 범죄라도 다르게 다뤄지는 것에 문제가 제기되었다.

1998년에 동성애자라는 이유로 학살된 매튜 셰퍼드 사건, 흑인이라는 이유로 트럭에 매달린 채 5킬로미터를 끌려다니다가 참살된 비어드 주니어 사건 등 충격적인 증오범죄가 발생했다. 이에 따라 연방법 형태의 포괄적인 증오범죄법을 마련해야 한다는 요구가 높아졌고, 2009년에 국가방위인가법The National Defense Authorization Act for Fiscal Year 2010으로 증오범죄 방지법이 제정되었다.

이 법은 인종 등을 이유로 타인의 신체에 고의로 상해를 가한 사람, 화기火器 등을 이용하여 사람의 신체에 상해를 가하려고 시도한 사람에게 종신형 혹은 10년 이하의 징역으로 중벌을 부과했다. 또 증오범죄를 저지르는 차별 동기에 인종, 피부색, 종교, 국적 이외에도 성 정체성, 성적 지향, 장애가 추가되어 대상 범위도 크게 넓어졌다. 더욱이 이 법에 따라 미국 법무부에서 각 주의 증오범죄 조사를 지원하고 예방 교육을 위한 보조금을 지급하는 것도 가능해졌다.

FBI 발표에 따르면 최근 수년 동안 증오범죄는 연평균 약 8,000건 발생했고 그중 과반이 인종차별이 동기가 된 범죄였다. 연방대법원은 증오범죄법 규제에 관해서는 지금까지 모두 합헌으로 판결했고 이러한 판례가 나오게 된 사건으로는 1993년 미첼 사건[4] 등이 있다.

사상의 자유시장이론

그렇다면 혐오발언은 어떻게 규제되고 있을까. 판례를 검토하기 전에 표현의 자유에 관한 미국의 법적 틀을 먼저 살펴보자.

1791년에 제정된 수정헌법 1조는 "의회는 (중략) 언론, 출판

4　증오범죄에 관한 연방대법원 판례 중 유명한 사건이다. 흑인차별을 그린 영화 〈미시시피 버닝(Mississippi Burning)〉을 본 흑인 젊은이 미첼이 백인을 혼내주자고 친구를 꼬드겨 백인을 집단으로 린치한 사건이다. 연방대법원은 1993년 판결에서 범죄 수행 때 인종 등의 요소에 기초하여 피해자를 선정한 경우 형벌을 가중하는 주법이 합헌이라 판단했다.

의 자유나 국민이 평화롭게 집회할 수 있는 권리 및 고충 구제를 위하여 정부에 청원할 수 있는 권리를 제한하는 법률을 제정할 수 없다"고 정했고 예외를 두지 않았다. 이 조항으로 미국에서는 표현의 자유가 거의 절대적으로 보장된다고 해석된다. 특히 '사상의 자유시장이론Well-functioning Speech Market theory'에 근거하여 표현 내용이 위법 행위를 초래할 만큼 '명백하고 현존하는 위험clear and present danger'이 없는 한 정부가 표현을 규제하는 것은 원칙적으로 위헌이다.

'사상의 자유시장이론'은 1919년 에이브럼스 사건에 대한 미국 연방대법원의 법정의견을 반박하고자 올리버 웬들 홈스 주니어 재판관이 발표한 것이다. 상품 시장의 자유 경쟁과 마찬가지로 진리를 결정할 때도 가장 좋은 방법은 시장의 경쟁(즉 논의)에서 승인을 얻는 것이며, 어떤 사상도 표현할 수 있도록 인정되어야 하고, 거기에 권력이 개입하면 안 된다는 발상이다.

단 미국 헌법 판례 이론에는 '사상의 자유시장이론'의 폐해를 고려해 표현 내용에 따라 예외적으로 규제가 인정되는 영역들이 있다. 외설, 명예훼손, 도발적인 언사fighting words, 협박 등의 범주이다. 도발적인 언사란 화자가 앞에 있는 청자에게 공격적이고 모욕적인 표현을 사용함으로써 즉각적인 폭력 반응을 불러일으킬 개연성이 높은 표현을 가리킨다.

이때 혐오발언은 규제 가능한 범주로 인정되지 않지만, 다음에 제시할 판례는 혐오발언 규제 논의가 기존의 규제 가능한 범주들과 연관되어 있음을 보여준다.

변화해온 미연방대법원 판례

혐오발언에 대한 판례로 1952년 보아르네 사건[5] 판결이 있다. 이 판결은 백인우월주의자 보아르네가 "우리 백인들이 단결하지 않으면 흑인이 강간, 강탈, 상해, 총격을 선동할 것"이라는 내용을 담은 소책자를 시카고 시장과 시의회에 보내고 공개한 사건에서 비롯되었다. 연방대법원은 일리노이 주의 집단비방법을 합헌으로 판결했다. 집단비방법은 특정한 인종이나 종교 집단의 범죄성을 묘사하여 그 집단을 모욕하거나 비방하는 표현물을 공공장소에서 판매, 선전하는 일을 범죄로 보고 금지한다는 내용이다.

대법원은 개인의 명예훼손에 형벌을 부과하는 것이 인정되듯 인종 간 대립의 역사를 가진 일리노이 주에서 공공질서를 위해 특정 집단에 대한 명예훼손에 형벌을 부과하는 것도 인정된다고 판결했다. 또 명예훼손은 수정헌법 1조의 범위를 벗어나기 때문에 '명백하고 현존하는 위험'이 아니더라도 규제가 허락된다고 판정했다. 이것은 혐오발언을 명예훼손의 범주로 인식하고, 이를 규제하는 것을 합헌으로 판단한 결과이다.

한편 1969년에 연방대법원은 오하이오 주의 과격단체운동처벌법Criminal Syndicalism Act을 위헌으로 결정했다. 과격단체운동

---

5   Beauharnais v. Illinois, 343 U.S. 250 (1952).

처벌법이란 사회 변혁을 목적으로 하는 위법 행위와 폭력 선동을 범죄로 규정하는 것이었다. 이 위헌 판결은 브랜던버그 사건[6]에서 비롯되었다. KKK 리더가 '백인을 억압하는 정부'에 보복하자고 선동했다가 이 발언이 과격단체운동처벌법 위반으로 간주되어 유죄판결을 받은 사건이다. 대법원은 위법 행위를 선동하는 표현이더라도 위법 행위를 명백히 일으킬 만한 표현이어야 규제가 가능하며, 위법 행위가 곧 실제로 일어날 만큼 위험성이 있는 것에만 한정해야 한다고 판정했다.

이 사건은 혐오발언 규제가 아니라 반정부 표현 규제에 관한 것이지만, 여기서 언급된 내용은 '브랜던버그 기준 Brandenburg test'으로 불리며, 미국법의 표현의 자유 규제에서 엄격한 심사 기준이 되었다.

또 다른 판례도 있다. 1977년에 신나치를 표방하는 운동단체가 시카고 근교의 소도시 스코키에서 나치 제복을 입고 집회를 하겠다고 예고했다. 당시 인구 7만 명 중 절반 이상이 유대인이었던 스코키에서는 서둘러 집회를 신고제에서 허가제로 변경했고, 인종과 종교적 증오를 선동하거나 군복을 입고 하는 시위를 금지하는 조례를 제정했다. 그런데 이 조례의 합헌 여부가 문제로 불거졌다. 연방항소법원[7]은 조례를 무효로 판정했다. 스코키 조례에 명시된 '집단적 명예훼손'이 도발적

---

6   Brandenburg v. Ohio, 395 U.S. 444 (1969).
7   United States courts of appeals. 미국 연방항소법원은 연방법원의 2심 법원이다.

인 언사의 범주에 해당되지 않으며, 표현의 자유를 과도하게 규제하는 것이라고 판단한 것이다. 그리고 연방대법원은 스코키의 상소를 받아들이지 않고 혐오발언 규제에 소극적인 자세를 보였다.[8]

1980년대에는 많은 대학들이 차별적 표현에 대한 규제를 제정했지만, 1989년 연방지방법원은 미시건대학교가 정한 지침이 애매하고 범위가 지나치게 넓다는 이유로 위헌으로 판정하기도 했다.

'십자가 불태우기'를 규제할 수 있는가

미네소타 주 세인트폴 시에서는 스킨헤드 집단이 아프리카계 시민의 집 정원에서 십자가를 불태운 R. A. V. 사건[9]이 있었다. 이들은 '편견을 동기로 한 범죄에 관한 조례'에 따라 유죄판결을 받았다. 세인트폴 시의 조례에는 인종, 피부색, 신념, 종교, 성별을 이유로 타인에게 분노, 불안, 노여움을 초래할 것을 알고 있거나 당연히 알았을 것으로 판단되는 경우, 예컨대 십자가를 불에 태우거나 나치의 하켄크로이츠 같은 표현물을 설치하는 경우 경범죄로 처벌할 수 있는 규정이 있다. 그러나 1992년 연방대법원은 이 조례를 '문서상 무효'라고 판정했다. 규제가 인정되는 '도발적인 언사' 가운데 인종주의적 언행

---

8 1978년 1월 일리노이 주 대법원은 표현의 자유를 규정한 수정헌법 1조에 따라 집회를 허가해야 한다는 판결을 내렸다.

9 R. A. V. v. City of St. Paul, 505 U.S. 377 (1992).

과 같은 바람직하지 않은 표현만을 골라서 규제하는 것은 '표현 내용에 기초한 규제'에 해당하며, 특정한 견해 또는 관점에 기초한 차별이라고 해석했기 때문이다. 이는 역사적으로 차별 대상이 되어온 집단에 속한 사람들의 기본 인권을 보장하고자 한 조례의 중요성은 인정하지만, 이 조례가 절대적으로 필요한 수단이라고는 볼 수 없다는 내용의 판결이었다.

R. A. V. 사건 판결 이후로 혐오발언 규제는 원칙적으로 위헌으로 이해되었다. 이 때문에 각지의 대학과 지방자치단체에서 만들어졌던 규제 대부분이 폐지되었다.

그러나 2003년 연방대법원의 판결은 또 달랐다. KKK 집회에서 배리 블랙이 주동하여 십자가를 불태운 사건에 유죄판결을 내린 버지니아 주법을 합헌이라고 판정했다.[10] 버지니아 주법은 개인이나 집단을 겁줄 의도로 타인의 소유지, 공공도로, 기타 공공장소에서 십자가를 불태우는 행위를 범죄로 규정했다. 대법원은 십자가를 불태우는 행위는 역사적으로 흑인을 위협하거나 박해하기 위해서 이용되어온 상징적인 행위이며 오늘날에도 강력한 협박 메시지를 전달하는 것이라고 인정했다. 따라서 이는 수정헌법 1조로 보호받을 수 있는 표현의 자유에 해당하지 않는다고 판정한 것이다. 버지니아 주법은 행위의 대상을 인종, 민족 같은 속성에 따라 구별된 집단으로 한정하여 확실히 규정하지 않았기 때문에 세인트폴 시의 조례

---

10 Black v. Virginia, 538 U.S. 343 (2003).

와는 다른 경우로 판단되었다.

R. A. V. 사건과 블랙 사건 모두 '십자가 불태우기' 규제가
합헌이냐를 따지는 사건인데 판결이 서로 달랐다. 그랬기 때
문에 양쪽 판결의 정합성에 관해서는 현재까지도 논란이 있
다. 전자의 판결 당시에는 연방대법원에 보수적인 판사가 많
았던 반면, 후자의 판결은 비록 한 명이었을지언정 비백인 판
사가 비판적 인종이론에 이해를 보였던 점도 결론이 달랐던
이유 중 하나로 지적된다.

또 미국은 1988년에 '집단살해죄의 방지와 처벌에 관한 협
약'을 비준하고, 형법을 개정해 혐오발언의 일종인 집단살해선
동에 50만 달러 이하의 벌금 또는 5년 이하의 징역을 내리도
록 했다.(합중국법전 18편 1091조) 단 선동이 처벌되는 것은 실제로
집단살해가 행해질 급박성이 있을 경우에만 해당한다.(같은 법,
1093조)

일본

건재한 차별 구조 속 신중론

'자아실현'과 '자기통치'

먼저 표현의 자유가 갖는 의의부터 확인해보자. 표현의 자유는 일본 헌법이 보장하는 가장 중요한 자유 가운데 하나이다. 표현의 자유를 보장하는 것이 '자아실현'과 '자기통치'에 불가결하다고 여겨지기 때문이다.

인간은 누구든지 자신의 의견을 형성하고 타자에게 전달하며, 타자와 의견을 나누어 자신의 의견을 재형성하면서 인격을 형성해간다. 이러한 개인의 인격 실현 과정에 착안하는 것이 바로 표현의 자유가 보장하는 '자아실현'의 가치이다. 한편 민주주의 사회는 독재를 부정하고 평등을 지향하며 사회 구성원들이 협의하여 사회를 통치하는 과정으로 실현된다. 이를 위해서는 정치에 관한 모든 정보가 사회 전체에 유통되고 누구든 자신의 정치적 견해를 주장할 수 있는 자유, 특히 지배

권력에 대한 비판적 견해를 말할 수 있는 자유가 반드시 필요하다. 이러한 민주주의 과정에 착안하는 것이 표현의 자유가 보장하는 '자기통치'의 가치이다. 표현의 자유에 담긴 이와 같은 '자아실현'과 '자기통치'의 의의는 현재 전 세계가 공통적으로 인식하고 있는 것이라고 할 수 있다.

다양한 규제 신중론

혐오발언 규제에 신중한 사람 대부분은 표현의 자유의 중요성을 강조한다. 그중 대표적인 주장을 소개하고자 한다.

우선 권력이 자신에게 비판적인 언론을 위법으로 몰아 탄압했던 제1차 세계대전 이전 일본 역사를 되짚어본다면 정부가 특정 내용을 '나쁘고' '부적절한' 표현이라고 인정해 규제하는 일이 위험하다는 주장이 있다. 즉 어떤 사람들에게 '불쾌'한 혐오발언이더라도 권력이 그 표현 내용을 기초로 '불쾌하니까 규제한다'고 결론내리는 것은 허락될 수 없다는 주장이다. 혐오발언 규제를 인정하면 다른 '나쁜' 표현, 예를 들어 정부 비판을 정부가 규제하는 것에도 문을 열어주게 된다는 주장도 있다. 주로 미국의 판례 이론, 특히 앞서 언급한 브랜던버그 판결의 기준을 인용하여 혐오발언 규제는 폭력 행위를 즉시 행하도록 선동할 만큼 급박성과 위험성이 공존하는 것에 한정해야 한다는 주장도 있다.

또 한편에는 혐오발언도 내정·외정에 관한 중요한 의견 표명이며, 정치적인 논점에 관한 표현의 자유는 가장 두텁게 보장되어야 한다는 '자기통치'의 가치에 비추어 혐오발언도 표현의 자유 가운데 하나로 보장받아야만 한다는 주장을 펼치는 사람도 있다. 더욱이 표현의 자유는 규제가 있을 경우 위축되는 경향이 있다. 대부분의 사람이 처벌받을 위험을 무릅쓰고 표현 활동을 하지는 않기에, 규제가 있을 경우 과도한 자기검열로 표현이 위축되는 효과가 발생할 위험이 있는 것이다. 그러한 위축 효과를 방지하려면 금지 행위가 무엇인지 명확하게 제시할 필요성이 있다.

그러나 혐오발언의 경우는 명확한 범위 선정이 곤란하다는 주장도 한편에서 제기된다. 특정한 사람을 대상으로 하는 명예훼손, 모욕, 협박과는 달리 불특정 집단을 향한 혐오발언은 해악이 희석되어 피해 정도가 가볍다는 견해도 있다. 법에 의한 규제로는 타인을 차별하는 사람의 마음을 변화시킬 수 없기 때문에 여기에는 계몽과 교육으로 대처하는 것이 적절하다는 견해도 있다.

일각에서는 혐오발언을 규제하면 혐오심이 잠재화되어 더 심각한 사태를 불러올 것이라고 우려한다. 표현의 자유가 가지는 안전밸브 기능, 즉 어떤 불만을 가진 사람이 직접적인 파괴 행위가 아니라 언론 행위로써 울분을 씻어낸다는 측면에서 소수자에 대한 혐오발언도 사회의 안전밸브 역할을 하고 있다는 것이다. 그러므로 차별 감정을 품은 사람들이 울분을 씻어내는 수단이 규제로 사라진다면 더 과격한 범죄 행위가 발생할 우려가 있다는 주장이다.

그런가 하면 혐오발언에 대한 법 규제가 바람직하다고 생각하면서도 권력에 대한 불신 때문에 표현의 자유를 새롭게 규제해서는 안 된다는 의견을 가진 사람도 있다. 형사처벌 여부를 경찰, 검찰이 판단하므로 혐오발언 규제가 소수자나 정부에 비판적인 운동을 규제하는 데 남용될 위험이 있다는 것이다.

그리고 법 규제 반대론자의 대부분은 법 규제가 아니라 대항 언론(혐오발언에 맞서는 표현 활동), 즉 논의를 통해 차별을 해결하도록 제안한다. 앞서 언급한 미국에서처럼 사상의 자유시장이론을 이론적 근거로 삼는 것이다. 몇몇 이들은 논의로 해결하는 것이 민주주의이며, 정부가 표현 내용에 개입하도록 허락하는 것은 민주주의를 뒤흔드는 것이라 주장한다.

한편 혐오발언의 원인은 역사적으로 형성된 차별 구조이며, 특히 재일조선인 문제는 일본 정부가 식민 지배 역사를 청산하지 않고 있는 것이 핵심이기 때문에, 차별 구조의 결과에 해당하는 혐오발언을 규제하더라도 문제가 근본적으로는 해결되지 않을 것이라는 비판도 있다. 또 빈곤층과 비정규직이 늘어가는 상황, 소외받는 이들의 처지가 더욱 악화되어가는 상황에서 진정한 해결책은 불안정하고 불만을 가진 사람들이 재일조선인에게 혐오발언을 하게끔 만드는 사회 구조를 시정하고, 소외된 사회계층의 고민과 불안, 불만을 해소하는 것이라고 보는 견해도 있다.

이제 이러한 신중론을 하나씩 검토해보도록 하겠다.

법 규제 신중론에 반박한다

혐오발언은 '불쾌한' 표현인가

일반적으로 권력이 표현 내용을 규제하는 것은 위험하다고 할 수 있다. 그러나 표현의 자유는 제약이 없는 상태를 말하는 것이 아니다. 국제인권법에서 표현의 자유에 관한 중심 규정은 자유권규약 19조 3항이다. 여기서는 "표현의 자유를 행사하는 데는 특별한 의무 및 책임이 따른다"라고 하여, 타인의 권리나 신뢰의 존중 등을 이유로 표현의 자유를 제한하는 것을 인정한다. 일본 현행법에서도 협박이나 명예훼손 내용이 타인의 인권을 침해할 경우 표현의 자유를 제약할 수 있다고 인정된다. 마찬가지로 혐오발언도 소수자의 존엄에 상처를 입히고 평등권을 침해하며 소수자를 침묵시키고 차별과 폭력을 사회에 만연시킨다. 그리고 타민족에 대한 학살과 전쟁을 유도한다는 심각한 해악이 있다. 그렇다면 혐오발언도 협박이나 명예훼손처럼 규제해야 하는 것이 아닐까.

혐오발언은 단순히 '사악하고' '지지를 받기 어렵고' '부적절하고' '불쾌한' 표현이 아니다. 협박과 명예훼손에서 타인의 인권을 침해하는 것이 허락되지 않듯이, 혐오발언 또한 인권을 침해하는 표현이며 허락되어서는 안 되는 것이다. 혐오발언을 '불쾌하다'거나 '부적절하다'는 식으로 가볍게 여기는 것은 혐오발언이 초래하는 돌이킬 수 없는 심각한 인권침해와 사회 파괴라는 해악을 제대로 인식하지 못하는 것이다.

혐오발언을 법으로 규제해야만 하는 것은 각국 정부의 자의적인 판단의 문제가 아니다. 이는 모든 사람은 평등하다는 인권의 근본 원칙이자, 집단살해와 전쟁 방지라는 국제사회의 공통적인 가치관을 토대로 도달한 원칙이다. 그래서 국제인권조약이라는 형태로 유엔 가맹국의 법적 의무를 규정하고 있다. 표현의 자유를 이유로 인종차별 규제를 인정할 수 없다고 주장하는 것은 식민 지배를 받았던 국가들과 평등을 요구하는 사람들이 투쟁해 얻은 열매인 국제인권기준을 경시하는 셈이다.

폭력 행위를 선동하는 절박한 위험성이 있을 경우에만 한정해서 규제해야 한다는 주장도 혐오발언 자체의 해악을 경시하는 것이다. 혐오발언 자체가 언행에 의한 폭력이다. 더욱이 소수자의 존엄과 평등권, 협박 없이 사회에 참여해 평온하게 살아갈 권리를 직접적으로 침해하는 것이다. 혐오발언 자체가 소수자에게 실제로 피해를 입히고 있다는 사실은 교토조선학교 습격 사건을 다룬 민사재판 판결에서 인정된 바이다. 또 혐오발언은 폭력 행위 자체를 선동하지 않더라도 차별을 선동하여 사회 전반에 차별을 확산시키고, 소수자에게는 물리적 폭력을 불러올 위험성이 있다. 그러므로 직접적인 폭력 행위의 선동만으로 규제 범위를 한정하는 것은 혐오발언의 본질을 이해하지 못한 것이다.

표현의 자유가 민주주의를 파괴한다면?

다음으로 표현의 자유의 중요성으로 거론되는 자아실현과 자기통치라는 두 가지 근거를 참조해 혐오발언을 구체적으로 살펴보도록 하자.

먼저 자아실현을 생각해보자. 민족적 소수자가 많은 상점가와 거주지로 가서 "해충을 박멸하자" "한국인 몰살"이라고 외치는 행위, 2013년 10월 재일조선인 여성 작가의 트위터에 익명으로 "지구에서 사라져라! 똥 처먹는 인간 같은 것이"라는 댓글을 쓴 행위가 과연 표현 주체의 인격 형성을 위해 보호할 만한 행위란 말인가. 혐오발언을 자아실현의 일종으로 취급하여 옹호하는 것은 현실을 잘 모르는 탁상공론이라고 할 수 있다.

자기통치라는 점은 어떤가. 소수자의 표현 활동을 보장하고 입장이 다양한 사람들이 다양한 의견을 표명하게끔 하는 것은 민주주의의 실현 과정에서 가장 중요한 일임에 틀림없다. 그러나 혐오발언은 차별받는 집단을 침묵시키고 사회에서 배제하려는 것이다. 혐오발언은 사회에 차별과 증오, 폭력을 퍼뜨려, 평화와 평등을 전제로 문제를 논의해 해결한다는 민주주의 사회의 기반을 무너뜨리고 역사 발전을 후퇴시킨다. 지금도 소수자와 차별 철폐를 요구하는 사람들이 강연회, 집회, 시위 등을 할 때 인종주의자 집단이 혐오발언을 일삼으며 이를 방해하는 경우가 부지기수이다. 이러한 일을 피하고자 방어적으로 표현 활동을 스스로 삼가거나, 표현 내용을 바꾼 사례가 많다. 그러고도 자신들을 방해하는 혐오발언에 노출될 각오를 해야만 한다.

민족단체가 교토의 우토로 문제에 관한 학습 모임을 중단한 것, 니콘살롱이 일본군 '위안부' 사진전을 중지시킨 것,[11] 후지TV에서 한국 드라마 방영을 대폭 줄인 것, 인권단체가 혐오발언에 대한 비판적인 성명 발표를 삼가는 것 등은 모두 민주주의 파괴라고 볼 수 있다.

11　니콘살롱은 니콘에서 사진 문화의 보급과 발전을 목적으로 공간을 대여해주는 사진 전시장이다. 이곳에서 한국 사진작가 안세홍 씨가 2012년 6월 '겹겹—중국에 남겨진 조선인 일본군 위안부 여성들'이라는 사진전을 개최할 예정이었다. 그러나 5월 20일 니콘살롱 측에서 갑자기 사진전을 취소하면서 이유는 밝힐 수 없다고 일방적으로 통보했다. 안 씨는 몇 차례 교섭 중에 전시회 취소에 외압이 작용했음을 알게 되었고, 도쿄지방법원에 사진전 개최 불가를 취소해달라는 가처분 신청을 냈다. 재판 과정에서 니콘 측은 위안부 할머니들의 사진이 '정치적 활동'이기 때문에 사진전을 열 수 없다고 주장했고, 사진전 개최를 반대하는 주주들의 요청이 있었다고 했다. 그러나 도쿄지방법원은 일정 부분 정치성을 띠고 있기는 하나 사진 문화를 향상시키는 데 목적이 있으며 표현의 자유를 보장해야 한다는 판결을 내렸고, 사진전은 6월 26일부터 7월 9일까지 개최되었다. 사진을 전시하는 동안에도 니콘살롱 측은 사진전 홍보를 방해했고, 일본 우익들이 전시장에서 소란을 피우기도 했다.

소수자에 대한 적의, 증오, 차별 등의 감정이 만연한다면 세계대전 이전의 독일과 일본이 경험했던 것과 같이 이성적인 반론은 받아들여지기 어려워지며, 소수자를 배제하는 일이 사회의 상식처럼 형성될지도 모른다.

혐오발언은 정치 과제에 의견을 표명한다는 측면도 있기 때문에 이를 규제해서는 안 된다는 주장도 검토해보자. 이 주장처럼 공익을 목표로 분명하고 진지하게 논의하는 이민제한론 같은 경우는 규제해서는 안 될 것이다. 그러나 2013년 2월 24일 오사카 쓰루하시에서 일어난 가두시위는 명목상으로는 한일 국교 단절이라는 정치적 과제를 내세우면서 실상 "바퀴벌레 같은 조선인을 일본에서 내쫓자!" "두 다리로 걷지 마라, 조선인 주제에"라는 표현으로 재일조선인을 차별하고 상처 입히고 배제하는 것을 목적으로 한 시위였다. 이마저도 정치적인 의견 표명이라는 이유로 방치해서는 안 될 것이다.

무엇이 혐오발언 규제의 대상이 되는지 명확히 규정하고, 소수자에게 상처를 줄 목적이 아니라 정치적 과제에 관한 진지한 의견 표명일 경우에는 위법으로 하지 않고 규제 대상에서 제외하면 될 일 아니겠는가. 예를 들어 2장에서 소개했듯이 유엔 인종차별철폐위원회는 일반적 권고 35의 14항에서 '역사적 사실에 관한 의견 표명'은 금지되어서는 안 된다고 강조했다. 캐나다와 호주의 혐오발언 규제법도 예외 규정을 두고, 진지한 정치적 논의는 규제 대상에서 제외한다고 명시되어 있다.

규제에 따른 위축 효과

혐오발언을 규제하면 정당한 논의까지 위축시킬 위험이 있다는 지적을 생각해보자. 어떤 표현 규제든 위축 효과를 낳을 수 있는 것은 사실이다. 그러나 협박, 명예훼손, 모욕 등은 그 위험성을 인지하고 형사 규제를 한다. 법익 침해를 방지한다는 관점에서 규제가 필요하기 때문이다. 혐오발언도 이와 같이 심각하게 법익을 침해당할 우려가 있기 때문에 위축 효과를 최소한으로 하려는 노력을 병행하면서 규제 방법을 찾아야 한다. 혐오발언을 어디까지 규제해야 하는지 범위를 명확히 규정하는 것이 곤란하다는 주장도 있다. 그러나 각국의 혐오발언 규제와 국제인권기준에서 현실적으로 다양하게 명시하려고 노력하고 있는 만큼 이러한 실천에서 배우면 될 일이다.

덧붙여 다른 나라와 비교해 일본의 형법 요건은 단순한 것이 많다. 예를 들어 현행법에서 모욕죄의 구성 요건은 '공공연하게 사람을 모욕한 자(형법 231조)'로 되어 있을 뿐, 무엇이 모욕에 해당되는지 구체적인 지표는 전혀 명시되지 않았다. 그럼에도 새삼스럽게 혐오발언 규제가 명확하지 않다고 주장하는 것은 혐오발언 규제의 필요성, 특히 소수자가 입는 심신의 상처를 경시하는 풍조가 있기 때문이 아닐까. 이런 논지를 가진 사람 대부분이 주류 세력에 속하고, 혐오발언이 규제된다면 자신들의 표현 활동도 규제되기 때문에 의식적이든 무의식적이든 자기방어적 관점에서 논하고 있지는 않은지 의심스럽다.

피해는 인원수에 따라 축소되는가

혐오발언이 개인을 향할 때보다 집단을 향할 때 피해 정도가 적고 희석된다는 주장은 소수자 집단과 소수자 개인에게는 해당되지 않는다. 소수자 그룹에 속하는 사람들에게는 민족성이나 문화 같은 속성이 자기 정체성의 핵심을 차지하는 경우가 많다. 그래서 소속된 집단의 속성을 향한 언어폭력은 특정인에게 향하더라도 같은 속성을 가진 다른 모든 사람들의 존재 가치를 부정하는 메시지가 될 수 있다.

저널리스트인 야스다 고이치가 재일조선인 여성과 함께 배외주의 시위를 취재했을 당시, 이 여성이 지목되어 공격받지 않아 안심했다고 한다. 그런데 취재가 끝난 후에 "개인적인 공격을 당하지 않아서 정말 다행이야"라고 말을 걸자 이 여성은 울면서 반론했다고 한다. "계속 공격당했잖아. 조선인을 죽이라는 말을 들었잖아, 전부 다 날 가리키는 거야."(아리타, 2013)

사상의 자유시장이 존재할 수 있는가

바람직한 논의를 통해 혐오발언을 근절시킬 수 있다는 주장은 과연 어느 정도나 설득력이 있을까. 나치 또한 '표현의 자유'를 행사해 혐오발언을 서슴지 않고 반대세력을 '몰아내고' 권력을 잡아 많은 이들을 유대인 학살의 가해자로 만들었던 역사적 사실에 비춰본다면 말이다.

혐오발언은 애초에 대항 언론의 전제, 즉 평등한 사회의 구성원이라면 누구든지 논의에 참여하여 문제를 해결한다는 전제 자체를 파괴한다. 실제로 경제적·정치적·사회적으로 불평 등한 사회에서 '사회의 구성원 누구든지 평등하게 참여한다'는 것을 전제로 삼는 '사상의 자유시장'이라는 것이 존재할 수 있느냐 하는 근본적 문제가 있다. 소수자들은 특히 수적으로 열세하며 차별을 당해 정치, 경제, 사회 면에서 불리한 입장에 놓여 있기 때문에 이들의 발언도 부당하게 낮은 지위로 억압되어 있다. 발언할 기회도 적고 논쟁에서도 압도적으로 불리하다.

구체적으로 현재 일본 사회에서 논의의 장에 소수자, 특히 재일조선인이 얼마나 평등하게 참여할 수 있는지 생각해보자. 우선 사회적 논의의 장 가운데 최고결정기관인 국회만 보더라도 외국 국적자에게는 참정권이 없고, 법적으로도 배제되어 있다. 일본 국적 취득 후에도 국회의원이 되기는 현실적으로 어렵다. 예를 들어 1983년 중의원 총선거 당시 이시하라 전 도쿄 도지사의 보좌관과 같은 선거구에서 맞붙었던 재일조선인 출신 정치가 아라이 쇼케이新井將敬의 포스터에 "원래 북조선 사람" "귀화인은 입후보하지 마라" "아라이는 북조선의 스파이"라고 적힌 검은 스티커가 붙은 사건이 있었다. 아라이는 그 후 국회의원이 되었으나, 1998년 자살했다. 자신의 출신에 대한 공격을 앞뒤로 계속 당해온 것이 자살 원인 중 하나였다고 한다.

사회적 영향력이 큰 텔레비전이나 신문 따위의 언론 대부분은 역시 정부와 주류의 의향에 영합하고 있으며, 반론권을 보장하지 않는다. 일본에서 외국 국적자 최초로 변호사가 되었던 고 김경득 변호사는 1970년대 대학 졸업 당시 국적 때문에 신문기자로 채용될 수 없어서 변호사로 진로를 바꿨다. 요즘도 외국 국적자가 신문기자가 되기란 어려운 일이며, 기자가 민족명(조선 이름)을 사용하면 그 자체로 인터넷상에서 공격 대상이 된다.

또 현재까지도 소수자가 언론에서 의견을 표명할 수 있는 기회는 극히 적다. 2002년 9월 북일 정상회담 이후 언론 보도로 재일조선인에 대한 폭언, 폭행이 빈발했을 당시, 나는 당시 변호사회의 일원으로서 피해자들을 취재해달라고 각 언론사에 몇 번이나 의뢰했다. 그러나 "국민 정서상 안 된다" "북한을 편드는 보도라고 우리가 공격당한다"라는 말과 함께 대부분 거절당했다. 인터넷에서도 소수자임을 밝히고 의견을 표명하면 비방과 중상모략이 쇄도해 결국 블로그를 폐쇄하거나 트위터를 중단하는 경우가 수없이 많이 발생한다.

반론하기 어려운 상황에 놓인 피해자들

자신을 대등한 인간으로 대하지 않고 존재 자체를 부정하는 혐오발언과 맞닥뜨린 소수자는 깊은 상처를 입어 할 말을 잃어버리는 경우가 많다. 그 고통을 이겨내고 논의에 참가한다는 것은 쉬운 일이 아니다. 대항 언론을 주장하는 주류 세력은 소수자에게 그러한 고통을 참아내도록 강요하고 있다는 사실을 알기는 하는 것일까. 한편에서는 소수자가 직접 발언할

4장 | 누구를 위한 '표현의 자유'인가

수 없다고 하더라도 주류 세력의 일부가 소수자의 주장을 대변할 수 있다는 주장도 한다. 그러나 소수자 자신이 사회 내부에 논의의 주체로서 평등하게 참가할 수 있는 조건이 마련되지 않는다면 논의를 통한 해결, 즉 대항 언론이라는 해결책의 전제가 마련되었다고 할 수 없다. 논의의 주체로서가 아니라 보호해야 할 대상이나 논의의 대상으로서 한 단계 아래 위치에 소수자를 고정시켜버릴 위험이 있다.

원래 혐오발언을 즐기는 사람은 자신은 안전지대에 자리 잡은 뒤에 차별을 받고도 반격하기 어려운 입장에 놓인 사람을 표적으로 삼아 공격을 시작한다. 또 만약에 소수자가 반론한다 하더라도 이미 상대에게 멸시당하고 있기 때문에 반론이 효과가 없을 경우가 많다. 그런 의미에서도 혐오발언은 대등한 논의를 전제로 하는 대항 언론이 성립할 수 없는 상황을 골라서 진행된다고 말할 수 있다.

한번 상상해보기 바란다. '구더기' '바퀴벌레' '조선인'이라고 불리면서 어떤 대항 표현을 만들 수 있겠는가. 2013년 3월 30일 조선학교에 고교 무상화를 적용하라고 요구하는 시위 도중에 기다리고 있던 가두시위 차가 학생들과 그 가족들, 시위 참가자들에게 엄청나게 큰 소리로 "이 조선놈이!"라는 욕설을 퍼부었다. 현재도 어떤 남성이 연신 "총코, 총코"라고 큰소리로 부르면서 길가의 여성을 따라다니는 모습을 담은 동영상이 인터넷상에 올라와 있다. 조선인이 "이 일본놈이!"라고 하는 것은 반격이 되지 않는다. "나가라" "내쫓아라"라는 표현도 주류 세력이 소수자, 특히 외국 국적자를 향해 말하는 것이기 때문에 사회에서 배제되는 것을 의미하고 생활 기반을 잃게 만들 공포를 불러일으키는 공격이다. 소수자가 주류 세력에게 "나가라" "내쫓아라"라고 말하는 것은 어떤 반격도 될 수 없다.

한편으로 통명 제도가 '특권'이라는 주장은 황당무계할지언정 대항 표현 활동으로 반론할 수 있다. 혐오발언에 맞서는 표현 활동을 해서 문제를 해결하자고 주장한다 할지라도, 적어도 구체적으로 생각했을 때 대항 언론이 성립하지 않는 표현은 법 규제 대상으로 검토해야만 할 것이다.

잠재화의 위험성에 대한 반론

법으로 규제하면 혐오발언을 하는 세력이 더 위험한 폭력을 저지른다는 주장, 즉 혐오발언 규제로 폭력이 잠재화될 위험이 있다고 보는 주장은 표현의 자유를 사회 방위 기능의 관점으로 파악하는 것이다. 여기서 '잠재화'된다고 여겨지는 것은 혐오발언이 위법으로 여겨져 사회적으로 공공연하게 활동하기 어려워지고 혐오발언이 감소하는 상태이다. 그런 의미에서는 피해자의 피해가 감소하기 때문에 오히려 바람직하다고 한다.

이는 소수자들이 언어폭력의 샌드백이 되더라도 견뎌내라고 주장하는 것과 같다. 사회 지배자의 입장에서 소수자들의 희생을 반성하지 않는 주장이라 하지 않을 수 없다. 예를 들어 인종주의자들은 이미 소수자에 대한 폭력 사건도 일으키고 있기 때문에 인종주의자들이 아직 언어폭력에만 머물러 있다는 발상은 현 상황을 제대로 인식하지 못하는 것임을 알 수 있다. 실태를 보면 혐오발언 규제뿐만 아니라, 증오범죄 규제도 필요하다.

또 혐오발언을 방치한 결과, 차별에 따른 편견을 퍼뜨리고 실제로 폭력과 살인이 촉발된 역사적 사실을 직시해야만 할 것이다. 성희롱 규제와 비교해 생각한다면 이해하기 쉬울 것이다. 오늘날 성희롱은 위법으로 취급되어 허용되지 않는 것이 상식이다. 일각에서는 성희롱이 사회에서 잠재화된 상태라고도 볼 수 있으니 직장의 성적 괴롭힘과 차별이 근절되었다기보다는 다른 형태로 차별 의식이 발산되고 있을지도 모른다고 한다. 그러나 이런 견해 때문에 앞으로 여론이 성희롱을 금지하지 말자는 주장으로 발전하지는 않을 것이다.

혐오발언의 근본 원인과 대책

법 규제와 교육·계몽, 법 규제와 식민 지배 역사 청산은 서로 모순되지 않는다. 혐오발언은 역사적으로 형성된 차별 구조의 한 형태이므로, 법 규제만으로는 혐오발언을 근절할 수 없다. 차별 구조를 불식할 활동이 필요하며, 법 규제는 차별 철폐 활동 속에서 자리 잡아야 한다.

혐오발언을 규제하는 법 제도를 마련하는 것 자체가 곧 국가가 혐오발언을 비롯한 각종 차별의 위법성을 인정하고, 차별을 허용하지 않겠다는 점을 명시된 법 규범으로 선언하는 것이다. 법 규제가 사회에 계몽적·교육적인 효과를 불러온다는 점은 인종차별철폐위원회도 반복적으로 밝혀왔다. 직장에 성희롱이 만연했을 때는 성희롱에 대해 문제 제기를 하는 사람이 이상하다고 여겨졌지만, 성희롱을 위법으로 정함으로써 단번에 '성희롱은 허용되지 않는다'라는 사회인식이 퍼져 공유되고 있다는 점을 상기해보길 바란다.

법 규제, 특히 민사 규제로 위반자 교육을 제도화하는 것도 가능하다. 캐나다 인권법을 포함하여 각국의 법 규제를 살펴보아도 법을 위반했을 때 인권 연수를 의무화하거나 인종 간의 우호 관계를 진척시키기 위한 봉사활동에 참여하도록 의무화하는 등 교육적 관점에서 노력이 보인다. 증오범죄를 형사 규제하는 미국에서는 남부빈곤자법률센터 같은 NGO에서 제공하는 교육 프로그램과 교재를 이용해 증오범죄 가해자를 교육하고 있다.

법 규제보다 비정규 불안정 노동층을 발생시키는 구조를 시정하고 사회 안전망을 형성해야 한다는 주장도 있다. 그러나 사회적 안전망에 관한 정책 입안은 그 자체로 필요한 일이다. 그리고 배외주의 시위 참가자를 살펴보면 생활이 불안정한 사람만이 혐오 시위에 참가하는 것이 아니다.(히구치, 2012) 더욱이 이러한 주장으로는 공인의 혐오발언에는 대처할 수가 없다. 또한 사회 안전망으로 따지자면 가해자들보다는 심신에 상처를 입은 소수자 피해자들을 지원하는 체계를 마련하는 일이 훨씬 긴급하다.

무엇보다 중요한 것은 혐오발언에 따른 피해가 일상적으로 발생하는 가운데, 법 규제를 누락한 채 계몽 활동이나 식민 지주의 청산운동을 벌이는 것만으로는 혐오발언을 즉시 멈추게 할 수 없다는 점이다. 차별하는 사람이 뉘우칠 때까지, 혹은 차별구조가 없어질 때까지 피해자더러 인내하라는 것은 부당하다.

규제 남용의 위험성

3장에서 영국과 독일의 규제 남용 사례를 소개했다. 그 밖에도 터키에서 민족적 소수자인 쿠르드인 여성 변호사가 쿠르드인 여성을 유린한 군인을 비판하는 발언을 했다가 형법 216조 1항 '인종적 증오의 선동을 금지하는 조항'에 적용되어 유죄 판결을 받은 예도 있다.

이렇듯 남용의 위험성에 대한 우려는 어느 나라나 공통적인 것이다. 이미 언급한 라바트 행동계획은 혐오발언과 표현의 자유가 상충되는 것이 전 세계적인 문제점이고, 증오선동금지법이라는 명목으로 소수자 박해가 행해지고 있음을 지적한다. 인종차별철폐위원회의 일반적 권고 35의 20항에서도 집단의 활동을 억압하거나 반대 의견을 억누르는 구실로 인종적 혐오발언 규제가 이용되어서는 안 된다고 강조한다.

소수자 차별의 구조를 형성하고 방치해온 일본 정부가 규제법을 남용하는 위험성을 우려하는 것은 당연하다. 정부는 전쟁 이전뿐만 아니라 종전 후에도 소수자의 활동은 물론이고 정부에 비판적인 많은 활동을 탄압해왔다. 협박죄, 명예훼손죄, 공안 조례 등 표현의 자유를 제약하는 법령과 폭행죄, 주거침입죄 따위의 다양한 형법상 규정이 비판적 활동을 탄압하는 데 이용되어왔다. 2004년에도 평화운동가들이 일본 정부의 이라크 파병을 비판하는 전단지를 배포하고자 다치카와에 있는 자위대 관사에 들어갔다가 주거침입죄로 체포·기소되어 유죄판결을 받은 사례가 있다. 일본에서 요즘 활발히 일어나고 있는 반핵운동에도 폭행죄를 적용하여 체포하는 경우가 빈번하다. 더욱이 정부는 2013년 11월 말 현재 비판적인 언론 활동을 억압하기 위해서 특정비밀보호법[12]을 국회에 상정했다.

그러나 남용 위험이 있다는 이유로 현실의 절박한 법익 침해를 방치하고 규제하지 않는 것은 극단적인 논리에 불과하다. 모든 법 규제는 권력에 남용될 위험성이 있다. 예를 들어 폭행죄가 정부 비판을 탄압하는 데 남용되어왔다고 해서 이 규정 자체를 삭제해야 한다는 주장은 성립되지 않는다. 폭행으로부터 피해자의 심신의 안전을 지키기 위해서는 법 규제가 필요하기 때문이다.

이처럼 소수자의 심신 안전과 평등권, 차별과 폭력이 없는

---

12 일본의 안전보장에 관한 정보 가운데 '특히 익명으로 처리할 필요가 있는 것'을 '특정비밀'로서 지정하여 취급자의 적정 평가 실시와 누설했을 경우에 받게 되는 벌칙 등을 정한 법률이다. 2014년 말부터 시행되었다. 한편 유엔 인권위원회는 2014년 7월 24일 특정비밀보호법이 "비밀에 대한 정의가 애매하며 보도 활동을 위축시킨다"라고 문제점을 지적했다.

사회를 지켜내기 위해 혐오발언을 법적으로 규제하고, 남용을 최소한으로 막아내려 노력해야 한다는 점은 혐오발언 규제법이나 일반적인 법 규제나 동일하다. 이춘희 변호사가 지적한 바와 같이 "부작용이 있다고 해서 연구하지 않거나 치료하지 않는 것은 이상한 것이다".(이춘희, 2013) 당사자인 소수자가 어떻게 생각하고 있는지 의견을 묻는 것이 가장 중요하겠지만, 법 규제 신중론을 주장하는 압도적 다수인 주류 세력이 남용의 위험성을 구실로 규제 자체를 하지 않는 것이 소수자의 이익에 부합하는 것인지, 진정으로 소수자의 의견을 반영한 것인지 의문이다.

직접적 항의 행동의 한계

배외주의 시위에 대항하는 항의 시위 같은 직접행동은 앞으로도 차별 철폐를 추진하는 데 주요 조치 가운데 하나다. 그렇지만 배외주의 시위가 '표현의 자유'로서 합법으로 받아들여지는 반면, 실력행사라는 저지 수단은 현행법상 위법이기 때문에 배외주의 시위를 못하게 하는 것이 상당히 어렵다. 실제로 배외주의 시위에 맞서 항의 시위를 벌여온 사람들 가운데 10명 이상이 폭행죄로 체포되었으며, 일부는 약식으로 벌금 처분을 받았다. 실력행사를 하지 않고 배외주의 시위를 멈추게 하려면 시위 참가자보다 수십 배, 수백 배 많은 인원으로 둘러싸서 시위자들을 무력화하는 방법이 있을 것이다. 그러나 즉시, 그것도 매번 이 방법을 실현하기는 무척 어렵다. 게다가 배외주의 시위가 합법인 이상, 경찰은 시위 참가자를 보호하고 시위 저지 세력을 탄압하려 들 것이다. 그리고 배외주의 시위대가 언제 어디서든 '표현의 자유'를 들먹이는 상황에서, 항의하는 쪽은 계속 그 시위에 휘둘리게 된다. 직접 혐오발언을 들은 항의자, 특히 소수자 당사자의 심신에 입는 스트레스와 생활상의 불이익은 헤아릴 수 없다. 어떤 참가자는 "증오에 찬 혐오발언을 듣게 될 때마다 가슴속에 검게 오염된 진흙이 칠해지는 것 같고, 그것을 좀처럼 뜯어낼 수 없어 며칠 동안 구토가 난다"고 표현했다.

이미 항의 시위를 벌인 이후, 인종주의자들의 괴롭힘 탓에 직장과 주거지를 옮길 수밖에 없는 사람들, 심신이 쇠약해지는 사람들이 있다. 법 규제 대신 대항 언론을 주장하는 것은 혐오발언의 표적이 되는 사람들과 항의하는 사람들에게 더욱 크나큰 희생을 강요하는 것을 의미한다. 공인의 혐오발언, 그리고 가두시위와 언론과 인터넷에서 벌어지는 혐오발언이 합법인 채로 남아 있는 한 직접적인 항의 행동으로 저지할 수 있는 범위는 상당히 한계가 있다.

더욱이 2010년 12월 시부야에서는 배외주의 시위에 항의했다가 인종주의자들에게 폭행을 당한 당사자가 '합법적인 시위를 방해'했다는 이유로 체포되기도 했다. 2013년 6월 16일 신오쿠보에서는 인종주의자 측과 항의자 측의 격한 논쟁이 곳곳에서 일어났지만 경찰은 인종주의자와 항의자를 각각 4명씩 똑같은 수만큼 폭행죄로 체포했다. 양쪽 모두 똑같이 나쁘다는 인상을 주는 대응을 취한 것이다. 그해 9월 8일 신오쿠보에서 발생한 배외주의 시위와 관련해서도 1개월 정도 지난 후에 항의자 측 2명만이 경시청 공안부에 폭행죄 용의자로 체포되었다. 혐오발언이 차별이며 위법이라는 명확한 법적 기준이 없는 현 상황이야말로 오히려 권력이 남용될 위험성이 있다. 권력이 현행법의 폭행죄 따위를 이용하여 자기 재량권에 따라 인종주의자나 항의자들을 체포할지 말지 자의적으로 결정할 수 있는 것이다.

남용 방지를 위한 노력

라바트 행동계획에서 남용의 문제를 지적하며 가장 우려하는 점이 혐오발언이 소급도 처벌도 되지 않는 상태이다.(라바트 행동계획 II-11) 그래서 남용을 방지하면서 적정한 규제가 이루어질 수 있도록 국내법에서 '차별' 같은 용어를 명확하게 정의하고, 규제 요건이 지나치게 협소해지거나 애매해지지 않도록 요구하고, 법률 내용뿐만 아니라 사법이 그 법률을 적용할 때도 남용을 막고 적절히 규제될 수 있도록 구체적인 주의사항을 들어 권고하고 있다.

인종차별철폐위원회 권고 35에서도 형사제재의 정당성, 공평성과 필요성의 원칙에 덧붙여, 연설 내용과 형태, 발언자의 지위, 연설의 목적, 범위, 방법 같은 다양한 요소를 검토해 규제할 대상을 정확하게 규정하도록 권고하고 있다. 세계 각국에서도 남용을 막는 조치를 다양하게 구사하고 있으며 우리는 그 경험에서 배워야 할 것이다.

더욱이 혐오발언 규제라고 하더라도 특히 권력이 남용할 위험성이 있는 것이 바로 형사 규제다. 그런데 국제인권기준에 따른다고 해서 혐오발언이라고 불리는 모든 것을 형사규제해야 하는 것은 아니다. 정도에 따라 형사 규제, 민사 규제, 그밖의 방법으로 명확하게 구분해 대책을 강구하는 것이다.

혐오발언이 불러오는 해악의 심각성, 이를 막아야 하는 긴급성을 고려한다면 법 규제, 남용 방지 방안, 입법 후의 운용과정을 포함한 건설적이고 구체적인 연구와 논의를 진전시켜야 할 때이다.

그러나 규제만으로 혐오발언을 포함한 차별이 즉시 사라지지는 않는다. 항의 행동을 비롯해 사람들이 벌이는 직접행동은 이후로도 차별을 철폐하기 위한 가장 중요한 요소이며, 법 규제와 모순되는 것이 아니라 상호보완되는 것이다. 차별에 대한 법 규제는 차별 행위를 저지하는 실천적 도구의 하나인 동시에 차별을 해서는 안 된다는 규범을 형성하는 효과적인 수단이고, 차별 철폐를 위한 시민들의 행동을 촉진하는 기반이 될 것이다.

일본 정부의 책임

똑같은 법 규제 신중론이라고 하더라도, 정부의 주장에는 좀더 근본적인 점부터 되물어야 한다. 차별의 시정을 '사회의 자발적 시장에 맡겨둔다'는 것은 일반론으로 볼 때도 사회를 책임지는 국가가 책임을 회피하는 것이라고 할 수 있다. 일본 정부는 이미 자유권규약 및 인종차별철폐조약 등에 가입했고 혐오발언을 허용하지 않는 사회를 솔선하여 형성해나가야 한다는 국제법상의 법적 책임을 구체적으로 지고 있는 것임에도 그 책임을 포기한 것이다.

이러한 주장은 혐오발언을 비롯한 차별이 원래 민간의 문제라는 암묵적 전제가 깔려 있는 것이라는 점에서 무척 기만적이다. 지금까지 서술해온 바와 같이 역사적으로도 현실적으로도 소수자 차별을 오히려 앞장서서 자행해온 것이 바로 권력이며, 소수자에 대한 구조적 차별에 가장 책임이 있는 것도 일본 정부라는 사실을 은폐하는 것이다.

법적으로도 역사적으로도 차별을 불식할 책임은 바로 일본 정부에 있고, 방관자적 태도는 허용될 수 없다. 일본 정부는 이 책임에서 계속 도망쳐왔으며, 일본 사회의 주류 세력 또한 정부를 향한 책임 추궁이 미약했고 이를 방치해왔다는 책임이 있다. 그렇다면, 구체적으로 국가와 사회가 무엇을 해야 하는지 다음 장에서 검토해보겠다.

차별금지,
어떻게 실현할 것인가

현행법으로 대처 가능한가

혐오발언과 현행법

현행법에서 혐오발언을 어떻게 규제하는지 다시 정리해보자. 새로운 법이 생기기까지 현행법으로 대처할 방법이 있는지, 현행법을 어디까지 활용할 수 있으며 한계는 무엇인지가 문제이다.

먼저 특정인 또는 특정 집단을 향한 혐오발언은 요건을 충족한 경우 형법의 모욕죄, 명예훼손죄, 협박죄, 위력업무방해죄, 신용훼손죄, 업무방해죄 등을 적용할 수 있다. 하지만 여태까지 경찰과 검찰의 소극적 태도 탓에 실제 형법을 적용한 예는 극히 드물었다.

일본 정부는 인종차별철폐위원회에 "인종주의적 동기에 의한 경우 양형을 가중할 수 있다"고 설명했다. 그러나 실제로 가중처벌한 예는 연속대량엽서 사건밖에 없다. 이 사건으로 가해자는 초범이었는데도 실형 2년을 선고받았다. 피해자 지원 단체였던 부락해방동맹은 가해자가 부락을 차별했던 동기가 악질이었다는 점이 판결에 감안된 것으로 평가했다.

민법에서는 불법 행위에 관한 일반 조항을 혐오발언 규제에 적용해볼 만하지만 판례가 적다.● 더욱이 피해자가 가해자를 민사로 고소하면 형사사건과 달리 인종차별주의자들의 공격 표적이 될 것을 각오해야 한다. 소송에 시간도 많이 써야 하고, 정신적으로도 경제적으로도 큰 부담을 받는 게 현실이다.

또 이러한 민법 및 형법 조항은 본래 모두 특정인(또는 특정인들)을 향한 행위만을 상정하므로 불특정한 집단 전체를 향한 행위에서는 원칙상 적용할 수 없다. 교토조선학교 습격 사건의 민사판결에서 "새로운 입법 없이 혐오발언을 규제할 수 없다"고 지적했던 대로이다.

단, 일본은 인종차별철폐조약 4조 c항 "국가 또는 지방의 공공기관이나 또는 공공단체가 인종차별을 촉진시키거나 또는 고무하는 것을 허용하지 아니한다"는 조문은 유보하지 않았다. 따라서 공인이 불특정 집단을 대상으로 차별을 선동했을 때 이 조문을 법적 근거로 하여 당연히 현행법으로 어떻게든 대응할 수는 있다. 하지만 일본 정부는 이 조항을 적용

● 이러한 판례는 히가시자와 야스시(東澤靖),《인종차별 소송을 둘러싼 판례법리의 발전과 과제(人種差別訴訟をめぐる判例法理の發展と課題)》《일본의 민족차별(日本の民族差別)》, 明石書店, 2005를 참조하라.

하는 의무조차 게을리하고 있다. 혐오발언 규제를 둘러싼 법제가 갖춰지지 않은 상태에서, 현행법조차 충분히 활용하지 않고 있는 것이다.

법제를 어떻게 정비할 것인지는 다음 절에서 검토하기로 하고, 먼저 현행법을 활용하여 혐오발언을 어디까지 규제할 수 있는지 그 한계를 살펴보자.

이시하라 신타로의 '삼국인' 발언

인종차별철폐조약 4조 c항 적용이 문제가 된 '삼국인'[1] 발언 사례를 보자. 2000년 4월 9일 이시하라 신타로 당시 도쿄 도지사는 육상자위대 기념행사에서 다음과 같이 발언했다.

아까 사단장이 말했는데 오는 9월 3일에 육해공 3군이 도쿄를 방위하고자, 재해를 방지하고 도움을 주고자 대대적 훈련을 벌입니다. 오늘날 도쿄를 보면 불법으로 입국한 많은 삼국인, 외국인이 아주 흉악한 범죄를 계속 저지르고 있습니다. 이제 도쿄에서 일어나는 범죄는 과거와 달라졌습니다. 이런 상황에서 크나큰 재해가 발발하면 소요 사건마저 크게 일어날 수 있는 게 현실입니다. 이러한 현실에 대처하려면

1　삼국인(三國人) 혹은 제삼국인(第三國人)이라고도 한다. 조선인과 대만인을 가리키는 말로, 일본이 패전한 후 1946년경부터 패전국의 국민도 연합군 전승국의 국민도 아닌 제삼의 국민이란 인식에 바탕을 두고 쓰이게 되었다. 불법 행위, 암시장 같은 말과 병용하여 차별표현으로 사용된다.

경찰력만으로는 한계가 있습니다. 그렇기 때문에 그런 때에 여러분(자위대)이 모두 출동했으면 좋겠다, 여러분이 재해구급만이 아니고 치안 유지 또한 큰 목적으로 삼고 수행해줬으면 좋겠다 하고 기대합니다.

이시하라 도지사는 구식민지 출신자를 차별하는 '삼국인'이라는 표현을 썼다. 삼국인과 외국인이 흉악한 범죄를 되풀이하고 있다는 주장도 사실에 반한다. 더욱이 이시하라 도지사는 재해 때 외국인이 소요 사건을 일으킬 위험성을 언급하면서 증오와 차별을 선동했다. 그뿐만 아니라 도지사로서 자위대가 치안을 유지하기를 기대한다고 하니, 이시하라의 말을 듣고 실제로 재해가 발생했을 때 외국인 차별주의로 인해 폭행을 행사하는 일마저 일어날 수 있다. 이시하라는 틀림없이 차별과 폭력을 선동하는 발언을 한 것이다.

또 눈여겨볼 점이 있다. 이시하라 도지사가 이런 말을 한 시점이 1923년 9월에 일어난 관동대지진을 계기로 매년 9월에 거행되는 자위대 방재훈련[2] 때라는 점이다. 이 말은 관동대지진 당시 군경이 주도해 유언비어와 혐오발언을 퍼뜨리고 조선인과 중국인 학살을 선동한 사건을 떠올리게 하는 만큼 재일조선인과 중국인을 악질적으로 협박하는 것이다. 2001년

---

2 일본은 관동대지진이 일어났던 9월 1일을 방재의 날로 정하고, 1960년부터 매년 이날 전국적으로 방재훈련을 실시한다.

3월 인종차별철폐위원회는 총괄소견 13항에서 이시하라 도지사의 발언에 다음과 같이 권고했다.[3]

> 고위 관료가 차별발언을 했으며, 이 발언은 특히 인종차별철폐조약 4조 c항을 위반했다. 당국이 취해야 할 행정적 또는 법적 조치가 결여된 점, 그리고 이 조항을 인종차별을 조장하고 선동할 의도를 가진 경우만 처벌할 수 있다고 해석하는 것에 우려와 경고를 표한다. 이러한 사건이 재발하는 것을 막기 위해서 체약국 일본은 적절한 조치를 취할 것을 요구한다. 특히 인종차별철폐조약 7조에 따라 인종차별로 이어지는 편견과 싸울 목적으로 공무원, 법집행관 및 행정관을 적절히 훈련할 것을 요구한다.

2001년 일본 정부의 보고서 심사 기록을 보면, 인종차별철폐위원회가 이 권고에서 말한 고위 관료의 차별발언이란 분명 이시하라 지사가 말한 '삼국인' 발언이다.

일본 정부의 반론, '차별할 의도는 없었다'?

일본 정부는 이 권고에 이렇게 반론했다. "이시하라의 발언은 인종차별을 조장하려는 의도가 없다. 그러니까 인종차별철

---

3 2001년 3월 인종차별철폐위원회는 일본 정부 보고서에 관해 최종견해를 냈는데 총괄소견은 이 최종견해서를 말한다.

폐조약 4조 c항을 적용할 대상이 아니다."● 그러고는 사태를 방치했다.

그러나 차별할 의도가 있었는지 없었는지는 발언 내용과 문맥을 보고 객관적으로 판단해야 한다. '삼국인'이란 차별적인 단어가 쓰인 것만 봐도 차별 의도가 명백하다. 또 인종차별철폐위원회의 해석에 따르면 인종차별철폐조약 4조 c항 조문에서 '고무'란 차별 언행이 의식적, 의도적으로 벌어지는 경우를 말하고, '촉진'이란 차별하고자 하는 주관적인 의도가 있든 없든 객관적으로 그 언행이 인종차별 행위를 유발할 가능성이 있는지를 더욱 넓게 판단해야 한다는 점을 말한다. 설령 차별하려는 의도가 있었는지 명확하지는 않더라도 '삼국인' 운운한 것은 적어도 차별 행위를 '촉진'한 언행에 해당한다.

일본 정부는 인종차별철폐조약을 위반한 이시하라의 발언이 허용되지 않도록 의무를 다해야 한다. 일본이 이 조약에 가맹했고, 조약의 4조 c항을 유보하지도 않았기 때문이다. 어떤 행위를 허용하지 않을 것인지는 각국의 재량에 맡겨져 있으나, 일본 정부처럼 차별을 선동하는 발언을 그대로 내버려두는 것은 납득할 수 없다.

앞으로 인종차별철폐조약 중 허용되지 않는 행위를 구체적으로 명시하도록 일본 국내 법령을 정비해야 하겠지만, 현

● 일본 정부의 반론을 상세히 살피려면 일본 외무성 웹사이트, 2001년 8월 인종차별철폐위원회의 일본 정부 보고서 심사에 관한 최종견해에 대한 일본 정부의 의견 제출을 참조하라. http://www.mofa.go.jp/mofaj/gaiko/jinshu/iken.html.

행법에도 적용할 수 있는 것이 있다. 예를 들어 정부와 국회가 차별선동 발언을 "인종차별철폐조약에서 규제하는 차별 행위이므로 용납할 수 없다"고 공적으로 비판하는 것이다. 징계 절차가 있는 경우에는 징계하여 차별선동 발언에서 비롯된 차별과 증오를 불식하는 활동을 벌일 수 있다. 인종차별철폐위원회가 권고했듯 인종차별로 이어지는 편견을 없애기 위해 공무원, 법집행관, 행정관을 대상으로 적절한 교육과 지도를 실시하는 게 당연하다. 따라서 인종차별철폐조약 4조 c항에 해당하는 공인의 혐오발언에 대해서는 즉각 공인을 징계하거나 적절히 교육하고 지도하라고 국가에 요구할 수 있다.

아이누 차별 사건

그러면 개인이 불특정한 집단을 향해 혐오발언을 하는 경우에도 현행법으로 규제할 수 있을까? 예를 들어 쓰루하시와 신오쿠보 코리아타운에서 되풀이되는 가두시위에서 참가자들은 "조선인을 모두 죽여라"라고 외친다. 이런 혐오발언은 재일조선인 모두가 대상이다. 재일조선인 가운데 누구든 자신이 협박을 받았다고 고소하거나 인격권 침해라는 불법 행위로 제소하고 가두시위를 중지하라고 가처분청구를 할 수 있을까?

일본의 법제에서는 검사만이 형사 고소를 제기할 수 있다.• 예를 들어 협박죄는 피해 대상으로 특정한 개인을 상정

• 검사의 불기소처분이 적정한지 아닌지 국민 11명이 심사하는 '검찰심사회 제도'는 있다.

5장 | 차별금지, 어떻게 실현할 것인가

하는데, 특히 형사사건의 경우 법원은 어떠한 형벌도 성문의 법률에 이미 규정되어 있는 내용을 따라야 한다는 죄형법정주의를 취하므로 해석을 달리하는 데 소극적이다. 일본의 형사재판에서는 유죄판결을 받는 비율이 90퍼센트로 다른 나라에 비해 높다. 이길 확률이 적은 경우, 검사가 소수자를 위해 형사 기소하는 일을 거의 기대할 수 없다는 뜻이기도 하다.

그럼 민사재판은 어떨까? 먼저 두 가지 판례를 보자.

홋카이도에 거주하는 아이누족 원고 5명이 아이누 민족에 관한 자료를 재간행한 문화인류학자와 출판사를 피고로 민사재판을 벌였다. 이 민사재판은 '아이누 차별 도서 사건'으로 알려져 있다. 원고들은《아이누 역사 자료집》에 아이누 민족에 대한 차별표현과 개인의 병력 등 의료 정보가 실명과 함께 게재되어 저자와 출판사가 민족적 소수자의 인격과 명예, 명예감정을 침해했다고 주장하면서 명예훼손에 사죄하고 위자료를 지불하라고 청구했다.

2002년 6월 27일, 1심 삿포로지방법원은 이렇게 판결했다. "본 건, 각 도서의 편집, 출판, 발행에 있어 작성 당시뿐만 아니라 현재에 이르기까지 아이누 민족 전체에 대한 차별표현을 했다고 볼 여지가 있다 하더라도 그 대상은 원고들 개인이 아니라 아이누 민족 전체이다." "원고 5명은 자신이 직접적 피해자로서 권리침해가 있다고 함으로써 인격권을 침해당했다고 주장하나, 민족적 소수자로서 인격권을 침해당한 것은 간접적 피해에 불과하다." 또 원고 5명이 침해당했다고 주장한 민족적 소수자의 인격권은 불법 행위에 기초한 손해배상청구 대상이 되지 않으며 법적 구제가 이루어질 수 없다고 판시했다. 그 후 항소심도 기각되었다.

불법 행위의 대상이 아이누 민족 전체라면 아이누 민족인 원고들도 대상이 되고 개개인의 직접적 피해라는 논리도 성립할 텐데, 판결은 판단의 이유를 명시하지 않은 채 원고들이 받은 피해를 부정했다.

이시하라 신타로의 여성차별발언 사건

민사재판 가운데 다른 하나는 이시하라 신타로의 '할망구' 발언 사건이다. 2002년 12월에 여성 131명은 2001년 11월 6일 발간된《주간 여성》에 게재된 이시하라의 발언으로 인격권을 침해당했다면서 사죄와 손해배상을 요구하는 소송을 벌였다. 이시하라의 발언은 다음과 같았다.

문명이 초래한 것 가운데 가장 나쁘고 유해한 게 '할망구'랍니다. 여성이 생식능력을 잃고도 계속 사는 것은 쓸데없는 일이고, 죄라고도 하죠. 남자는 여든 살, 아흔 살이 되어도 생식능력이 있는데 여자는 폐경하고 나면 아이를 낳을 수 없어요. 그런 인간이 백 살 넘게까지 살면 지구에 매우 나쁜 폐해라고 해요.

2005년 2월 24일, 1심 도쿄지방법원은 이 발언이 "개인 존중과 법 아래 평등을 규정한 헌법, 남녀공동참획사회기본법,[4] 기타 법령이나 여성차별철폐조약과 기타 국제사회의 기본이 념과 양립할 수 없다"라고 하면서도 다음과 같은 이유로 청 구를 기각했다. "발언이 여성 전반에 대한 것이고, 생식능력 을 잃은 개개인의 여성을 향하거나 여성들에게 심각한 정신적 인 고통을 주는 내용을 가진 성질의 것이라고는 인정하기 어 렵다." "원고 개개인을 언급한 것이 아니고 극히 다수를 대상 자로 하고 있기 때문에 개개인의 권리, 이익에 대한 영향은 그 만큼 희박한 것이다." 항소심에서도 1심과 같은 취지의 판결이 나왔다.

이러한 문제는 소수자 집단에 대한 공격이 그 집단에 속하 는 개인에게 어느 정도까지 영향을 미칠지, 사실을 어떻게 파 악하느냐 하는 문제이므로 판사에 따라서 다른 판결이 나올 가능성도 있다. 하지만 교토조선학교 습격 사건 민사재판 판 결에서 교토지방법원이 지적했듯이 민법에서 규정하는 불법 행위는 특정 개인에 대한 것이라는 관념이 뿌리 깊다. 따라서 혐오발언이 소수자에게 끼치는 실제 폐해를 제대로 이해하지 못하는 현실에서 사죄나 손해배상 요구가 쉽지 않다.

---

4 男女共同参画社会基本法. 1999년 6월 공포·시행된 성평등을 지향하는 법률 중 하나 이다. "남녀가 대등한 사회 구성원으로서 사회의 모든 분야의 활동에 참여할 기회가 확보 되고, 따라서 남녀가 균등하게 정치적·경제적·사회적·문화적 이익을 향유할 수 있으며 함께 책임지는 사회"인 남녀공동참획사회를 지향한다.

야마가타 현, 재특회의 강연 개최 신청을 거절하다

2013년 6월, 재특회는 위안부 문제를 주제로 일반인을 대상으로 강연회를 열겠다며 야마가타 현 생애학습센터에 시설 이용을 신청했다. 재특회의 신청을 받은 생애학습센터에서는 재특회가 신오쿠보 등에서 배외주의 시위를 열고 있다는 이유로 시설 이용을 허락하지 않았다. 재특회는 시설 이용 불허를 취소하라면서 야마가타 현 당국에 심사를 청구했다. 2013년 10월 말, 현 당국은 시설관리요강을 바탕으로 종합적으로 판단했다면서 재특회의 심사청구를 기각했다.

그동안 가두시위에서 재특회는 일본군 위안부를 놓고 "조선인 매춘부는 성을 팔아 벼락부자가 되었다" "현대판 조선인 위안부 5만 명을 즉시 추방하자!"[5]라고 주장해왔다. 또 이런 주장을 담은 재특회 대표자의 연설을 찍어서 니코니코(www.nicovideo.jp) 같은 동영상 업로드 사이트에 게재했다. 이런 점을 감안하면 재특회가 야마가타 현 생애학습센터에서 강연회를 열었을 때도 혐오발언을 할 것이 확실했다. 현 당국이 어떠한 법적 근거로 기각 판단을 했는지 상세히 밝혀지지는 않았지만 현행법을 활용하여 혐오발언을 규제한 획기적 사례라고 할 수

---

5   여기서 재특회가 말하는 현대판 조선인 위안부란 일본에 체류하는 원정 성매매 여성을 일컫는다. 재특회는 "현대판 조선인 위안부 5만 명 중 절반이 도쿄에 몰려 있으며 이들은 매춘을 하려고 화장을 하고서 코리아타운에 서 있는데 이를 허용해서는 안 된다. 그대로 놔두면 나중에 손주 세대들이 지금 위안부 문제처럼 자학하는 사관을 갖게 될 것이다"라고 주장한다. 참고로 일본은 G8 국가들 중 유일하게 2000년 만들어진 유엔의 인신매매 의정서를 비준하지 않은 국가이다.

있을 것이다.

조약의 직접 적용 가능성

야마가타 현 당국이 이러한 판단을 내릴 때 근거로 삼았을 현행법으로는 먼저 인종차별철폐조약을 생각해볼 수 있다. 인종차별철폐조약 2조 1항 b에는 "각 체약국은 개인이나 단체에 의한 인종차별을 후원, 옹호 또는 지지하지 않을 의무를 지며"라고 되어 있다. 야마가타 현은 혐오발언이 나올 재특회의 집회에 현의 시설을 제공하는 것이 인종차별 후원에 해당한다고 봤을 가능성이 있다.

그런데 인종차별철폐조약에 가맹한 국가는 조약을 국내법으로 삼아야 한다는 점에는 이견이 없으나, 각 조항을 판결 기준으로 직접 적용할 수 있을지, 아니면 따로 법 규정이 필요한지에 대해서는 이견이 있다. 일본 정부는 인종차별철폐조약 조문 내용이 대개 추상적이라 일률적으로 직접 적용할 수는 없다고 했다. 인종차별철폐조약을 국내법으로 직접 적용할 가능성을 부정한 것이다. 하지만 조문의 취지, 내용, 문언의 명확성 등을 봐서 일반 국내법 조문과 어느 정도로 동일하며 그 내용이 명확한지 관점을 세우고 각 규정마다 판단해볼 일이다.

인종차별철폐조약 2조 1항 b를 잘 생각해보자. 2조는 체약국에 인종차별 철폐를 요구하는 것이다. 그중 a는 "각 체약국은 인간이나 인간의 집단 또는 단체에 대한 인종차별 행위를 하지 않을 의무, 또는 인종차별을 실시하지 않을 의무를 지며, 또한 모든 국가 및 지방공공기관과 공공단체가 그러한 의무에 따라 행동하도록 보증할 의무"를 지고 있다면서 국가가 직접 차별 행위에 관여하는 것을 금지했다. b로는 간접적인 관여 또한 금지했다. 그리고 2조는 개인이 아니라 조약 체결 당사자인 국가의 행위를 규제 대상으로 삼는다. 국가가 어떠한 행위를 요구하는 것이 아니라 어떠한 행위에 관여하지 않도록 하는 부작위不作爲를 요구한다. 그런 만큼 인종차별철폐조약을 국내법으로 직접 적용하는 게 가능하다고 볼 수 있다.

조례의 해석

만일 인종차별철폐조약을 국내법으로 직접 적용할 수 없다고 하더라도, 야마가타 현의 생애학습센터 같은 시설에는 사용에 관한 조례가 있다. 교토조선학교 습격 사건 민사판결에서 명시했듯 국제 조약은 지자체 조례를 포함하여 일반 국내법보다 상위에 위치하므로 조약에서 요청한 내용에 적합하도록 조례를 해석해야 한다. 인종차별철폐조약을 법률 해석의 기준으로 삼은 판례로는 하마마쓰 보석상 입점 거부 사건[6]과 오타루 목욕탕 입욕 거부 사건[7]이 있다. 두 판례는 외국인 차

---

6   1998년 하마마쓰 시에 있는 보석상에서 일본계 브라질 여성이 보석을 보고 있자 가게 주인이 외국인은 가게에 입장할 수 없다며 경찰에 신고했다. 이 여성은 주인을 대상으로 소송을 제기했고 1999년 시즈오카 지방법원에서는 보석점주의 행위가 인종차별철폐조약에 위반한다며 배상을 명령했다.

별을 다룬 것이다.

야마가타 현 생애학습센터 홈페이지에서 조례를 볼 수 있는데, 그중 3조에는 "①공익을 해칠 우려가 있을 때, ②관리상 적당하지 않다고 인정할 때, ③센터 설치 목적에 반한다고 인정할 때 사용을 거부할 수 있다"고 되어 있다. ③을 생각해보자. 조례 1조에 생애학습센터의 목적이 "지역의 활성화를 담당할 인재를 육성하고 지역 주민의 문화를 진흥한다"라고 되어 있다. 인종차별철폐조약에 맞춰 해석한다면 지역 주민에는 외국 국적의 주민과 민족적 소수자도 당연히 포함된다. 또 조례에서 말하는 '지역의 활성화와 지역 주민의 문화 진흥'이란 다민족 간 평등이자 평화적인 우호 관계에 입각한 활성화이며, 여러 민족의 다양한 문화를 진흥하는 것이라고 해석해야 할 것이다. 이렇게 보면 혐오발언이 등장하는 활동에 생애학습센터가 이용되게끔 하는 것은 생애학습센터를 설치한 목적에 반한다고 해석할 수 있다.

지금도 재특회는 여러 지역에서 공공시설을 빌려서 혐오발언을 행하는 집회를 열고 있다. 바깥에서 집회나 시위를 할 때도 각 지자체가 관리하는 공원과 도로를 사용하고자 허가받으려 한다. 이 경우 인종차별철폐조약 2조 1항 b에서 말하는 "인

---

7 미국인 영어 교사 데이비드 앨드윈클은 1999년 오타루 시에 있는 목욕탕에 갔으나 외국인은 들어올 수 없다며 거부당했다. 그리고 몇 년이 지나 일본인 국적을 취득하고 다시 방문했으나 또 거부당했다. 앨드윈클은 목욕탕 측과 오타루 시를 상대로 소송을 제기했다. 2002년 삿포로지방법원은 오타루 시의 책임을 인정하지는 않았지만 목욕탕 측의 입욕 거부가 인종차별에 해당하는 불법 행위라며 목욕탕 측에 손해배상을 판결했다.

간 또는 조직에 의한 인종차별을 후원"하는 행위에 해당하므로 재특회가 공공시설, 공원이나 도로를 사용하는 것을 불허할 수 있다. 또 각 공공시설의 조례 해석 지침으로 인종차별철폐조약을 본다면, 현행법으로도 재특회의 공공시설 사용을 거부하거나 허가하되 조건을 달 수 있다. 교토조선학교 습격 사건 판결에서 재특회가 인터넷 사이트에 단 댓글을 근거로 앞으로도 차별을 선동하는 가두시위를 벌일 위험성이 구체적으로 존재한다고 인정한 것이 선례이다.

현행법을 활용할 때 주의할 점

하지만 지금까지 이러한 사례들을 충분히 연구하거나 논의하고 판례를 축적하지 못했다. 이렇게 현행법을 활용할 때 어디까지가 '인간 또는 조직에 의한 인종차별을 후원'하는 일인지 표현의 자유라는 문제와 균형 있게 고려하여 구체적인 기준을 시급히 마련해야 한다. 가령 인종차별 활동을 해온 단체에서 단체 회원만을 대상으로 집회나 회의를 열고 공공시설을 사용하겠다고 신청할 경우는 허가해야 하는가 등 다양한 사례를 예상해볼 수 있다. 공공시설 이용 제한은 어디까지나 "인간 또는 조직에 의한 인종차별을 후원"하는 일에 해당하는 경우로만 한정해야 한다.

국가와 지자체가 차별선동 단체를 상대하는 일을 성가셔한다거나 다툼을 두려워해서는 안 된다. 또 공익이나 관리 편의 같은 애매한 목적을 내세우면서 자의적으로 공공시설 이용을 제한해서도 안 된다.

불특정 집단을 향한 혐오발언을 규제하는 데 인종차별철폐 조약을 해석 기준으로 삼거나 가능한 한 직접 적용하는 것 같은 활용 방식은 의의가 있다. 하지만 본래는 차별금지법이라는 법 제도 속에 혐오발언을 명문화하여 명확하고 구체적인 가이드라인을 두고 운용하는 것이 바람직하다. 표현의 자유를 과도하게 제한하는 규제가 되어서는 안 되기 때문이다.

차별 철폐 정책의 재구성

지금까지 살펴본 것처럼 혐오발언은 차별 구조의 일부이므로 차별 구조 전체를 검토할 수 있는 정책과 이를 제도화한 법제가 필요하다. 법제 안에 혐오발언 규제를 자리매김해야 할 것이다.

인종차별철폐조약을 비롯한 국제인권기준을 보더라도 각 국은 포괄적인 차별 철폐 정책을 만들 필요가 있다. 3장에서 살폈듯 이미 많은 나라에 다양한 법제가 갖추어져 있다. 일본은 인종차별철폐조약 가맹국으로서 차별 철폐를 실현할 법적 의무를 지므로 이 장에서는 일본의 현황을 보면서 국제인권기준에 비추어 법제를 어떻게 구축할지 살펴보겠다.

차별금지법은 세계의 상식

국제인권기준에서 요구하는 포괄적 반차별 정책의 큰 틀을 인종차별철폐조약을 중심으로 살펴보자. 먼저 국가가 인종차별 철폐를 책임져야 한다. 국가가 차별 행위를 저질러서는 차별이 없어질 리 없다. 인종차별철폐조약 2조 1항 c에는 "각 체약국은 어디에 존재하든 인종차별을 야기하거나 영구화하는 효과를 가진 정부 국가 및 지방 정책을 면밀히 조사하고, 또한 이러한 효과를 가진 법규를 개정, 폐기 또는 무효화하는 효율적 조치를 취하며"라고 명시되어 있다. 그러므로 각 체약국의 중앙정부와 지방정부는 그간 시행해온 정책을 재검토해 인종차별을 야기하거나 영구화하는 효과를 가진 법령을 바꿀 의무가 있다. 여기에는 침략과 식민 지배를 청산하는 것도 포함된다.

다음으로 차별철폐 정책을 마련할 때 기준이 되는 것은 차별금지법이다. 인종차별철폐조약은 2조 1항 본문에 "모든 형태의 인종차별철폐와 인종 간 이해 증진 정책을 적절한 방법으로 지체 없이 추구할 책임을 지며"라고 체약국의 기본 의무를 명시해놓았다. 또 2조 1항의 c, d와 4~6조에서 밝혔듯, 법치국가에서 적절한 방법을 찾을 때 기둥으로 삼을 만한 것이 바로 '법률'이다.

2001년 남아프리카공화국 더반에서 반인종주의세계회의[8]가 열려 150개국 정부와 NGO 관계자 8,000명 이상이 참가했

---

8   회의의 공식명은 '인종주의, 인종차별, 외국인 혐오 및 이와 관련된 불관용 철폐를 위한 세계회의(World Conference Against Racism, Racial Discrimination, Xenophobia and Related Intolerance)'이다. '더반 인종차별철폐회의(Durban WCAR)'라고 불리기도 한다.

다. 이에 맞춰 유엔 사무국은 가맹국에 국내법을 제정하라고 촉구하기 위해 '반인종차별 국내 입법 모델'을 만들었다.•

이 책 2장 1절에서 살핀 유엔의 라바트 행동계획 26항의 권고 또한 마찬가지이다. "각국은 증오선동과 효과적으로 싸울 수 있도록 예방하고 징벌하는 행동을 포함해 포괄적인 반차별법을 채택해야 한다"라고 되어 있다. 인종차별철폐위원회의 일반권고 35항도 반차별법의 필요성을 확인했다.

국제인권기준에 비추어보면, 차별금지법은 일본이 진작 마련했어야 할 법이라고 할 수 있다.

차별 철폐 교육과 국내 인권 기관 마련

인종차별철폐조약 7조에서는 "수업, 교육, 문화 및 공보 분야에서 (중략) 즉각적이고 효과적인 조치를 취할 의무를 진다"면서 차별 철폐 교육을 요구한다. 차별 철폐 정책에서 차별금지법이 하나의 기둥이라면, 또 하나의 기둥은 차별 철폐 교육이라 할 수 있다.

차별받은 피해자를 구제하는 것 또한 중요하다. 인종차별철폐조약 6조에는 "체약국은 권한 있는 국가법원 및 기타 기관을 통하여 본 협약에 반하여 인권 및 기본적 자유를 침해하는 인종차별 행위로부터 만인을 효과적으로 보호하고 구제하

• 반차별국제운동 일본위원회(反差別國際運動日本委員), 〈일본도 필요하다! 차별금지법(日本も必要!差別禁止法)〉, 2002.

5장 | 차별금지, 어떻게 실현할 것인가

며, 그러한 차별의 결과로 입은 피해를 법원으로부터 공정하고 적절한 보상 또는 변제를 구하는 권리를 만인에게 보증한다"라고 되어 있다. 이 조항에서 말하는 기타 기관으로 1993년 유엔은 '국가인권기구의 지위에 관한 원칙'[9]을 채택하여 국가인권기구를 마련하도록 요구했다. 가맹국이 국제인권기준에 맞춰 차별 철폐 인권 정책을 확실히 실시할 수 있도록 가맹국에 정부와 독립한 국내 인권 기관을 설치하도록 요구한 것이다. 조약 감시 기관이 있기는 하나 현실적으로 볼 때 국제인권기준을 실현하게끔 하는 데는 어려움이 있으므로, 각국에 전문적이고 공적인 지위를 가진 국내 감시 기관이 필요하다는 공통 인식에 도달한 것이다.

또 인종차별철폐조약 14조에 명시되어 있듯 인권 침해를 호소하는 개인이 법원 등 국내 기관에서 구제받지 못했을 경우, 직접 유엔 인권조약 실시 감시 기관에 구제를 요청하는 개인통보제도를 도입할 필요가 있다.

---

9 1993년 유엔은 오스트리아 빈에서 열린 세계인권회의에서 국가인권기구의 기본적 역할과 구성, 지위와 기능을 규정한 '국가인권기구의 지위에 관한 원칙(파리원칙)'을 채택했다. 이 원칙에 따르면 국가인권기구는 보편적인 인권 규범에 근거한 광범위한 권한과 임무를 부여받아야 하며, 정부로부터 독립적이고 자율적으로 움직여야 한다. 독립성은 헌법이나 법률로 보장되어야 하고, 조직과 구성에 투명성과 다원성을 가져야 하며, 사회와 원활한 협력이 중시된다. 또 원활한 업무 수행을 위해 재정을 적절하게 지원받아야 하며 필요한 조사 권한을 부여받아야 한다.

국제 기준과 일본의 괴리

이렇게 보면 일본에는 국제인권기준에 맞는 제도가 거의 없다는 점을 새삼 알 수 있다. 교토지방법원은 교토조선학교 습격 사건 판결에서 "법원은 인종차별철폐조약 6조에서 말하는 인종차별 피해자를 구제하는 기관으로 의무를 다해야 한다"라고 해서 획기적이란 평가를 받았다. 그러나 인종차별철폐조약 조문을 볼 때 이러한 판결은 당연한 일이다. 일본의 현 상황이 그만큼 국제인권기준과 동떨어져 있다는 증거이다.

이미 지적했듯 일본 정부는 여태까지 혐오발언 문제뿐만 아니라 인종차별 문제 전체를 직시하지 않고 있으며, 차별 철폐를 위한 법 제도를 새로 만들 필요도 없다고 하고 있다. 일본 정부는 "기존 법 제도로 대처할 수 없을 정도의 차별 행위가 일어나지는 않는다"라고 주장한다. 그러나 외국인 차별 문제만 놓고 봐도 애초부터 법제라고 할 만한 것이 존재하지 않는 것이나 마찬가지이다.

일본 정부가 이렇게 손을 놓고 있는 모습은 다른 차별 문제에 대응하는 것과 비교해보면 더욱 두드러진다. 여성에 대해서는 남녀고용기회균등법(1986)과 남녀공동참획사회기본법(1999), 장애인에 대해서는 장애자기본법(1970)과 장애자차별해소법(2013), 피차별 부락에 대해서는 동화대책사업특별조치법(1969), 아이누 사람들에 대해서는 아이누 문화 진흥 및 아이누 전통 등에 관한 지식의 보급 및 계발에 관한 법률(1997)을 마련했다. 모두 썩 충분하다고는 할 수 없으나 적어도 법률이 제정되어 있기는 하다. 하지만 외국인에 대해서는 여태까지 감시 기능이 있는 법밖에 없다. 인권과 차별 철폐라는 관점에 입각한 법률은 없다고 해도 과언이 아니다. 외국인 차별에 대한 기본적 정책도, 기본법도 존재하지 않는 것이다. 그러니 당연히 정부에 외국인 차별을 담당하는 부처도 없다.

그럼 일본의 이러한 현 상황을 어떻게 바꾸면 좋을까? 이제 ①실태 조사, ②기본 정책의 법률화, ③차별금지와 사후 구제의 정비 순으로 구체적으로 살펴보자.

정책 구축은 데이터 수집부터

인종차별철폐 정책을 만들려면 먼저 외국인의 생활 전반과 차별 실태를 파악하는 데 기본이 될 데이터를 수집해야 한다. 현재 일본 정부에서 작성하는 외국인에 관한 데이터는 출입국 관리 통계나 체류외국인 통계처럼 감시가 목적인 자료가 전부나 마찬가지이다.

구체적으로 외국 국적 어린이를 예로 들자면 체류외국인 통계에는 어린이 연령을 0~5세, 5~10세 식으로 다섯 살씩 끊어서 센다. 연령별로 외국 국적 어린이 인구를 살피는 인구 자료조차 없는 것이다. 문부과학성은 매년 미취학 아동을 조사한다. 그런데 이 조사 결과 보고서의 일러두기에도 "외국 국적의 어린이는 조사 대상에서 제외한다"라고 되어 있다. 외국 국적 아동은 의무교육 대상이 아니라는 이유에서다. 이런 상태로는 외국 국적 어린이들의 교육권을 보장하기 위한 구체적인

정책을 세울 수가 없다.(다나카, 2013)

인종차별 철폐 정책을 구축하는 정책 통계는 선주민족, 구식민지 출신자, 뉴커머 외국인 그룹, 부락 출신자 등 차별 대상이 된 그룹을 국적·민족·연령·성별에 따라 살핀 인구 구성 데이터를 기초로 만들어질 수 있다. 또 국적·민족·연령·성별에 따라 취학률, 진학률, 취업률, 실업률, 자영업률의 비율을 살펴야 한다. 취직, 퇴학, 주거 임대나 매매, 가게 입점, 혼인 관련 차별 체험의 비율과 내용도 조사해야 한다. 나아가 의료보험이 있는지 없는지, 연금을 받는지 안 받는지, 사용 언어는 무엇인지, 통명을 사용하는지 등 사회생활 차별 실태도 포괄적으로 조사할 필요가 있다. 공무원의 국적 조항 같은 공적인 차별이나 제도적 차별도 조사 대상에서 빠뜨려서는 안 된다. 그동안 지자체에서 행한 실태 조사의 방법과 결과도 분석하여 활용해야 할 것이다.

피해 당사자의 프라이버시 보호

이렇게 데이터를 조사할 때는 관련된 개개인의 프라이버시와 익명성을 충분히 보장해야 한다. 나아가 인종차별철폐위원회는 조사를 받는 당사자가 어떠한 소수자 집단에 속하는지는 당사자 본인이 인정한 것을 존중해야 한다고 권고한다.[*] 특히 조사를 받다가 주위에 소수자임이 알려져 조사가 차별의 계기

● 2010년 인종차별철폐위원회 권고 11항.

가 되지 않도록 소수자를 최대한 배려할 필요가 있다. 또 소수자 당사자와 인권 전문가, 프라이버시 전문가가 함께 참여해 사전에 조사 방법과 조사 항목을 심의하는 것도 필수이다.

3장에서 소개했듯 영국에서는 1991년부터 10년마다 실시하는 인구조사 때 민족별 인구를 상세히 조사한다. 본인의 인식에 바탕을 두고 조사하는데, 민족성을 그룹으로 나눈다. 민족성은 국적이 아니다. 민족성에는 아시아계, 흑인계, 백인계, 아랍계, 혼혈이 있고 각 범주의 하위 항목으로 국가명이 기재되어 있다. 나아가 민족성을 '밝히고 싶지 않다'는 선택지도 있다. 이 조사를 시작하기 전에 영국에서 프라이버시 보호를 둘러싼 논의가 벌어졌다. 논의 끝에 차별 철폐 정책을 마련하려면 조사가 불가결하다는 합의가 형성되어 민족별 인구조사를 실시하기에 이르렀다. 영국 정부와 독립적인 인권 기관인 평등인권위원회Equality and Human Rights Commission가 이 조사에 협력해 민족별 인구조사 실시를 감시한다. 평등인권위원회에는 소수자가 당사자 위원으로 참여한다.

입법을 위한 실태 조사의 필요성

차별 실태를 조사하자면 범위가 매우 넓다. 여기서는 혐오발언 규제에 관해 어떤 조사가 필요한지 살펴보자.

혐오발언은 크게 ①공인에 의한 것, ②언론에 의한 것, ③출판물에 의한 것, ④인터넷상에서 표현된 것, ⑤가두시위, ⑥기타 형태로 나눌 수 있다. 모두 사실 파악이 먼저이다. 인종차별철폐 NGO네트워크가 2012년 8월 유엔 인종차별철폐위원회에 제출한 '혐오발언 현황에 관한 보고서'가 참고가 될 것이다.•

아직까지 혐오발언을 법으로 규제할 필요성이 사회적으로 충분히 논의되지 못한 상황이므로, 피해자가 어떤 이들이고 혐오발언이 피해자의 몸과 마음, 생활에 실제 어떤 해악을 끼치는지를 조사하고 연구하는 일이 특히 중요하다. 이를 통해 소수자에 대한 혐오발언을 규제할 필요성을 뒷받침하는 입법사실[10]을 명확히 할 수 있을 것이다.

제도 설계를 위한 조사

현재 논란이 되고 있는 배외주의 시위는 시위에서 호소하는 내용, 참가자 수, 참가 단체, 날짜와 장소, 플래카드와 구호의 내용, 경찰의 규제 내용, 각 지자체의 허가 내용을 상세히 검토해야 할 것이다.

경찰이 배외주의 시위자와 피해자, 배외주의에 항의하는 쪽에 어떻게 대응했는지도 빼놓으면 안 된다. 이는 누가 어떻게 혐오발언을 규제해야 좋을지, 형사 규제로 할지 민사 규제로 할지와 같은 법제 설계와 깊이 관련되기 때문이다. 또 이

● 반차별국제행동일본위원회 웹사이트(http://imadr.net/)를 참조하라.
10 입법사실이란 입법할 법률의 목적과 수단을 기초하는 사회적 사실(데이터, 시민의식 등을 포함)을 말한다. 법률의 필요성, 정당성의 근거로 삼을 수 있으므로 입법에 중요한 요소이다.

조사를 하면서 배외주의에 항의하는 집회를 벌인 이들의 신분 등을 조사하지 않도록 유의해야 할 것이다. 배외주의에 항의하는 이들은 차별 실태와는 관련이 없기 때문이다.

교토조선학교 습격 사건이 일어났을 때도 경찰은 위력업무방해죄에 해당하는 행위가 일어난 현장에 있었다. 더욱이 경찰은 학교 측에서 제지해달라고 요청했는데도 전혀 단속하지 않았다. 또 그 후 학교 측이 변호사와 동행하여 경찰서에 피해신고서를 제출하러 갔을 때도 경찰은 소극적으로 나오다가 밤늦게야 신고서를 접수했다. 경찰은 몇 개월이나 지난 후에 겨우 가해자를 체포하고 교토조선학교의 교장도 함께 처벌했다. 공권력의 대응에 이렇게 문제점이 많다는 사실은 앞서 2장에서 이미 지적한 바 있다.

또 혐오발언 사건이 일어난 후 소수자가 몸과 마음에 입은 상처를 어떻게 돌볼지, 어떠한 제도를 만들어야 할지 법률, 인권, 형사정책, 사회학, 심리학, 정신의료 등 다방면의 연구자가 협력하여 조사하고 연구하는 일도 매우 중요하다.

또 일본의 상황을 객관적으로 비판하고 제도를 설계하려면 다양한 국제인권기준, 혐오발언에 관한 각국의 법 제도, 법의 집행 상황, 대응 방식을 깊이 고찰하고, 각각의 성과와 문제점을 조사하는 것도 꼭 필요하다.

법무성 인권옹호기관의 소극적 자세

여태까지 일본 정부가 실태 조사에 보였던 태도를 보면, 국가 주도의 차별 실태 조사를 실시할 주체로 당분간은 정부가 아니라 초당파로 조직된 국회가 더 타당하지 않을까 싶다. 정부가 조사의 주체로 나섰다가는 여태까지 정책이나 대책이 없었다고 문제 제기를 당하거나 비판받는 것을 피하고자 제대로 조사하지 않을 우려가 있기 때문이다.

2013년 5월 아리타 요시부 의원이 참의원 법무위원회에서 "국가가 혐오발언 실태를 조사해야 하지 않느냐"라고 질문하자, 다니가키 사다카즈谷垣禎- 법무대신은 "법무성에 있는 인권옹호기관의 구조를 뛰어넘은 조사 기관을 설치할 생각은 없다"라고 답했다. 그러나 법무성 인권옹호기관이 조사 기관으로 과연 적절한지 회의가 든다.

법무성의 인권옹호기관은 그동안에도 국가 주도의 인권침해 조사에 소극적 자세를 보여 비판을 받아왔다. 예를 들어 조선학교가 고교 무상화 대상에서 제외되자, 2012년 8월 조선학교 학생의 보호자가 법무성 인권옹호기관에 인권침해라며 신고했던 적이 있다. 법무성 인권옹호기관은 신고한 당사자의 사정을 듣는 청취 조사조차 실시하지 않고서 단 1개월 만에 조사를 끝냈다. 더욱이 이유도 밝히지 않고서 '인권침해 사실이 없다'고 적은 통지서 한 통을 보내는 것으로 구제 절차를 끝내버렸다. 일본 정부의 차별 정책을 기계적으로 보증하는 이런 기관에 공적인 차별을 포함한 여러 차별을 조사하라고 맡기는 것은 부적절하다.

원론적으로는 후쿠시마 원전 사고 때 국회에서 조사를 맡왔던 것처럼, 일본 정부와 독립한 전문 조사 기관을 신설하는 것이 가장 적절하다고 생각한다. 그러나 그러려면 법률 제정 등 만만치 않은 절차가 필요하다. 그러므로 혐오발언이 소수자에게 끼치는 심각한 해악을 하루빨리 막아야 한다는 점을 고려하면 현존하는 국회 기관, 예를 들어 중의원과 참의원 양원의 법무위원회 등에서 조사를 하는 것도 하나의 선택지가 될 수 있을 것이다.

지금까지는 지자체와 당사자 단체, 민간 연구자 등이 차별 실태를 조사해왔다. 앞으로 국가 주도로 조사가 시행된다고 해서 이들의 조사가 중단되어서는 안 된다. 다양한 기관에서 조사를 이어나가는 것이 중요하다. 영국은 차별 철폐 법제를 몇 차례씩 개정했는데, 그때 국회의 조사 결과뿐 아니라 민간 연구자와 당사자 단체의 실태 조사 결과도 중요한 논의 자료로 쓰였다는 점을 참고해야 한다.

인권기본법의 정비

실태 조사를 바탕으로 인종차별 철폐 정책을 구축한다면, 일본의 법 제도하에서 외국인과 민족적 소수자에 대한 기본 정책을 법률화한 기본법이 마련될 것이다.

이 인권기본법에는 우선 외국인도 인권을 누리는 주체임을 명기해야 한다. 헌법상 인권의 향유 주체가 대부분 '국민'이란 말로 쓰여 있어서 외국인이 인권의 주체냐 아니냐를 두고 지금도 헌법상 논점이 되고 있기 때문이다. 현재는 통설이나 판례 모두 외국인도 원칙상 인권의 향유 주체라고 본다. 그러나 1978년 대법원 매클린 판결[11]에서 제시된 "외국인의 인권은 체류 제도의 틀 안에서 보장한다"라는 헌법 해석은 아직까지 살아 있다. 현재 법무성 재량에 자유롭게 맡겨지는 체류 제도는 기본적으로 외국인의 인권 보장을 제약한다. 이렇게 본말을 전도한 해석은 명확하게 수정되어야 할 것이다.

또 외국 국적자에게 권리를 똑같이 인정하느냐 마느냐는 어떤 권리냐에 따라 논쟁이 될 만한 부분이 있으므로 권리의 종류를 명확히 할 필요가 있다. 예를 들어 교육권을 보자. 외국인의 초·중·고 교육에 관해 일본 정부는 헌법상으로나 교육기본법상으로나 보장하지 않는 것이라고 주장한다. 따라서 외국 국적 어린이의 교육권은 사회권규약의 규정에 따라 법률로 명확히 인정해두어야 할 것이다.

민족적 소수자에 대해서는 2장에서 서술한 국제인권법상 논의를 참고로 누가 민족적 소수자인지 인권기본법으로 명확히 해야 한다. 예를 들어 중국에서는 총 55개 민족이 공식적으로 인정받고 있다. 마지막으로 인정된 지눠基諾족은 독자적인

---

11 1969년 5월 재류 기간 1년 자격으로 일본에 입국한 미국인 로널드 매클린은 일본 체류 중 영어 강사로 활동하는 한편 베트남전쟁반대 평화운동에 참가했다가 1970년 체류 기간을 갱신하지 못하게 되자 소송을 제기했다. 지방법원은 원고의 청구를 인정했으나 2심에서는 1심 판결을 취소하고 청구를 기각했고, 대법원에서는 상고를 기각했다. 재판의 쟁점은 외국인에게 체류할 권리가 있는가, 정치 활동의 자유가 있는가였다. 판결은 외국인에게 체류할 권리는 보장되지 않으며, 정치 활동은 일본의 정치적 의사 결정 또는 그 실시에 영향을 미치는 활동 등을 제외하고 보장된다는 것이었다.

언어를 쓰고, 경제·문화 면에서 고유한 특징을 유지하고 있다. 지눠족이 소수민족의 지위를 인정해달라고 요청함으로써 중국 정부가 공식적으로 인정하기에 이르렀다.

또 인권기본법에 민족적 소수자의 권리를 명시해야 한다. 일본은 자유권규약 27조,[12] '아동의 권리에 관한 협약' 30조[13]를 비준했으므로 민족교육권 같은 소수자의 권리를 인정하고 있다. 그렇지만 이를 구체화한 법률이 없어 사실상 소수자의 권리는 보장받지 못한다. 반차별국제운동 일본위원회가 편집하고 발행한 책《소수자의 권리マイノリティの権利とは―日本における多文化共生社会の実現にむけて》에서는 유엔에서 낸 '소수자의 권리선언'[14]을 싣고 이를 각 조항의 순서에 따라 해설하여 소개하고 있는데, 참고할 만하다.

국가와 지자체의 책무를 명시

인권기본법에는 차별을 철폐하는 데 국가와 지자체가 어떤

---

12 "종족적·종교적 또는 언어적 소수민족이 존재하는 국가에 있어서는 그러한 소수민족에 속하는 사람들에게 그 집단의 다른 구성원들과 함께 그들 자신의 문화를 향유하고 그들 자신의 종교를 표명하고 실행하거나 또는 그들 자신의 언어를 사용할 권리가 부인되지 아니한다."

13 "인종적·종교적·언어적 소수자나 원주민 아동은 본인이 속한 공동체의 구성원들과 함께 고유의 문화를 향유하고, 고유의 종교를 믿고 실천하며, 고유의 언어를 쓸 권리를 보호받아야 한다."

14 '민족적, 인종적, 종교적 및 언어적 소수자 권리선언(Declaration of the Rights of Persons Belonging to National or Ethnic, Religious and Linguistic Minorities)', 1992년 12월 18일 유엔 제47회 총회 결의.

책임과 임무를 지는지를 중심으로, 기본적인 정책을 다루는 전체적인 틀을 제시해야 한다. 침략 및 식민 지배 청산, 차별 금지와 차별 철폐 교육, 피해자 손해배상과 정신적 돌봄 등 구제 조치가 포함되어야 할 것이다. 그런데 보통 인권기본법에서는 기본적인 방침만 규정하고, 차별금지를 구체적으로 정하는 법률은 별도로 정한다. 예를 들어 장애인기본법과 장애인차별해소법의 관계도 이에 해당한다.

정부 내 어떤 부서가 관련 업무를 담당할지도 명시해야 한다. 지금은 민족적 소수자 당사자가 인권 문제로 교섭할 때 외무성, 법무성, 문부과학성, 후생노동성 등 관련된 부처의 모든 담당자와 접촉해야 하는 상황이다. 게다가 어느 부서도 최종 책임을 지지 않기 때문에 민족적 소수자는 이 모든 부처들을 전전해야 한다. 때에 따라 인종차별철폐조약의 담당 관청인 외무성 인권인도과가 교섭 창구가 되기도 하지만, 이곳은 단순히 조정을 맡는 정도이며 결정 권한이 없다.

민족적 소수자의 인권 전반을 관할하는 것은 법무성이다. 법무성은 외국인의 관리는 물론이고 수용, 강제퇴거도 담당한다. 수용시설인 입국관리센터만 해도 지금까지 유엔 자유권규약위원회에서 많은 인권 문제가 발생하고 있음을 지적당한 바 있다. 앞서 말했듯 법무성 인권옹호기관은 국가의 차별에 손을 쓰지 못하고 있으므로, 법무성이 외국인 인권을 담당하는 것은 부적절하다.

인권차별 철폐 정책은 법률, 노동, 교육, 문화, 경영 같은 사회의 모든 분야에 영향을 끼친다. 성차별 철폐 정책, 장애인 차별 철폐 정책 같은 정책도 많으므로 평등청이나 인권청을 신설하는 것도 한 가지 방안이라 할 수 있다.

기존 정책의 전면 재검토

외국인의 인권을 다루는 기본 정책을 마련할 때는 인권 보장이나 차별 철폐에 반하는 기존의 정책들과 법제를 모두 검토하여 개정하거나 폐지해야 한다. 침략과 식민 지배에 대한 보상과 출입국관리법, 난민인정법, 국적법은 물론이고 앞서 언급한 외국 국적자를 차별하는 관계법령을 모두 검토 대상으로 삼아야 한다.

2004년 일본변호사연합회 심포지엄 실행위원회가 입안한 '외국인·민족적 소수자의 인권기본법 요강 시안'을 보면 한 장을 할애해 구식민지 출신자와 그 자손에 대한 항목을 넣어 두었다.● 이 항목은 구식민지 출신자와 그 자손을 다른 외국인과 구별해 침략과 식민 지배에 따르는 피해를 그들에게 보상해야 한다는 의무, 즉 전후 보상[15]에 관한 것이다.

● 이 시안에서는 제1장 총칙, 제2장 외국인 및 민족적 소수자의 인권과 국가 및 지방자치체의 책무, 제3장 구식민지 출신자와 그 자손의 법적 지위, 제4장 인종차별의 금지, 제5장 국가·지자체의 시책, 제6장 구제 기관을 다루고 있다.

15 1965년 한일협정에서는 개인청구권을 소멸시킴으로써 전시성폭력, 강제연행, 강제노동, B·C급 전범 등에 대해 식민지 피해자 개개인에게 공식 사죄나 배상이 이루어지지 않았다. 결국 일본은 전후보상, 과거 청산을 하지 않은 것이다. 이러한 입장에 서서 식민지 피해자를 지원해온 일본의 시민운동을 전후보상운동이라 부른다.

인종차별금지법 제정

일반적으로 인종차별금지법이라 하면 넓게는 인종차별 금지 조항이 있는 법령 전반을 가리키며, 혐오발언법과 증오범죄법을 포함한다. 여기서는 인종차별의 금지 자체를 입법 목적으로 하는 포괄적인 특별법에 대해 검토해보겠다.

포괄적인 인종차별금지법을 만들려면 먼저 총론에서 차별의 유형, 차별 대상, 예외를 적어 차별의 정의를 명확히 하는 것이 중요하다. 차별의 유형을 제시한 예로는 유럽연합의 '인종적 또는 민족적 출신에 무관하게 평등 대우 원칙을 실현하기 위한 지령Directives implementing the principle of equal treatment between persons irrespective of ethnic or racial origin'이 있다. 이 지령에서는 직접차별, 간접차별, 괴롭힘, 차별의 지시가 차별에 포함된다고 밝히고 있다.[16]

포괄적인 인종차별금지법의 각론에서는 취업, 승진, 임금 및 기타 노동조건, 의료, 사회보장, 교육, 단체 가입, 부동산 임대와 매매, 시설 이용, 서비스 제공 등 사회생활의 갖가지 분야에서 차별을 구체적으로 금지하는 조항을 정해야 한다.

포괄적인 차별금지법이 정하는 규제를 민사 규제로 할지,

---

16 직접차별이란 차별 의도가 있는 대우를 말하며, 간접차별이란 외관상 중립적인 사용자의 정책이나 관행, 결정이 상대방에게 불리한 영향을 주는 것을 말한다. 상대방에게 신체적, 정신적 고통을 주는 행위인 '괴롭힘'은 본래 자유에 대한 침해를 의미하나 괴롭힘의 형태가 차별금지 사유를 이유로 하여 특정한 개인이나 집단에게만 행해지는 것일 경우에는 차별의 의미를 포함하게 된다. 외국의 차별금지 법제들 역시 성희롱을 비롯하여 다양한 괴롭힘을 차별의 개념에 포함시켜 규제하고 있다.

형사 규제로 할지는 국가마다 다르다. 2001년 유엔의 '반인종 차별 국내 입법 모델'에서는 형사 규제를 택했다. 한편 유럽에서는 민사 규제가 주를 이룬다. 유럽연합의 '인종적 또는 민족적 출신에 상관없는 평등 대우 원칙을 실현하기 위한 지령'이 민사 규제를 요구하기 때문이다.

민사 규제로 입증 책임을 전환

"모든 인간은 태어날 때부터 자유로우며 그 존엄과 권리에 있어 동등하다. 인간은 천부적으로 이성과 양심을 부여받았으며 서로 형제애의 정신으로 행동하여야 한다." 세계인권선언 1조이다. 여기에서 말하는 개인과 사회의 가장 근본적인 가치를 부정하는 것이 차별이다. 차별은 결코 용납해서는 안 될 행위이다. 또 소수자 당사자와 사회에 끼치는 해악이 막대하다는 점을 생각하면, 적어도 악질적인 차별은 형사규제하는 것이 적절할 것이다. 차별 행위가 범죄라고 규정하는 것이 사회에 주는 교육적 의미도 크다. 민사 규제는 강제력이 약하고 현장에서 바로 막을 수가 없으므로 실효성에 문제가 있다. 또 민사재판은 원칙상 피해자들이 직접 소송을 제기해야 하므로 그에 따르는 정신적·경제적·시간적 부담도 크다.

하지만 형사 규제에는 권력이 남용되어 인권이 침해당할 위험성이 따른다. 그렇기 때문에 근대형법의 원칙인 죄형법정주의, 무죄추정원칙, 재판공개 같은 제약이 있다. 민사 규제는 이러한 제약을 피할 수 있고, 피해를 구제하려는 관점에서 보면 몇 가지 이점도 있다.

먼저 입증 책임을 전환할 수 있다는 점이다. 민사소송에서는 차별을 하지 않았다고 주장하는 쪽이 차별이 없었다는 점을 입증할 책임을 진다. 따라서 피해자가 느끼는 부담을 크게 줄일 수 있다. 이 원칙은 유럽연합의 '인종적 또는 민족적 출신에 상관없는 평등 대우 원칙을 실현하기 위한 지령'에서도 규정하고 있다. 또 국내 인권 기관이 법원이 아닌 비공개 장소에서 가해자와 피해자를 조정하는 등 차별 문제를 유연하게 해결할 수 있다. 상대를 해칠 의사가 없는 차별이라면, 이러한 해결 방법이 가해자와 피해자 쌍방에 도움이 될 것이다. 차별이란 무엇이고 혐오발언이란 무엇인지 사회의 공통된 이해가 없는 현재와 같은 단계에서는 국내 인권 기관이 심사 역할을 담당함으로써 교육적 의의도 높일 수 있다.

형사 규제의 경우 새로운 형법을 제정하려면 신중한 논의가 필요하다. 그러므로 법안을 심의하는 데 특히 많은 시간이 걸린다. 하지만 피해가 확대되고 지속되는 것을 긴급히 막으려면 될 수 있는 한 빨리 법으로 규제해야 한다. 민사 규제라 하더라도 벌칙을 마련하는 방법으로 규제의 실효성을 높일 수 있다. 일본의 현 상황을 보면 가능한 한 빨리 민사 규제법으로 차별금지법을 마련하는 것이 현실적일 것이다.

이미 구체적인 법안도 몇 가지가 나왔다. NGO 자유인권협회[17]가 낸 '인종차별 철폐법 요강 시안 Ver. 2', 변호사단체 도쿄변호사회의 '외국인의 권리에 관한 위원회 차별금지법제

검토 프로젝트팀'이 낸 '인종차별 철폐 조례 요강 시안'을 참고
할 수 있겠다.(외국인인권법연락회, 2013) 증오범죄 및 혐오발언에 대
한 규제는 3절에서 별도로 검토한다.

인종차별 철폐 교육의 중요성

부락해방운동가들이 장기간 노력한 끝에 2000년 공포·시
행된 '인권 교육 및 인권 계발 추진에 관한 법률'은 차별의 발
생 등 인권침해 현상을 돌아보고 국가적 책무를 밝힐 것을 목
적으로 한다. 또 이 법률은 인종차별 철폐 교육을 행하기 위한
틀이기도 하다. 그런데 이 법률을 구체적으로 살펴보면, 7조에
서 인권 교육 및 계발에 관한 기본 계획을 세워야 한다는 것
과 8조에서 매년 정부가 국회에 인권 교육 및 계발에 관한 시
책을 보고해야 한다는 것으로 인종차별 철폐 교육에 대한 국
가의 의무가 한정되어 있다. 인종차별 철폐 교육을 어떤 내용
으로 할지는 아무것도 규정하지 않은 것이다. 정부가 세운 기
본 계획을 보면 '이문화의 존중'과 같이 극히 일반적이고 추상
적으로 쓰여 있을 뿐이라서 실제로는 별 도움이 되지 않는다.
인종차별 철폐 교육에는 소수자 차별이 역사적으로 형성되어
왔고 지금도 계속되고 있다는 점을 비판적으로 되돌아보는 내
용이 반드시 포함되어야 한다.

---

17 自由人権協会. 인권 옹호를 목적으로 1947년 설립된 인권NGO로 변호사와 법학자,
시민이 회원으로 참여하고 있다. 2013년에는 조선학교를 고교 무상화 제도에서 제외하는
것에 반대 성명을 냈다.

여태까지 일본은 학교에서 현대사 교육을 경시해왔다. 아시아를 침략하고 식민지를 지배한 가해의 역사를 거의 가르치지 않았다. 한반도 출신인 이들과 그 자손들이 왜 여러 세대에 걸쳐 일본에서 살 수밖에 없었는지 하는 역사적 경위조차 일본 사회에서는 공통적으로 인식하지 못하고 있다. 이래서는 구식민지 출신자, 즉 재일조선인 차별이 사라질 리 없다.

재특회처럼 '재일조선인이 특권을 가졌다'고 보는 망상이 생기지 않도록 하려면, 태평양전쟁 이전뿐 아니라 일본의 패전 후 외국인과 민족적 소수자에 대한 차별 정책과 현황을 꼭 가르쳐야 한다. 또 교과서에는 차별의 역사와 현황뿐만 아니라 현대 일본 사회를 구성하는 일원인 소수자 커뮤니티의 다양한 문화와 역사를 담아야 한다. 이 점은 인종차별철폐위원회가 2010년에 낸 총괄소견 25항에서 이미 권고했다.

학교 정규 과정으로 소수자의 언어문화를 배울 기회를 보장하는 것도 중요하다. 외국인, 민족적 소수자인 아이들도 자기 커뮤니티인 민족적 공동체의 언어와 문화를 배우면 공동체와 이어질 수 있고, 민족적 정체성을 지키고 기를 수 있다. 또 누구든지 소수자의 언어문화를 배울 수 있다면, 일본의 야마토 민족[18]만 학교에서 자기 언어를 배울 수 있도록 한 현재의 차별을 철폐할 수 있으므로 의의가 있다. 동시에 아이들에게 일본어와 그 밖의 언어는 동등한 가치가 있으며 존중해야 한

---

18 大和. 현재 일본에서 다수를 차지하는 민족을 일컫는 말.

다는 점을 가르칠 수도 있다. 또 주류 사회도 민족적 소수자의 언어와 접하면서 편견을 깨고 평등한 우호 관계를 쌓을 수 있는 계기가 될 것이다.

또 국제인권기준에 대한 교육을 포함해 인권교육을 학교 교과과정에 도입하고, 교원 양성 과정에도 인종차별 철폐 교육을 필수로 넣어야 할 것이다.

2008년 12월 유엔 소수자포럼[19]에서는 자유권규약 27조에 명시된 소수자의 권리 규정에 맞춰 교육권에 관한 67개 항목을 구체화해 제시했다. 학교 교육에 도입할 내용을 마련할 때도 소수자포럼에서 채택한 이 권고를 참고할 수 있다.

경찰, 검찰, 출입국관리국 직원처럼 권력을 집행할 때 인권을 침해할 가능성이 높은 공무원을 비롯해 모든 공무원에게 인종차별 철폐 교육을 반드시 실시해야 한다. 사회적 영향력이 큰 언론 종사자들도 사회적인 차별 철폐에 힘쓰도록 교육 연수를 받고, 스스로 노력할 필요가 있다. 학교뿐만 아니라 사회의 다양한 분야에서 차별 철폐 의식이 뿌리내릴 수 있도록 국가의 의무 또한 법적으로 명확히 해야 한다.

브라질에서는 2010년 인종평등법을 제정해 아프리카계 주민에 대한 뿌리 깊은 차별을 철폐하고자 했다. 인종평등법 11조는 공립이든 사립이든 초·중등교육에서 아프리카 전체의

---

19 Forum on Minority Issues. 2008년 유엔 인권이사회에 설치된 포럼. 매년 개최되어 소수자의 교육에 대한 권리, 효과적 정치 참여와 사회·경제활동에 대한 효과적 참여 등을 주제로 논의하고 권리와 의무 내용, 취해야 할 조치를 상세한 권고로 발표하고 있다.

역사와 브라질 흑인 민중의 역사를 가르쳐야 한다고 의무 조항으로 정해놓았다. 교육의 내용에 관해서도 상세하게 규정해 두었다.

국내 인권 기관의 자리매김

국내 인권 기관은 정부와 조직적, 재정적으로 분리된 독립성을 확보하는 것이 가장 중요하다. 또 인권 보장을 촉진하고자 힘쓰는 다양한 조직과 당사자 단체 등 사회 다양성을 반영하는 이들을 이 기관의 구성원으로 확보해야 한다. 국내 인권 기관이 할 일은 크게 세 가지로 나뉜다. ①인권 상황에 대한 조사 연구를 기초로 정책을 제언하는 일, ②법원과는 별개로 인권침해를 구제하며 적은 예산으로도 간편하고 신속하게 조치하는 일, ③인권에 대한 교육 연구와 홍보를 진행하는 일이다. 국제인권기준이 국내에 효과적으로 적용되게끔 국제기관이나 다른 나라 인권 기관과 연계해 정부가 아직 가맹하지 않은 국제인권조약에 가맹하도록 장려하는 역할, 국내법을 적절히 정비하도록 권고하는 역할도 있다.

2013년 현재, 한 나라의 인권 기관으로서 국가인권기구 국제조정위원회[20]에게서 '파리원칙'에 따라 인가를 받은 국가는

---

20 International Coordinating Committee of National Human Rights Institutions(ICC). '파리원칙'에 부합하는 국가 인권 기구의 설립 및 강화를 목적으로 2000년 설치된 인권 기구 연합체이다. 5년에 한 번 각국 인권 기관의 활동이 '파리원칙'에 부합하는지 판단해 A~C 등급을 매긴다. 2014년 4월, 한국 국가인권위원회는 등급보류 판정을 받았다.

103개국이다. 이는 유엔 가맹국 193개국의 절반을 넘는 수치이다.

　국제인권조약 실천을 감시하는 유엔의 다양한 기구는 1990년대 이후부터 일본 정부에 국내 인권 기관을 설치해야 한다고 거듭 권고했다. 더욱이 이러한 권고는 감시 기구에서 낸 총괄소견에만 담겼던 것이 아니다. 유엔 '현대적 형태의 인종주의, 인종차별, 외국인 혐오 및 이와 관련한 불관용에 관해 특별보고관이 작성한 일본 보고서'(2006. 2.), 유엔 '이주자의 권리에 관한 특별보고관이 작성한 일본 보고서'(2011. 5.), 유엔 인권이사회의 '보편적 정기심사 결과 문서'(2008, 2012) 등에도 담겨 있다.

　이와 같은 국제사회의 요청과 국내 소수자의 요청을 받아들여 일본 정부는 2002년 인권옹호법안, 2012년 인권위원회설치법안을 국회에 제출했으나 모두 폐기되었다. 그런데 이 두 가지 법안에는 법무성이 국내 인권 기관을 관할한다는 내용과 외국 국적자는 인권위원에서 배제한다는 내용이 담겨 있어 '파리원칙'과 전혀 부합하지 않았다.

　변호사단체와 NGO에서는 대안을 모색했다. 2008년 일본변호사연합회에서 법안 요강을 냈고, 2011년 국내인권기관설치검토회(대표)에서 '인권위원회설치법 법안 요강'을 내기도 했다. 가령 '인권위원회설치법 법안 요강'은 특정한 부처가 아닌 내각이 국내 인권 기관을 관할하는 것으로 하여 독립성을 확보하는 내용을 담았다.

한편 차별금지법을 만드는 방법으로는 민족, 성, 장애 등 차별 이유를 각기 개별적으로 다루는 개별형 금지법과 차별 전반을 일괄하여 다루는 포괄형 금지법이 있다. 국내 인권 기기관의 종류에도 차별 사유를 개별로 다루는 개별형 기관과 차별 전반을 다루는 포괄형 기관이 있고, 이는 국가마다 다르다. 스웨덴에서는 처음에 차별금지법과 인권 기관이 전부 개별형이었으나, 이후 모두 포괄형으로 바뀌었다. 핀란드에서는 둘 다 개별형이다. 각국의 차별 철폐법 제도를 연구하는 일본의 연구자가 적은 상황이라 확정지어 말하기는 어렵지만, 여태까지 내가 봐온 바로는 포괄형이든 개별형이든 저마다 장단점이 있다. 국제인권기준 원칙과 상황에 따라, 어느 쪽이든 시급히 만드는 게 중요하다.

개인통보제도를 받아들이지 않는 일본

'자유권규약' '사회권규약' '인종차별철폐조약' '여성차별철폐조약' '아동의 권리에 관한 협약' '고문금지조약' '모든 이주노동자와 그 가족의 권리 보호에 관한 국제 협약' '장애인권리협약' '강제실종방지조약' 같은 주요한 아홉 가지 인권 조약에는 모두 개인통보제도가 마련되어 있다.

인권조약감시위원회에서 개인통보를 실시해 조약 위반을 인정한다 해도, 이는 법적인 구속력이 없다. 그러나 조약 가맹국은 당연히 인권조약감시위원회의 판단을 존중할 의무가 있다. 많은 가맹국이 위원회의 판단을 존중하여 기존의 결정이나 제도를 고친다.

만일 일본에 개인통보제도가 있다면 일본 법원은 합법으로 판단하려다가도 추후 국제기관에게 조약 위반이나 위법으로 인정될 가능성을 우려할 것이고, 판결할 때 국제인권기준을 의식해 판단을 재검토할 수밖에 없을 것이다. 지금까지 일본 법원은 국제인권의 여러 조약을 거의 무시해온 것이나 마찬가지이지만, 개인통보제도가 있다면 이 상황도 큰 변화를 맞이할 것이다.

다른 많은 국가가 개인통보제도를 받아들였고, 각종 인권조약 감시 기관에게서 도입을 권고받는 상황임에도 일본은 아직까지 개인통보제도를 받아들이지 않고 있다. OECD 34개 회원국 중 개인통보제도를 전혀 받아들이지 않은 나라는 일본과 이스라엘 2개국뿐이다. 2009년 9월 집권한 민주당 정권은 개인통보제도 실현을 공약으로 제시하고 구체적으로 준비했지만, 결국 실현하지 못하고 정권이 끝났다.

혐오발언 규제 조항의 예시

규제 남용을 막으려면

권력이 규제 조항을 남용하는 것을 방지하기 위해 먼저 몇 가지 지점을 확인해두겠다.

규제 대상을 소수자에 대한 차별적 표현으로 한정하는 것이 가장 중요한 일이다. 소수자를 침묵시키고 사회에서 배제하는 행위를 막기 위한 혐오발언 규제가 외려 소수자의 표현 활동을 억압하는 데 쓰이는 것은 본말전도이기 때문이다. 명문으로 규제 대상을 소수자에 대한 표현으로 한정한 예는 많지 않지만 참고할 만한 사례를 찾을 수 있다. 가령 중국의 형법 250조에는 규제 대상을 소수자에 대한 혐오발언으로 한정해 명문화되어 있다. 민족적 소수자를 차별하거나 모욕하는 문서의 출판에 직접적으로 책임이 있는 자는 그 사안이 중대하거나 중대한 결과를 낳을 경우 "3년 이하의 형사 시설 수용,

형사 구금 또는 감시에 처한다"고 되어 있다. 중국은 인권 문제로 유럽과 미국에게 많은 비판을 사고 있지만, 이 규정은 소수자의 인권을 보장하는 관점에서 주목할 만한 가치가 있다. 단 실제로 어떻게 적용되는지는 불명확하여 앞으로 조사 연구가 필요하다.

다음으로 공공의 질서라는 국가적 법익의 관점으로 형사 규제를 가하는 것은 영국 등의 예에서 살펴본 것처럼 권력자가 남용할 위험성이 높으므로 피해야 한다. 소수자 개인의 존엄이나 평등권 등 개인적 법익, 그리고 평등과 여러 민족 간의 평화적인 우호 관계라는 사회적 법익의 관점에서 규제하게끔 해야 할 것이다.

또 혐오발언의 본질이 차별이라는 점을 명확히 하고, 규제의 남용을 막기 위해 규제 조항을 형법이 아니라 영국의 1965년 인종관계법과 호주의 1975년 반인종차별법처럼 특별법으로, 즉 차별금지법의 일부로 넣는 것이 바람직하다.

구체적인 혐오발언 규제 조항

마지막으로 현 시점에서 볼 때 바람직한 규제 조항의 예시를 들어보겠다.

먼저 가장 악질적인 혐오발언이라 할 수 있는 소수자에 대한 공공연한 제노사이드 선동은 형사 규제를 해야 마땅하다. 물론 제노사이드가 현실적으로 가능한지는 논의가 필요하다. 하지만 제노사이드에 관한 말을 듣기만 해도 소수자들은 심신에 상처를 입는다. 또 이러한 발언은 사회에 차별과 증오를 퍼뜨린다. 이런 점에서 공공연한 제노사이드 선동을 형사규제해야 한다는 데는 이의를 제기할 여지가 없다고 생각한다.

2010년 캐나다에서 요크대학교 학생이 제노사이드선동죄로 기소된 사건이 있었다. 이 학생은 '추레한 유대인 테러범 녀석'이라는 이름으로 웹사이트를 만들었고, 몇 년간 북미 유럽에 있는 유대인을 모두 죽이자고 선동하는 댓글을 계속 달았다. 몇 번이나 경고를 했으나 시정되지 않아 기소된 것이다.

그다음으로 도쿄변호사회 소속 외국인의 권리에 관한 위원회가 '차별금지법 검토 프로젝트팀의 논의안'에서 제시했듯 공무원의 혐오발언에 한정해 우선 형사 규제를 하는 것도 의의가 있다. 공무원은 언동의 영향력이 크고 조약 준수 의무(일본국 헌법 98조 2항)를 비롯해 헌법 준수와 옹호의 의무를 진다. 인종차별철폐조약 4조 c항도 특히 공무원의 차별선동과 조장을 규제하고 있다. 표현을 제약하여 표현의 자유가 위축되거나 권력의 규제 남용이 우려된다면, 공무원이 혐오발언을 한 경우로만 한정해 규제함으로써 문제를 거의 발생시키지 않을 수 있다. 예를 들어 조문을 "공무원이 그 직무에 관해 인종, 피부색, 국가적·민족적 출신, 국적, 혈통을 이유로 일본의 소수자 집단 혹은 소수자 집단에 속하는 개인을 차별, 증오, 폭력 혹은 배제를 선동하거나 모욕 또는 위협한 경우"라고 한정하고 여기 해당하는 경우에 처벌하는 것을 생각해볼 수 있다. 단 그 행위가 공공의 이해에 관한 사실에 해당하거나 공익을 목적으로 한 경우,

그리고 진실성이 증명된 경우라면 처벌을 하지 않도록 하면 된다. 먼저 행정 징벌로서 징계처분하는 방법도 있을 것이다. 공무원의 행위를 처벌함으로써 사회적으로 혐오발언이 위법이라는 규범이 형성되도록 하는 효과를 기대할 수 있다.

민간인이 인종적 소수자를 상처 입힐 목적으로 공공연히 행사하는 차별은 특히 악질적이다. 그러므로 이는 본래 형사규제가 바람직하다.

그러나 앞서 지적했듯이 혐오발언의 주원인이 일본 권력의 차별 정책에 있음에도 현 정부가 차별 정책을 반성하는 모습은 찾아볼 수가 없다. 원전 반대운동이나 반전운동 등에 대한 권력의 탄압이 횡행한다. 더욱이 최근의 혐오발언이나 증오범죄 사건에서 경찰이 주로 가해자를 보호했고, 권력 집행기관을 포함해 공무원에 대한 인권 교육 또한 아예 없는 것이나 마찬가지인 게 현실이다. 이런 상황을 생각하면 앞으로 인종차별 철폐법 제도를 만들어 혐오발언 규제가 자리잡게끔 하는 것이 중요하다 해도, 경찰이 혐오발언의 진위를 판단하고 집행하는 형사 규제를 도입하는 데 신중할 수밖에 없다.

특히 형사 규제를 새로 마련하려면 신중한 연구와 조사가 필요하다는 점, 경찰과 검찰 등 권력을 집행하는 공무원을 교육하는 데 시간이 든다는 점, 그럼에도 소수자의 피해를 막는 법적 수단은 시급히 필요하다는 점을 고려하면 인종차별금지법(민사법)에 혐오발언을 규제하는 민사 조항을 넣어 국내 인권 기관이 집행하게끔 하는 데서 출발하는 것이 현실적일 수 있다.

혐오발언 문제를 이야기하면, '배외주의 시위를 하는 사람들은 도대체 어떤 사람들인가' 하는 질문을 자주 받게 되고 그럴 때마다 나는 위화감을 느낀다. 물론 배외주의 시위를 막을 대책을 생각하려면 시위 참가자들을 분석하는 것이 필수적이고, 특히 배외주의적인 동영상을 보면 충격을 받게 되니 그들이 어떤 사람들인지 궁금해하는 것은 충분히 이해된다. 그러나 우리가 무엇보다 먼저 생각해야 하는 것은 따로 있다. 그것은 바로 혐오발언이 차별이라는 것, 이러한 차별 때문에 소수자들이 자살을 선택할 정도로 괴로움을 겪고 있다는 것, 이 상황을 어떻게 하면 멈출 수 있을지 고민해야 한다는 것이다. 아직까지도 많은 논의가 차별 실태와는 거리가 먼 탁상공론이 되기 쉬운 현재 상황은 문제의 핵심에서 상당히 비껴나 있다고 말할 수밖에 없다.

라바트 행동계획에서도 밝히고 있듯이, 혐오발언에 대한 법 규제는 남용될 위험이 있고 남용을 막기 위해 노력해야 한다는 것이 국제사회의 공통된 문제의식이라고 할 수 있다. 그러나 혐오발언을 방치해서는 안 되며 국가가 법 규제를 남용하지 않으면서도 혐오발언을 규제해야만 한다는 인식 또한 공유하고 있다. 대부분의 국가에서 차별을 직시하고 다양한 시행착오를 거쳐 차별을 금지하는 법 제도를 만들었고 혐오발언도 규제하고 있다. 따라서 일본에서만 남용의 위험이 있기 때문에 혐오발언에 대한 법 규제가 불가능하다는 주장은 성립될 수 없을 것이다. '표현의 자유'를 중시한다고 빈번히 거론되는 미국도 혐오발언을 원칙적으로는 규제하지 않지만 증오범죄법이나 차별금지법 같은 형태로 규제하고 있다.

그동안 혐오발언의 사회문제화, 특히 법 규제를 둘러싼 논의가 고양되면서 차별금지법조차 성립되지 않았던 일본의 법제도가 얼마나 특이한 것인지 겨우 알려지게 되었다. 이렇듯 일본과 국제사회와의 괴리를 만들어낸 것은 과연 무엇일까.

다민족사회가 되었다고는 하지만 명목상으로 일본은 이주노동자를 받아들이는 것을 거부하는 정책을 취하고 있고, 외국 국적자가 전체 인구에 차지하는 비율도 약 2퍼센트 정도에 불과하다. 내가 미국과 영국에서 실감한 것은 이곳에서는 일상적으로 다양한 피부색, 다양한 언어, 다양한 생활양식을 가진 사람들이 자연스럽게 접촉하고 있어서 일본처럼 무의식적으로 자민족의 피부색과 언어, 생활양식을 당연한 것으로 믿

어버리는 경우는 적을 것이라는 점이었다.

특히 영국에서는 아프리카, 아시아를 비롯한 세계 뉴스가 매일 실시간으로 보도되고 있었다. 그에 비해 일본에서 보도되는 뉴스가 얼마나 일본, 미국 그리고 동아시아에 집중하고 있는지 통감했다. 영국이 예전에 세계적으로 식민지를 경영했고 현재까지도 지속적인 관계를 맺고 있다는 점이 주된 이유라고 할 수 있지만, 영국과 미국이 집행해온 다문화주의 정책이 반영된 결과라고도 할 수 있을 것이다.

일본 사회는 여전히 자민족 중심주의적인 태도를 견지하며 국제사회의 상황과 거리를 두고 있다. 일본이 섬나라라는 지리적 조건을 이유를 내세운다고 하더라도, 영국 또한 섬나라이기 때문에 이것을 주요 원인이라고 볼 수는 없고 역시 일본 정부의 자세가 주요한 원인이라고 할 수 있다. 2010년 하마다 마사요시浜田まさよし 참의원 의원이 내각에 제출한 질문 질의서에서 OECD 가맹국과 G8 국가 가운데 개인통보제도가 없는 국가가 있는가 물었다. 그러자 정부는 "(그것을) 망라하는 정보는 보유하고 있지 않기 때문에 응답이 곤란"하다고 회답했다. 2013년 5월 아리타 요시오在田芳生 참의원 의원이 법무위원회에서 OECD 가맹국 가운데 차별금지법도 혐오발언 규제법도 없는 국가가 있는지 질문했을 때도 마찬가지였다. 외무성 관료는 "파악하고 있지 않다. 각국에 전화를 걸어 조사하는 수밖에 없기 때문에 시간이 걸린다"라고 답했다. 양쪽 모두 답변을 거부하는 것과 마찬가지였다. 특히 "각국에 전화를 걸어 조

사하는 수밖에 없다"는 답변은 일본 내에 각국 대사관이 있고 인터넷이 보급된 상황에서 변명조차 될 수 없으며, 그저 조사할 생각이 없고 각국 상황이 어떤지 알고 싶지도 않다는 의미로 해석할 수밖에 없다. 각국의 상황을 알고 싶지 않고, 알고 있더라도 말하고 싶지 않으며, 혹시 말하게 되면 일본과 격차가 드러나기 때문에 자신들이 곤란해질 것이라고 추정해볼 수 있다.

일본 정부가 최근 몇 년간 '다문화공생'이라는 용어를 사용한 것은 특히 1990년 이후 이주노동자의 급증에 따라 당사자, 관련 NGO단체, 지자체가 활동한 성과라고 말할 수 있다. 하지만 내실은 그저 다양한 음식과 춤 따위의 표면적인 문화를 일본인들이 즐기는 정도라고 볼 수 있다. 거기에는 모든 민족 간의 평등을 인권으로 인정하고, 언어를 포함한 해당 문화를 평등하게 존중하는 다문화주의의 근본 원칙이 내포되어 있지 않다. 그리고 무엇보다도 구식민지 출신자와 선주민족은 처음부터 '다문화공생'의 정책 대상에서 제외되었다.

타민족과 우호적인 관계를 구축하기 위해서 먼저 평등을 인정하는 것이 출발점이 되어야 한다. 이것은 지금까지 불평등을 강요해온 관계를 반성하고 개선해나가지 않으면 시작될 수 없다. 앞선 장에서 독일이 유대인 희생자에게 사죄하고 보상금을 지급했던 것이나, 캐나다와 호주에서 선주민족에게 수상이 사죄하면서 보상금을 지급한 사례를 설명했다. 또 미국과 캐나다는 제2차 세계대전 중에 일계인[1] 수용과 차별에 사죄하고 손해배상했다. 2013년 10월 브라질 정부의 진실위원회는 군사정권 시절 벌어졌던 인도주의 범죄를 조사했다. 그리고 전시와 종전 이후에도 군사정권이 일본인 이민과 일계인에게 일본어 교육과 가정 밖에서의 일본어 사용을 금지시키고, 강제 수용과 재산 몰수를 했다는 조사 결과를 발표하면서 그 배경에 인종차별이 있었음을 인정하고 사죄했다.

그러나 일본은 지금까지 1993년의 고노담화를 제외하고는 1995년 무라야마담화와 1998년 오부치 내각의 한일공동선언 등에서 식민 지배와 침략으로 크나큰 손해와 고통을 입혔다는 일반적이고 추상적인 문구만을 사용했을 뿐이다. 일본이 조선 영토와 일본 내에서 조선인에게 자행했던 다양하고도 구체적인 범죄 행위에는 조사도 사죄도 손해배상도 없다. 일본에 살고 있는 식민 지배의 산증인과 그들의 자손인 재일조선인에게 정부와 국회가 공식적으로 사죄한 적도 없다. 일본인 포로였던 미국인과 호주인들을 일본으로 초대해 외무대신이 자신의 집무실에서 당사자들에게 직접 사죄한 것과 매우 대조적이다. 또 일본 정부는 당사자가 요구하는 사죄와 보상에도 한일조약과 중일조약으로 해결되었다며 완고한 태도로 거부해왔다. 이 뿐 아니라 현 정권은 무라야마담화조차 부정하려고 애쓰고 있

1　日系人. 일본 외의 국가로 이주해 그 나라의 국적 또는 영주권을 취득한 일본인과 그 자손을 지칭하는 용어이다. 북아메리카의 일계인은 일본에서 북아메리카로 집단이민이 시작되었던 19세기 후반부터 1924년 배일이민법에 따른 이민 거부까지, 약 40년간 북아메리카로 이민한 1세대(1세), 북아메리카에서 태어난 자녀(2세), 그리고 손자·손녀(3세)라는 형태로 구성되어 있다.(안도, 2004)

으며 다민족의 평등하고 우호적인 관계를 형성하기보다는 더욱더 큰 파괴로 나아가고 있다. 이러한 배외적인 일본 정부의 자세가 혐오발언을 발생시키며 악화시키고 있다.

앞서 말한 '배외주의 시위를 하는 사람들은 어떤 사람들인가'라는 물음은 '시위를 하는 그들'은 자신과 달리 특이한 사람이라는 전제를 두고 있다. 그러나 '시위를 하는 그들'은 일본 정부의 배외성을 반영한 일본 사회의 일부이자 사회의 추악함이 노골적으로 표현된 것일 뿐이다.

일본 사회가 진정으로 답해야 하는 것은 법 규제인가 표현의 자유인가 하는 선택이 아니다. 소수자 차별을 지금처럼 합법적으로 묵인해 차별당하는 이들의 괴로움을 계속 방치할 것인가, 아니면 지금까지의 차별을 반성하고 차별 없는 사회를 만들어갈 것인가 하는 물음에 답해야 한다.

나 또한 표현의 자유는 역사적으로도 현 시점에서도 차별이 없는 사회를 만들기 위해 대단히 중요한 부분이라고 생각한다. 그러나 원래 인권은 모든 사람이 인간으로서 평등하다는 것을 전제로 한다. 평등이 없는 상태에서 특정인만 자유를 인정받는다면 그것은 인권이 아니라 특권이다. 예컨대 국적이나 민족, 장애 같은 속성을 이유로 사람에게 집을 빌려주지 않는 것을 위법으로 규정하는 것은 영업의 자유를 평등의 관점에서 제한하는 것이다. 이와 같은 제한이 인정된다면 사람이 가진 속성이나 정체성 등을 이유로 사람을 차별하는 표현을 위법으로 규정하는 것, 표현의 자유를 평등의 관점에서 제한하는 것 또한 인정되어야 할 것이다.

　실질적으로 법 규제의 남용을 막으면서 차별을 금지하는 법 제도를 만들기 위해서는 실태 조사는 물론이고 일본의 법 제도를 처음부터 재검토하고 각국에서 선행된 법 제도를 연구하는 등 해야 할 일이 많다. 정부뿐 아니라 민간 차원의 활동도 상당히 지연되어 있다. 이 책이 '법 규제인가 표현의 자유인가'라는 논의에서부터, 차별을 없애려면 무엇을 해야 하는가, 어떤 차별철폐법 제도를 만들어야 하는가까지 구체적인 검토를 시작하는 데 조금이나마 도움이 되기를 바란다.

　이 책은 많은 분의 가르침과 도움 없이는 완성될 수 없었다. 여기에 다 적을 수 없지만 특히 킬대학교 교수 패트릭 손베리 유엔 인종차별철폐위원회 위원에게 감사를 전하고 싶다. 그리고 편집자인 도도키 유키코의 지원이 없었다면 이 책은 절대 나올 수 없었을 것이다. 마음 깊이 감사의 뜻을 전한다.

2013년 11월 모로오카 야스코

2014년 초, 일본의 사회운동가 친구에게서 《증오하는 입(원제: 혐오발언이란 무엇인가)》이 일본에서 화제가 되었다는 이야기를 들었다. 일본의 소위 '재특회'라는 극우 단체의 혐오발언과 가두시위의 양상을 보며 그 본질을 파헤치고, 이에 맞서 싸우는 일본 시민사회의 성숙한 노력을 소개하는 책이었다. 재특회는 2007년 인터넷을 거점으로 활약하는 단체로 설립되어 재일조선인을 비롯한 일본 사회의 소수자를 대상으로 혐오발언을 하기 시작하여 세를 형성했다. 2009년부터 거리로 나와서 시위를 벌이고 심지어 재일조선인 학생들을 습격하는 등 집단화된 혐오의 힘을 일본 사회에 명백히 드러냈다. 차별 의식에서 비롯된 이런 심각한 상황을 어떻게 보고 대응할 것인가? 저자 모로오카 야스코 변호사는 이런 문제의식을 갖고 이 책을 썼다고 한다.

역자들은 당장 책을 사서 읽었고 자연스레 우리가 살고 있는 한국으로 눈을 돌리게 되었다. 가령 재특회와 유사하게 인터넷을 거점으로 모여서 특정 계층과 집단에 대해 혐오를 드러내는 인터넷 커뮤니티 '일베'를 떠올렸다. 이 커뮤니티는 2010년경부터 여성, 특정 지역, 장애인, 외국인 등에 대한 노골적 혐오를 드러내기 시작하여 이미 우리 사회에서 큰 논란이 되고 있다. 2014년 9월 일베의 회원 등 100여 명은 진상 규명을 위해 단식을 하는 세월호 참사 유가족 앞에서 '폭식투쟁을 한다'며 일부러 피자 100판을 먹는 행위를 벌였다. 결국 인터넷 공간 밖으로 나와서 직접 '혐오'를 드러낸 것이다.

2014년 11월경에는 서울시가 추진했던 서울시민인권헌장의 제정과 선포가 무산된 일이 있었다. 서울시민인권헌장을 저지하려고 시민 공청회장에까지 난입하는 등 떼로 나서서 실력행사에 들어간 기독교 계열 단체와 보수 단체의 훼방 탓이었다. 이들은 동성애가 서울시민인권헌장에 차별받지 않아야 하는 속성으로 들어간다면 가정을 파괴할 뿐만 아니라 에이즈라는 치명적 질병이 퍼진다며 사람들을 선동했다.

이렇게 일종의 조직화된 혐오만이 문제인 것은 아니다. 장애물, 무뇌아, 짱깨, 천상 여자, 남자 망신…… 우리는 일상생활 가운데 대체로 주류 기득권의 관점에 익숙한 말을 아무렇지 않게 내뱉으며 차별을 재생산해낸다.

우리는 이런 일련의 사건들과 차별언어로 이루어진 일상 속에서 혐오라는 감정이 우리 사회에 퍼져나가고 있음을 목도하고 있다. 여기서 분명히 짚어야 할 점은 혐오발언은 종종 오해되듯 해당 표현을 접하는 자가 혐오감을 느끼게끔 하는 주관적 표현이나 일반적인 증오의 감정이라기보다는 우리 사회의 소수자에 대한 차별과 편견을 조장하는 것이자 소수자에 대한 부정적인 표현이라는 점이다. 저자는 "혐오발언은 인종·민족·국적·성별·성적 지향 등 그 속성을 이유로 인간의 존엄을 부정하는 언어폭력이며, 차별과 폭력을 사회에 만연하게 한다"고 밝히고 있다. 저자가 2장에서 밝혔듯 혐오발언에 대한 이런 정의는 이제 국제인권법에서도 이미 상식이라고 할 수 있다. 차별을 바탕에 두고 인종·민족·국적·성별·성적 지향 등을 이유로 소수자를 공격하는 것이 혐오발언의 본질이다.

1장에서 상세히 다룬 재특회의 가두시위 사례에서 알 수 있듯 재일조선인에 대한 혐오발언을 깊이 파고들어가보면, 식민지 지배라는 역사적 사실에 기반을 둔 차별과 배제임을 알 수 있다. 이 점은 의미심장하다. 혐오발언의 본질이 혐오라는 감정이 아니고, 뿌리 깊은 차별과 배제라는 것을 알 수 있게끔 해주기 때문이다.

2장에서 지적한 대로 소수자는 혐오발언으로 인해 몸과 마음에 상처를 입는다. 이런 가운데 소수자는 침묵할 수밖에 없다. 소수자에 대한 편견이 더욱 확산되어 혐오발언이 당연한 것으로 받아들여지게 되면 사회의 차별 구조가 더욱 강화되어 끝내는 차별과 증오로 가득 찬 사회가 될지도 모른다.

1장과 5장에서는 일본 사회의 인종주의적 혐오발언 실태를 중점적으로 다루고 있다. 재일조선인에 대해 혐오발언을 퍼붓는 재특회의 가두시위는 인종주의적racial 차별발언이라 할 수 있는데, 요즘 한국 사회에서는 인종주의적인 측면뿐만 아니라 다양한 소수자성이 공격의 대상이 되고 있다. 특히 그 심각성이 지적되는 한국의 성소수자, 이주민 등에 대한 차별 실태에 대해 묵인하면서 혐오발언은 이웃 나라 일본에서나 일어나는 일이라고 강 건너 불구경하듯 방관하고 있지는 않은지 자문해 보아야 한다. 혐오발언, 즉 차별을 선동하는 표현은 그 자체로 인권에 대한 도전이기도 하다. 이 사회에 팽배한 혐오와 차별에 대해 과연 어떻게 대처해야 할지, 이것이 바로 우리에게 던져진 시급한 과제라고 할 수 있다.

저자는 2장에서 인종차별철폐조약 4조, 자유권 규약 20조 2항을 들어 이미 국제인권기준에서는 인종주의적 혐오발언 등에 대한 규제가 확립되어 있다는 점을 설명하고 있다. 또 현재 혐오발언에 대한 국제사회의 논의가 심화되고 있는데, 국제적 인권 기준 가운데 혐오발언에 대한 규제 부분이 포함되어가는 추세이다. 2013년 8월 인종차별철폐위원회가 채택한 혐오발언에 관한 일반적 권고 35에서 "인종주의적 혐오발언이 특정 인종, 민족 집단을 공격하는 발언이며 인권 원칙의 핵심인 인간 존엄과 평등을 부정하고 개인이나 특정 집단에 대한 사회적 평가를 멸시하기 위해 행해지는 타자를 향한 형태의 발언"이라고 정의했다. 2013년 3월 모로코 라바트에서 열린 유엔 인권이사회는 권고안에서 '차별, 적대, 폭력 선동을 구성하는 국적, 인종, 종교적 혐오의 고취를 금지하는 라바트 행동계획'을 냈다. 이 '라바트 행동계획'에서는 규제 남용을 방지하면서 적정한 규제가 이루어질 수 있도록 국내법에서 '차별'에 대해 명확히 정의하고 규제 요건이 지나치게 협소하거나 애매해지지 않도록 권고했다.

물론 혐오발언은 표현의 영역이므로 혐오발언에 대한 명확한 규정 및 규제 여부를 판단하기 어려운 회색지대가 있을 수 있다. 이와 관련하여 저자의 논의에서 흥미로운 점은 성희롱에 대한 규제를 참고하여 혐오발언에 대한 규제를 단계별로 나누자고 주장한 점이다. 저자에 따르면, 혐오발언은 소수자를 표현으로 괴롭히는 행위이니만큼, 지배적인 지위 즉 권력관계를 이용하여 성적으로 괴롭히는 표현 행위인 성희롱의 규제 방식을 참조할 수 있다. 저자는 성희롱 규제를 그 피해 정도에 따라 ①형사죄, ②민사죄, ③회색지대(일회성 성적 발언처럼 위법이라고는 할 수 없으나 윤리적으로 문제가 있는 것)로 구분하는 것처럼, 혐오발언에 대한 규제 방식도 이를 참조할 만하다는 의견을 제시했다. 예컨대 형사 규제에는 남용이 따르기 마련이므로, 민사 규제로 하여 가해에 대한 입증책임을 가해자에게 전환하도록 제안한 것도 눈여겨볼 만하다. 예를 들어 유럽연합은 '인종적 또는 민족적 출신에 상관없는 평등 대우 원칙을 실현하기 위한 지령'으로 인종차별적 혐오발언에 대해 민사 규제를 하고 있다.

또 저자가 3장에서 혐오발언을 규제하는 각국의 사례 가운데 모범으로 캐나다를 중점적으로 살폈듯이, 캐나다인권법과 같이 국내에서 실시되는 포괄적 차별금지법이 있다면 혐오발언 규제의 남용을 줄이는 데 도움이 된다. 왜냐하면 포괄적 차별금지법으로 차별 사유와 차별 행위를 명확히 규정할 수 있기 때문이다.

돌이켜보면 참여정부 말기 2007년에 한국에서도 차별금지법 제정을 위한 움직임이 있었지만, 성적 지향 포함 여부를 둘러싸고 논쟁이 일어나 결국 좌절되었다. 역자들은 작년에 끝내 무산된 서울시민인권헌장 채택 과정을 지켜보면서 앞으로 한국에서 차별금지법이 제정되려면 얼마나 지난한 과정을 걸어야 할지 걱정이 되기도 했다. 하지만 국제적인 흐름을 볼 때 포괄적 차별금지법은 이미 대세라고 할 수 있다. 뉴질랜드 인권법(1993), 아일랜드 평등법(2004), 프랑스 차별금지법(2008), 스웨덴 반차별법(2009) 등 각국에서는 속속 포괄적 차별금지법이 제정되고 있다. 그리고 캐나다를 사례로 든 저자의 논점에서 명확한 것은 혐오발언 규제에 앞서서 차별금지법이 제정된다면 혐오발언 규제 남용과 표현의 자유 위축을 피하는 데 큰 도움이 된다는 사실이다.

한편 우리 사회에서도 혐오발언에 대한 법 규제는 표현의 자유와 대립되어 논의되기도 한다. 오래 지속되었던 독재 정권은 우리 사회의 민주화를 열망하며 싸우는 사람들의 목소리를 탄압했다. 지금도 표현 행위를 억압하는 일이 버젓이 자행되고 있기에 한국 사회에서 표현의 자유가 얼마나 중요한지에 대해서 동의할 수밖에 없다. 그럼에도 혐오발언에 대한 규제에 초점을 맞추고 있는 이 책을 번역출간하고자 한 이유는 이제 우리 사회가 '표현의 자유' 대 '혐오발언 규제'라는 식의 이항대립적 논의에서 벗어나 혐오발언에 대응하는 방법에 대해 폭넓게 사유할 단계에 이르렀다고 판단했기 때문이다. 또한 소수자에 대한 차별과 배제가 그 본질이라 할 수 있는 혐오발언은 민주주의의 후퇴이자 파괴에 다름없다는 저자의 주장에 동의하기 때문이다.

혐오발언 규제를 둘러싸고 표현의 자유가 논란이 되는 것은 저자가 4장에서 살피고 있듯 일본에서도 마찬가지이다. 저자는 역자들과의 인터뷰에서 "표현의 자유에 대한 위축을 염려하는 것은 당연하다. 하지만 규제 범위를 명확히 함으로써 이 문제를 풀 수 있다고 생각한다. 또 이미 법에서는 예컨대 명예훼손, 모욕, 협박 등과 같이 표현 행위인데도 범죄로 규정하는 영역이 있다. 나는 혐오발언은 타인의 인권을 침해하는 중대한 법익침해라고 본다"라고 강조했다. 또 "소수자에 대한 차별을 표현하는 혐오발언을 규제하자고 하면 어째서 유독 '표현의 자유'가 논란이 되는가? 논란의 밑바탕에 소수자의 인권침해에 대한 경시가 있지는 않은가 한번쯤 되물어봐야 한다"고 덧붙였다. 이처럼 우리에게는 이제 더 진지한 성찰이 절실하다.

혐오발언 규제의 남용과 표현의 자유 위축을 피하려면 저자가 주장한 바와 같이 혐오발언 규제는 소수자의 차별 실태를 면밀히 조사하는 것에서부터 시작해야 하고, 포괄적 차별 금지법 테두리 안에 규정되어야 실효성을 가질 수 있다. 더욱이 이것이 차별 철폐 교육과 함께 진행되어야 혐오발언 규제의 진정한 목표인 인권이 뿌리내릴 수 있다.

아울러 재일조선인 혐오발언 실태를 파고들어가면 재특회의 근간에 일본 정부의 공권력이 만들어낸 차별 정책이 발견되는 것처럼, 한국 사회에서는 일베보다 훨씬 더 문제인 것, 일베에게 담론을 제공하는 공적인 차별이 혐오발언 문제의 핵심이라고 할 수 있다. 공식 석상에서 혐오발언을 일삼는 정치가와 정부 관리 같은 공인들에게는 그 영향력을 고려해볼 때 마땅히 책임을 지워야 한다. 또 저자가 한국어판 서문에서 최근 일본의 상황에 대해 전하고 있는 바와 같이, 일본에서 재일조선인에 대한 차별을 행사하고 조장해왔던 현 일본의 집권 여당을 비롯한 지배 세력은 여론이 악화되고 상황이 불리해지자 자신들의 대변자이자 꼭두각시 격인 '재특회'라는 카드를 버리고 있다는 것도 상기해보아야 할 것이다.

그러나 일베나 재특회 같은 극우적 세력이 왜 이 지경에 이르기까지 혐오발언을 하게 되었는지에 관한 문제는 여전히 남아 있다. 최근 일본에서는 이와 관련한 연구가 나오기도 했다. 왜 재특회가 '재일조선인에게 특권이 있고 일본인인 자신들은 특권이 없는 피해자'라면서 스스로를 피해자로 지목하고 자신들의 처지가 불공평하고 부조리하다고 강조하는지, 또 재일조선인은 물론 전통적 피차별 부락민, 페미니스트, 미군 부대가 주둔해 있는 오키나와의 주민들, 그리고 피폭자들을 두루 비하하며 혐오발언을 쏟아내는지 그 이유를 분석한 연구이다. 이 연구에서는 재특회의 공격 대상이 된 소수자들은 다양한 소수자 가운데에서도 자신들의 권리 획득 운동을 적극적으로 벌여온 소수자라고 지적했다.

재특회와 같은 혐오발언 세력은 차별을 타파하고자 정당한 권리를 요구해온 소수자들을 향해 유독 화를 내며, 이들을 건방지다고 생각한다. 올해 초 일본의 공영방송 NHK의 시사 프로그램 〈클로즈업 현대〉에서 '혐오발언을 묻다'라는 제목으로 재특회 회원들을 인터뷰했다.(2015년 1월 13일 방송) 이 프로그램에서 재특회의 운영진이 가두시위 참가자인 회원들에게 "더 폭력적 언어를 써야 한다. 그래야 의미가 있다"면서 일부러 과격한 용어를 선택하도록 독려하고 있다는 사실이 드러났다. 이와 같은 선동 행위에 고무된 재특회 회원들은 터무니없는 논리와 말로 소수자들을 차별하고 배척하게 되지만, 정작 이들은 "(소수자들에게) 상처를 준다, 해를 입힌다는 감각은 없다"고 고백했다.

이러한 재특회의 실태와 특징을 보노라면, 그들이 공유하고 있는 인간관, 세계관이 얼마나 비루하며 자기기만적인 것인가를 깨닫게 된다. 권리를 주장하며 나선 소수자를 질시하고, 이런 감정을 분노로 표출하면서 연대를 거부하고 스스로를 고립시키며, 종속된 자로서 계속 머무르기를 자처하고 살아가는 길을 선택하기 때문이다. 마찬가지로 한국의 일베 사용자들에게도 지독한 자기혐오적인 시선이 내면화되어 있지 않은가 되묻지 않을 수 없다.

차별과 배제의 상황에 놓여 슬픔과 고통을 느끼며 절실하게 사회적 연대를 필요로 하는 이들에게 손을 내밀기는커녕 혐오를 분출하며 사지로 몰아넣는 우리 사회에 이제는 혐오와 차별 대신에 감정의 연대라고 부를 수 있을 만한 무언가가 필요하다고 생각한다. 신자유주의적 광풍에 휩싸인 가운데 소수자들을 모욕하는 것으로 분풀이를 해대거나 이에 동조하는, 이 슬프고 못난 자기혐오적인 상황에서 벗어나 이제 함께 사회적 안전망을 모색해나가야 하지 않을까. "사랑은 혐오보다 강하다Love Conquers Hate." 이 문구는 동성애운동 진영이 전 세계적으로 전개하고 있는 동성애혐오 반대 캠페인에서 나온 것이다. 병리적으로 취급되어 주류 사회에게서 철저한 차별과 배제, 억압을 당하며 증오범죄의 직접적인 희생양이 되었던 동성애운동 진영에서 투쟁의 경험을 통해 만들어낸 외침이다. 혐오가 널리 퍼지고 있는 우리 사회는 이런 경험과 외침을 소중히 여겨야 하지 않을까.

역자들이 법률 용어에 익숙하지 않은 탓에 우리말에 어색한 번역 어투가 남아 있을 것으로 짐작한다. 죄송한 마음 한편으로, 이 책이 한국 사회에서 혐오발언에 관한 논의를 진전시키는 데 조금이나마 보탬이 되었으면 하고 바란다. 다듬어지지 않은 초벌 번역문을 읽고 평을 해주고 번역을 격려해준 서울시 인권위원회 양혜우 인권위원님, 이주와인권연구소 이한 숙 소장님, 김영선 님, 조아롱 님 그리고 송율 님께 감사와 우정의 마음을 전한다.

지난 4월 중순경, 저자 모로오카 야스코 변호사가 방한했을 때 이주여성인권포럼과 공익인권법재단 공감에서 주최하여 초청 간담회를 가졌다. 이 간담회에서 나눈 이야기들은 저자의 한국어판 서문과 역자 후기를 쓰는 데 큰 영감을 주었다. 이 자리를 마련해주었던 분들과 기꺼이 의견을 나눠준 참가자 분들, 그리고 어려운 여건에서도 번역출간을 위해 애쓰신 오월의봄 박재영 대표님과 양선화 편집자님께 깊은 감사의 마음을 전한다.

규약 전문 보기

라바트 행동계획

유엔인권고등판무관사무소 홈페이지

www.ohchr.org/Documents/HRBodies/HRCouncil/RegularSession/
Session22/A-HRC-22-17-Add4_en.pdf

사회권규약

외교부

www.mofa.go.kr/trade/humanrights/file/110.pdf

세계인권선언

국가인권위원회

udhr60.humanrights.go.kr

유엔헌장

외교부

www.mofa.go.kr/trade/un/data/general/index.jsp?mofat=001&menu=
m_30_60_20

인종차별철폐조약

www.mofa.go.kr/trade/humanrights/file/120.pdf

인종차별 철폐법 요강 시안 Ver. 2

(일본어) www.jclu.org/file/jinshusabetsu_teppai_yokoshian_v2.pdf
(영어) www.jclu.org/file/jinshusabetsu_teppai_yokoshian_v2Eng.pdf

자유권규약

외교부

www.mofa.go.kr/trade/humanrights/file/90.pdf

제노사이드금지조약

(한국어) 국제제노사이드방지협회 www.preventgenocide.org/kr/1948.htm

(영어) treaties.un.org/doc/Publication/UNTS/Volume%2078/volume-78-I-1021-English.pdf

혐오발언에 관한 일반적 권고 35

유엔인권고등판무관사무소 홈페이지

http://tbinternet.ohchr.org/_layouts/treatybodyexternal/TBSearch.aspx?Lang=en&TreatyID=6&DocTypeID=11

형사법에 의해 인종주의와 외국인 혐오의 특정 형태,
표현과 싸우는 프레임 결정

유럽연합

europa.eu/legislation_summaries/justice_freedom_security/combating_discrimination/l33178_en.htm

참고 문헌

1장

야스다 고이치(安田浩一), 《거리로 나온 넷우익(ネットと愛国在特会の〈闇〉を追いかけて)》, 講談社, 2012. 한국어판 《거리로 나온 넷우익》, 김현욱 옮김, 후마니타스, 2013.

니시노 루미코(西野瑠美子), 《왜 엘크레노는 살해되었는가: 일본계 브라질인 소년 집단린치 살인사건(エルクラノはなぜ殺されたのか日系ブラジル人少年・集団リンチ殺人事件)》, 明石書店, 1999

2장

모로오카 야스코(師岡康子), 〈핀란드의 민족차별법제도의 현 단계(フィンランドの民族差別禁止法制度の現段階)〉, 《大阪経済法科大学アジア太平洋研究センター年報》, 10호, 2013

우치노 마사유키(内野正幸), 《차별적 표현(差別的表現)》, 有斐閣, 1990

무네스에 도시유키(棟居快行), 〈차별적 표현(差別的表現)〉, 《헌법의 쟁점(憲法の争点)》, 제3판, 有斐閣, 1999

기노시타 사토시(木下智史), 〈차별적 표현(差別的表現)〉, 《헌법의 쟁점(憲法の争点)》, 有斐閣, 2008년판

다나카 히로시(田中宏), 《재일외국인―법의 장벽, 마음의 늪(在日外国人―法の壁、心の溝)》, 제3판, 岩波新書, 2013

나카무라 일성(中村一成), 《르포: 교토조선학교 습격 사건(ルポ京都朝鮮学校襲撃事件―〈ヘイトクライム〉に抗して)》, 岩波書店, 2014

Paul Iganski and Spiridoula Lagou, "How hate crimes hurt more: evidence from the British crime survey", eds. Barbara Perry, Paul Iganski, Brian Levin, Randy Blazak, Frederick M. Lawrence, Hate Crimes: The Consequences of Hate Crime, Greenwood

Publishing Group, 2009

야마다 쇼지(山田昭次), 《관동대지진 시 조선인 학살과 그 후―학살에 대한 국가 책임과 민중 책임(関東大震災時の朝鮮人虐殺とその後―虐殺の国家責任と

民衆責任)》, 創史社, 2011

반차별국제운동일본위원회(反差別国際運動日本委員会), 《유엔이 본 일본의 인
종차별(国連から見た日本の人種差別)》, 反差別国際運動日本委員会, 2001

3장

마에다 아키라(前田朗), 〈차별 선동 금지에 관한 유엔 라바트 행동계획 1~6(差
別扇動禁止に関する国連ラバト行動計画 1~6)〉, 《統一評論》 5~10월 호,
2013

4장

히구치 나오토(樋口直人), 〈배외주의운동의 미시적 동원 과정―왜 재특회는 동
원에 성공했는가(排外主義運動のミクロ動員過程―なぜ在特会は動員に成
功したのか―)〉, 《アジア太平洋レビュー》, 제9호, アジア太平洋研究センタ
ー, 2012년 9월

이춘희(李春熙), 〈언론을 억압하는 '언론'에 대하여―혐오발언을 피해자의 입장
에서 생각한다(言論を抑圧する'言論'に対して―ヘイトスピーチを被害者の
立場から考える)〉, 《部落解放》, 684호, 解放出版社, 2013년 11월 호

5장

다나카 히로시(田中宏), 《재일외국인 제3판―법의 장벽, 마음의 늪(在日外国人
第三版―法の壁,心の溝)》, 岩波新書, 2013

외국인인권법연락회(外国人人権法連絡会), 《외국인·민족적 소수자 인권 백서
(外国人·民族的マイノリティ人権白書)》, 明石書店, 2007

나가는 글

안도 코이치(安藤幸一), 〈일계미국인(日系アメリカ人)〉, 多文化共生キーワード
辞典編集委員会編, 《多文化共生キーワード辞典》, 明石書店, 2004

그 외

《국제인권(国際人権)》 24호, 国際人権法学会, 2013연보
《월간 부락해방(月刊部落解放)》 특집: 재특회와 혐오발언(特集「在特会」とヘイ
トスピーチ), 684호, 2013년 11월, 解放出版社

《저널리즘(ジャーナリズム)》특집: 혐오발언을 생각한다(特集ヘイトスピーチを考える), 282호, 2013년 11월, 朝日新聞社ジャーナリスト学校

이시자키 마나부·엔도 히로미치(石埼学·遠藤比呂通編), 《침묵하는 인권(沈黙する人権)》, 法律文化社, 2012

우라모토 요시후미(浦本誉至史), 《연속대량차별엽서 사건―피해자로서 긍지를 건 투쟁(連続大量差別はがき事件―被害者としての誇りをかけた闘い)》, 解放出版社, 2011

NMP연구회(국내인권시스템국제비교프로젝트)·야마자키 고우시 편(NMP研究会·山崎公士編), 《국내 인권 기관의 국제 비교(国内人権機関の国際比較)》, 現代人文社, 2001

외국인차별감시네트워크 편(外国人差別ウォッチ·ネットワーク編), 《외국인 포위망―'치안 악화'의 희생양(外国人包囲網―「治安悪化」のスケープゴート)》, 現代人文社, 2004

스테파니 쿠프(クープ·ステファニー), 〈호주에서의 인종을 바탕으로 한 중상의 금지와 표현의 자유―Eatock vs Bolt를 중심으로(オーストラリアにおける人種に基づく中傷の禁止と表現の自由―イートック vs. ボルトを中心に)〉, 《アジア太平洋レビュー》, 10호, 大阪経済法科大学, 2013

고타니 준코(小谷順子), 〈캐나다에서의 표현의 자유 보장과 증오표현의 금지(カナダにおける表現の自由の保障と憎悪表現の禁止)〉, 《法政論叢》, 42호, 2005

사쿠라바 오사무(櫻庭総), 《독일의 민중선동죄와 과거의 극복―인종차별표현 및 '아우슈비츠의 거짓말'에 대한 형사규제(ドイツにおける民衆扇動罪と過去の克服―人種差別表現及び「アウシュヴィッツの嘘」の刑事規制)》, 福村出版, 2012

데라나카 마코토(寺中誠), 〈국제적 고립으로 나아가는 일본의 인권 정책(国際的孤立に進む日本の人権政策)〉, 《世界》, 2013년 10월 호

나스 유우지(奈須祐治), 〈영국에서의 증오선동 규제(イギリスにおける憎悪扇動の規制)〉, 《名古屋短期大学研究紀要》, 43호, 2005

일본변호사연합회(日本弁護士連合会), 〈다민족·다문화가 공생하는 사회를 향하여―외국인 인권기본법을 제정하자(多民族多文化の共生する社会をめざして外国人の人権基本法を制定しよう)〉, 《第47回人権擁護大会シンポジウム第一分科基調報告書》, 2004

http://www.nichibenren.or.jp/library/ja/opinion/hr_res/data/sympo_
keynote_report041007.pdf

부락해방연구소 편(部落解放研究所編), 《세계는 지금—외국의 차별철폐법과 일
본(世界はいま—諸外国の差別撤廃法と日本)》, 解放出版社, 1985

마에다 아키라(前田朗), 《증보신판 증오범죄—증오범죄가 일본을 파괴한다(增補
新版ヘイトクライム—憎悪犯罪が日本を壊す)》, 三一書房, 2013

무라카미 마사나오(村上正直), 《인종차별철폐조약과 일본(人種差別撤廃条約と
日本)》, 日本評論社, 2005

모로오카 야스코(師岡康子), 〈시론: 소수자에 대한 혐오발언 규제법의 남용의 위
험성과 인권차별철폐조약(試論ヘイト·スピーチ規制法のマイノリティに対
する濫用の危険性と人種差別撤廃条約)〉, 《龍谷大学矯正·保護総合センター
研究年報》, 2호, 2012

모로오카 야스코(師岡康子), 〈영국의 인종·민족차별철폐법의 발전(イギリスにお
ける人種·民族差別撤廃法の発展)〉, 日本弁護士連合会, 《自由と正義》, 2012
년 7월 호

모로오카 야스코(師岡康子), 〈스웨덴의 민족차별금지법 제도의 현 단계: '평등 옴
부즈맨' 법무관에게 듣다(スウェーデンの民族差別禁止法制度の現段階:「平等
オンブズマン」法務官に聞く)〉, 《大阪経済法科大学アジア太平洋研究センタ
ー年報》, 9호, 2012

모로오카 야스코(師岡康子), 〈국제인권법에서 본 조선학교의 '고교무상화' 배제
(国際人権法から見た朝鮮学校の「高校無償化」排除)〉, 《世界》, 2013년 4월 호

증오하는 입

초판 1쇄 펴낸날 2015년 7월 30일
초판 2쇄 펴낸날 2018년 8월 31일

지은이   모로오카 야스코
옮긴이   조승미 이혜진
펴낸이   박재영
편집   양선화 강곤
교정교열   이정규
디자인   당나귀점프

펴낸곳   도서출판 오월의봄
주소   서울시 마포구 양화로 133, 1605호
등록   제406-2010-000111호
전화   070-7704-2131
팩스   0505-300-0518

이메일   maybook05@naver.com
트위터   @oohbom
블로그   blog.naver.com/maybook05
페이스북   facebook.com/maybook05

ISBN   978-89-97889-65-5 03330

• 책값은 뒤표지에 있습니다. 잘못된 책은 바꾸어 드립니다.